अवधेश प्रीत

कथाकार, पत्रकार अवधेश प्रीत का जन्म 13 जनवरी, 1958 को ग़ाज़ीपुर, उत्तर प्रदेश के ताराँव गाँव में हुआ। पढ़ाई-लिखाई की शुरुआत गाँव से हुई। उच्च शिक्षा कुमाऊँ विश्वविद्यालय, उत्तराखंड से पाई। साहित्य लेखन व रंगकर्म की शुरुआत उधमसिंह नगर से की। 1985 से बिहार में पत्रकारिता करने लगे।

उनकी प्रकाशित कृतियाँ हैं—'अशोक राजपथ', 'रुई लपेटी आग' (उपन्यास); 'हस्तक्षेप', 'नृशंस', 'हमज़मीन', 'कोहरे में कंदील', 'चाँद के पार एक चाभी', 'अथ कथा बजरंग बली' (कहानी-संग्रह)।

देश की तमाम पत्र-पत्रिकाओं में उनकी कहानियाँ, लेख एवं समीक्षाएँ प्रकाशित हो चुकी हैं। कई कहानियों के अनुवाद उर्दू, अंग्रेज़ी, मराठी और गुजराती में हो चुके हैं। कुछ कहानियों के मंचन भी हुए हैं जिनमें 'नृशंस' (एन.एस.डी., दिल्ली), 'बाबू जी की छतरी' (एक्ट वन, दिल्ली), 'ग्रासरूट' (थिएटर यूनिट, पटना), 'हमज़मीन' (अक्षरा, पटना; इंटीमेट थिएटर, इलाहाबाद), 'तालीम' (रंगश्री, पटना) और 'चाँद के पार एक चाभी' (थिएट्रॉन, लखनऊ) उल्लेखनीय हैं। 'अली मंज़िल' और 'अलभ्य' कहानियों पर दूरदर्शन द्वारा टेलीफ़िल्म का निर्माण व प्रसारण हुआ है।

उन्हें 'बनारसी प्रसाद भोजपुरी कथा सम्मान', 'सुरेन्द्र चौधरी कथा सम्मान', 'विजय वर्मा कथा सम्मान', 'फणीश्वरनाथ रेणु कथा सम्मान' से सम्मानित किया गया है।

'दैनिक हिन्दुस्तान', पटना में वर्षों तक सहायक सम्पादक रहे। सेवानिवृत्ति के बाद फ़िलहाल स्वतंत्र लेखन।

ई-मेल : avadheshpreet950@gmail.com

अथ कथा बजरंग बली

अवधेश प्रीत

राजकमल पेपरबैक्स

राजकमल पेपरबैक्स में
पहला संस्करण : 2023

राजकमल पेपरबैक्स : उत्कृष्ट साहित्य के जनसुलभ संस्करण

राजकमल प्रकाशन प्रा. लि.
1-बी, नेताजी सुभाष मार्ग, दरियागंज
नई दिल्ली-110 002
द्वारा प्रकाशित

शाखाएँ : अशोक राजपथ, साइंस कॉलेज के सामने, पटना-800 006
पहली मंजिल, दरबारी बिल्डिंग, महात्मा गांधी मार्ग, प्रयागराज-211 001
1, अनमोल सोराबजी संतुक लेन, धोबी तलाव, मरीन लाइंस, मुम्बई-400 002
वेबसाइट : www.rajkamalprakashan.com
ई-मेल : info@rajkamalprakashan.com

विकास कम्प्यूटर एंड प्रिंटर्स
ट्रॉनिका सिटी-201 102
द्वारा मुद्रित

मूल्य : ₹199

ATHA KATHA BAJRANG BALI
Stories by Avadhesh Preet

ISBN : 978-81-19835-62-1

क्रम

शिनाख्त	7
कजरी	28
दृश्य-अदृश्य	39
मेरा मजहब, मेरी जान	57
अथ कथा बजरंग बली	63
धर्मो रक्षति रक्षित:	84
ब्रेकअप	99
तसव्वुरे जानाँ	119
कलंक-मुक्ति	134
साँड़	151

शिनाख्त

न कोई सुराग, न कोई सबूत। तमाम आला दिमाग रहस्य सुलझाने में रात-दिन एक किए हुए थे। लेकिन रहस्य का कोई सिरा पकड़ में नहीं आ रहा था। जाँच एजेंसियाँ अँधेरे में हाथ-पाँव मार रही थीं और दिन के उजाले में पातीं कि वे जहाँ से चली हैं, वहीं खड़ी हैं।

सरकार, विपक्ष और मीडिया के दबावों, आरोपों-प्रत्यारोपों के बीच जाँच एजेंसियों के पास अपने बचाव के लिए बस एक ही जुमला बचा था, "जाँच सही दिशा में जा रही है। हम जल्द ही पूरे मामले का खुलासा कर देंगे।"

मामला सूबे के मुख्यमंत्री से जुड़ा था, इसलिए मामले की मॉनिटरिंग स्वयं डीजीपी कर रहे थे। वह हर दिन समीक्षा के बाद यही पाते कि जाँच सही दिशा में नहीं जा रही है। अपनी कोर टीम पर जाँच को सही दिशा में ले जाने का दबाव बना रहे थे और सबको साफ-साफ कह दिया था, "हम पर चौतरफा दबाव है। अगर मामले का खुलासा न हुआ तो कइयों पर गाज गिर सकती है।"

कैरियर के बेहतरीन दौर में पहुँच चुके ये अफसर गाज गिरने का रिस्क एफोर्ड नहीं कर सकते थे, इसलिए उन्होंने केस को सुलझाने में एड़ी-चोटी एक कर दी थी। उधर, विपक्ष आमादा था कि मामले की जाँच सीबीआई को सौंप देनी चाहिए। विधान सभा में नेता प्रतिपक्ष आरोप लगाते हुए हमलावर हो आए थे, "राज्य का पुलिस तंत्र मामले की तह तक पहुँचने में अक्षम है। बेहतर होगा कि जाँच सीबीआई से कराई जाए।"

इस आरोप के जवाब में मुख्यमंत्री ने स्वयं कमान सँभाल ली थी, "राज्य का पुलिस-प्रशासन पूरी तरह सक्षम है। मुझे पूरा भरोसा है कि यह मामला जल्द सुलझा लिया जाएगा। इस षड्यंत्र के पीछे जिसका भी हाथ होगा, वह बख्शा नहीं जाएगा। मेरा विपक्ष से अनुरोध है कि इस संवेदनशील मामले पर राजनीति न करे।"

दरअसल, मुख्यमंत्री को डीजीपी प्रसाद पर पूरा भरोसा था। तीन अफसरों की वरिष्ठता को नजरअन्दाज कर अगर मुख्यमंत्री ने उन्हें डीजीपी बनाया था, तो सिर्फ इसलिए नहीं कि वह उनके स्वजातीय थे, बल्कि इसलिए भी कि केन्द्र में प्रतिनियुक्ति के दौरान उन्होंने बतौर सीबीआई ज्वाइंट डायरेक्टर कई नाजुक मौकों

पर उनकी मदद की थी, लिहाजा प्रतिनियुक्ति से लौटते ही मुख्यमंत्री ने उन्हें डीजीपी के वेतनमान पर प्रोन्नत कर दिया था। और फिर तीन महीने बाद डीजीपी एस.के. सिन्हा के रिटायर होते ही उन्हें डीजीपी बना दिया गया था। इस मामले पर भी विपक्ष ने काफी हो-हल्ला मचाया था। लेकिन मुख्यमंत्री के विशेषाधिकार को चुनौती देना सम्भव नहीं था, इसलिए मामला जल्द ही ठंडा पड़ गया था। पद सँभालते ही डीजीपी प्रसाद ने कई करिश्मे किए थे। उन्होंने सूबे में कानून-व्यवस्था ठीक वैसे ही दुरुस्त कर दी थी जैसी मुख्यमंत्री चाहते थे। कई खूँखार सरगनाओं को पुलिस ने ढेर कर दिया था या सलाखों के पीछे डाल दिया था। स्पीडी ट्रायल के जरिए कइयों के भाग्य का फैसला इस तेजी से हुआ कि बाहर बचे अपराधी या तो अंडरग्राउंड हो गए या सूबा छोड़कर भाग खड़े हुए। सूबे में चारों तरफ अमन-चैन था और लोग मुख्यमंत्री के गुण गा रहे थे।

ऐसे वक्त में, जबकि मुख्यमंत्री विश्वास से भरे थे और सूबे में किए जा रहे अपने विकास-कार्यों पर उनकी खास नजर थी, उन्होंने तय किया कि वह स्वयं विभिन्न जिलों में कैम्प करेंगे और जमीनी हकीकत का जायजा लेंगे। उनका फैसला जनोन्मुख था, लिहाजा मंत्रिमंडल ने उनके फैसले की तारीफ की। उनकी पार्टी ने इस फैसले को क्रन्तिकारी कदम बताया और स्वयं मुख्यमंत्री ने इस बाबत जोरदार तर्क दिया, "जनता की चुनी सरकार को जनता के बीच जाना ही होगा। सेक्रेटेरिएट में योजनाएँ बनाकर, बाबुओं के भरोसे नहीं छोड़ा जा सकता। योजनाओं का लाभ समाज के अन्तिम आदमी तक पहुँचे, यह सुनिश्चित करना होगा। मैं अपनी इस यात्रा की शुरुआत इसी उद्देश्य से कर रहा हूँ।"

विपक्ष जैसा कि होता है, विरोध करना उसकी प्राथमिकता होती है, उसने मुख्यमंत्री की इस योजना पर तीखा हमला किया, "यह सरकारी पैसे का दुरुपयोग है। योजनाओं को अमलीजामा पहनाने के लिए, जब तक तंत्र को दुरुस्त नहीं किया जाएगा, यह सिर्फ एक ड्रामे के सिवा और कुछ नहीं होगा। यह सस्ती लोकप्रियता हासिल करने का महज एक हथकंडा है।"

सूबे की जनता को सरकार और विपक्ष के तर्क अपनी-अपनी जगह पर सही जान पड़ते। उसका मानना था कि मुख्यमंत्री ने कई विकास योजनाएँ शुरू की हैं और उनसे सूबे की बदहाली दूर हो सकती है। सूबा दशकों से पड़े सन्निपात से बाहर निकला है, इसलिए अपनी सेहत को लेकर वह बेहद संवेदनशील है। उसे मुख्यमंत्री की कोशिश ईमानदार लगती है। लेकिन वह विपक्ष की इस आशंका को भी सच मानता है कि सरकारी बाबुओं और बिचैलियों के कारण योजनाओं के जमीन पर उतरने में कठिनाई पेश आ रही है। जाहिर है, मुख्यमंत्री की इस पेशकश से जनता में एक और उम्मीद की किरन फूटी कि इस बहाने ही सही, सचाई सामने आएगी और बाबुओं और बिचैलियों की नकेल कसेगी। जनता ने

मुख्यमंत्री की इस यात्रा को भी गहरी उम्मीद से देखना शुरू किया। उसके इस देखने में, उसके पिछले अनुभवों के दंश से, अवसाद से, त्रासदी से उबरने की अतिरिक्त अपेक्षा भी थी। सूबे की जनता पिछली सरकारों के छल, बेलगाम हो चुकी कानून-व्यवस्था और पिछड़ते जाने के दु:स्वप्नों से बाहर आई-आई ही थी। उसने अपनी मुक्ति के लिए दशकों एक फरिश्ते का इन्तजार किया था। उसका यह फरिश्ता मौजूदा मुख्यमंत्री थे और उसे उनके फरिश्तेपन पर इस कदर भरोसा था कि फरिश्ते को भी अपना फरिश्तापन साबित करने की धुन चढ़ गई थी। इसी धुन की बानगी थी, विभिन्न जिलों में कैम्प करने का उनका फैसला।

मुख्यमंत्री की इस यात्रा का जो कार्यक्रम तय हुआ, उसमें सबसे पहले सुदूर सीमावर्ती जिला चुना गया। मुख्यमंत्री के साथ मुख्यसचिव के अलावा कई विभागों के सचिवों का भी जाना तय हुआ, ताकि वे अपने-अपने विभागों की योजनाओं की वस्तुस्थिति समझ सकें और 'ऑन द स्पाट' फैसले लिये जा सकें। सुरक्षा के भारी-भरकम इन्तजाम किए गए। मुख्यालय से आईजी सुरक्षा और आईजी इंटेलिजेंस साथ ही रवाना हुए। इस अमले के रात्रि विश्राम की जिम्मेदारी जिले के कलक्टर को दी गई थी। स्थानीय सुरक्षा के इन्तजामात जिले के एसपी के हवाले थी। उन्हें जिलेभर में सारी जाँच-पड़ताल चौकस रखनी थी। इसके अलावा पुलिस मुख्यालय ने अपने स्तर पर खुफिया और कमांडो की तैनाती की थी, जिन्हें यात्रा शुरू होने से पहले ही जिले के लिए रवाना कर दिया गया था। जिस दिन मुख्यमंत्री का काफिला सुदूर सीमावर्ती जिले के लिए निकला, उस दिन रास्ते में उनके स्वागत के लिए बड़े-बड़े गेट और होर्डिंग तो दिखे ही, बड़ी संख्या में लोग भी उनके नाम के नारे लगाते नजर आए। कई स्थानों पर जनता ने अपने स्थानीय नेताओं और विधायकों के नेतृत्व में मुख्यमंत्री के काफिले को रोकना भी चाहा। लेकिन सुरक्षा अधिकारी इस बात के लिए तैयार नहीं हुए। मुख्यमंत्री ने जनता के उत्साह को देखते हुए आखिरकार स्वयं पहल की और जहाँ ज्यादा भीड़ दिखी, वहाँ उन्होंने काफिले को रोकने का निर्देश दिया। इस निर्देश से सुरक्षा अधिकारियों के हाथ-पाँव फूलने लगे। ठंड में भी पेशानी पर पसीना चुहचुहाने लगा। लेकिन निर्देश मानने के सिवा उनके पास कोई चारा नहीं था।

जिस वक्त मुख्यमंत्री का काफिला सुदूर सीमावर्ती जिले की सीमा में पहुँचा, नगर में उत्सवी माहौल था। चौक-चौराहों पर झंडे, पताकों, तोरणद्वारों और पोस्टरों पर उनकी तसवीरें छाई हुई थीं। विभिन्न मुद्राओं वाली उनकी तसवीरें, उन्हें हैरान कर रही थीं, कि कब, कैसे इतनी सारी भंगिमाओं वाली उनकी छवियाँ उतार ली गईं? शुक्र है कि वह अपनी छवि को लेकर हमेशा सतर्क रहे हैं, इसलिए ये सारी की सारी छवियाँ हँसती, मुस्कराती और आत्मविश्वास से भरी हुई थीं। उन्होंने ऐसी ही एक मुस्कराहट के साथ नगरवासियों का हाथ हिलाकर अभिवादन किया और

इसी मुस्कराहट को लिए-दिये वह डाकबँगला परिसर में दाखिल हुए।

सुदूर सीमावर्ती यह जिला पिछले साल तक महज एक अनुमंडल हुआ करता था। जंगल और पहाड़ों से घिरे इस जिले की सीमा नेपाल से मिलती थी। इसलिए इसे डाकुओं और तस्करों की शरणस्थली भी कहा जाता था। अपराधी अपराध कर या तो घने जंगलों में गुम हो जाते या नेपाल में जाकर छुप जाते। मामला अन्तर्राष्ट्रीय होने के कारण, केन्द्र को हस्तक्षेप करना पड़ा था और बीएसएफ ने इस इलाके में अर्से तक 'ऑपरेशन क्लीन' चलाया था। उस दौरान कई दुर्दांत अपराधी मारे गए थे या फिर पकड़े गए थे। उसी वक्त इस अनुमंडल मुखयालय को जिला बनाए जाने का प्रस्ताव भी आया था। लेकिन वह प्रस्ताव ठंडे बस्ते में चला गया था, तो इसलिए कि अगर वह प्रस्ताव स्वीकृत हो गया तो राजनीति का एक बड़ा मुद्दा हाथ से निकल जाएगा। कहा तो यहाँ तक जाता है कि इस क्षेत्र के नेताओं ने अपराधियों के दबाव में ही, इसे जिला नहीं बनने दिया। लेकिन मौजूदा मुख्यमंत्री, पूर्ववर्तियों से अलग थे। उन्होंने किसी की नहीं चलने दी और अपने चुनावी वादे को पूरा करते हुए, इसे जिले का दर्जा दे दिया। आनन-फानन डीएम, एसपी नियुक्त किए गए। अनुमंडल मुख्यालय, जिला मुख्यालय बनते ही मुख्यमंत्री का मुरीद हो गया।

इस नये-नकोर जिला मुख्यालय में विकास योजनाओं का हाल-अहवाल लेने के लिए मुख्यमंत्री का पहुँचना, एक ऐतिहासिक घटना थी। इस ऐतिहासिक घटना का गवाह बनने के लिए लोगों की भीड़ डाकबँगला पर उमड़ पड़ी थी। सुरक्षाकर्मियों को इस भीड़ पर नियंत्रण करने के लिए बहुत मशक्कत करनी पड़ी। डाकबँगला परिसर में तयशुदा लोगों के अलावा किसी के भी प्रवेश पर प्रतिबन्ध था। बाहर खड़ी भीड़ जोर-जोर से नारे लगा रही थी। नारों की गूँज डाकबँगला के उस बड़े से हॉल में भी पहुँच रही थी, जहाँ मुख्यमंत्री जिले के अधिकारियों और जनप्रतिनिधियों के साथ बैठक कर रहे थे। मुख्यमंत्री ने बैठक के बीच ही बाहर खड़ी जनता से मिलने की इच्छा जताई। मुख्यमंत्री की इच्छा सर आँखों पर। सुरक्षाबलों ने तुरन्त-फुरन्त मोर्चा सँभाल लिया।

मुख्यमंत्री हॉल से बाहर निकले। डाकबँगला के लम्बे बरामदे से लगे पोर्टिको में पहुँचते ही कमांडो ने उन्हें सुरक्षा घेरे में ले लिया। पोर्टिको के दोनों सिरों से होकर निकलता रास्ता एक बड़े से गोलम्बर के चारों ओर होता हुआ निकास गेट की ओर जाता था। निकास गेट तक कारपेट बिछा था, जिसका रंग डाकबँगला परिसर में खिले लाल गुलाबों से मिलता था। मुख्यमंत्री इसी कारपेट पर चलते हुए मुख्य गेट तक आए और बाहर खड़ी भीड़ का हाथ हिलाकर अभिवादन किया। भीड़ उतावली हो आई। चीख-चीखकर मुख्यमंत्री जिन्दाबाद के नारे लगाने लगी। मुख्यमंत्री ने मुस्कराकर भीड़ को सम्बोधित किया, "सरकार जिले के विकास के लिए कृतसंकल्प है। आज मैं जिले की विकास योजनाओं की समीक्षा कर रहा हूँ।

कल आप सबके दरबार में हाजिर होऊँगा और एक-एक काम का हिसाब दूँगा। आप सबका बहुत-बहुत धन्यवाद।"

मुख्यमंत्री भीड़ को आश्वस्त कर तेजी से वापस मुड़े। सुरक्षाकर्मियों ने राहत की साँस ली। जिन्दाबाद के नारे गूँजते रहे। धीरे-धीरे आवाजें धीमी पड़ती गईं। देर शाम तक बैठक चलती रही। इस बीच खानसामे तरह-तरह के व्यंजन और पेय परोसते रहे। इसी बैठक में डीएम ने बताया कि इस नगर में इस इकलौते डाकबँगला के अलावा और कोई ऐसा भवन नहीं है, जहाँ इस तरह की उच्चस्तरीय मीटिंग और वीआईपी स्टे की व्यवस्था हो सके। इस पर मुख्यमंत्री ने डीएम को तत्काल प्रस्ताव भेजने का निर्देश दिया। इसी दौरान मुख्य सचिव ने एक दिलचस्प जानकारी दी, "यह डाकबँगला अंग्रेजों के जमाने का है। अंग्रेज अफसर जंगल में शिकार के लिए आते तो इसी डाकबँगले में ठहरते। इसी में उनका दरबार लगता और इसी में बोन फायर का लुत्फ उठाते।"

यह डाकबँगला तब के लिहाज से भले ही आबादी से दूर, किसी निचाट में रहा होगा। लेकिन अब आबादी के बढ़ने से यह नगर का करीबी हिस्सा हो गया है। हालाँकि अभी भी इसके इर्द-गिर्द कोई बड़ी आबादी नहीं है, लिहाजा इसके पास अपना एकान्त है और यह एकान्त ही इसकी खूबसूरती है। खूबसूरत तो यह डाकबँगला भी है। ढाई एकड़ में फैले इसके परसिर में आम, जामुन, कटहल, नीम के पेड़ों के अलावा एक बेहद घना जटाजूट वाला वटवृक्ष भी है। डाकबँगला भवन सुर्खी-चूने की जुड़ाई वाली मोटी दीवारों और ऊँची छत के साथ आज भी अंग्रेजी स्थापत्य की भव्यता का गवाह है। लम्बे-चौड़े पोर्टिको के तुरन्त बाद लम्बा बरामदा भवन के एक सिरे से दूसरे तक फैला है, जिसके किनारे-किनारे फूलों के गमले रखे हुए हैं। अन्दर छोटे-बड़े इतने कमरे हैं कि उनका जरूरत के हिसाब से मीटिंग रूम, डाइनिंग हॉल और शयनकक्ष आदि के लिए इस्तेमाल किया जा सकता है। मुख्यमंत्री के आने को लेकर इसकी खूबसूरती को और ज्यादा बढ़ाने में स्थानीय प्रशासन ने काफी कुछ इनोवेटिव भी किया है। रंग-रोगन, साफ-सफाई, बिजली-पानी और अन्य बेहतरीन सुविधाओं से लैस कर, इस डाकबँगला को वीआईपी स्टेटस लायक बना दिया गया है। इस डाकबँगला के स्थापत्य में कोई छेड़छाड़ न, हो इसके लिए मुख्यसचिव ने स्वयं डीएम को खास हिदायत दी थी। इसलिए यह डाकबँगला ब्रिटिश स्थापत्य और आधुनिक इंटीरियर की कलात्मकता से जीवन्त हो उठा था।

देर शाम तक चली बैठक के बाद, स्थानीय विधायकों और सांसद महोदय को मुख्यमंत्री ने अपने शयन कक्ष के साथ लगे मीटिंग रूम में राजनीतिक चर्चा के लिए आमंत्रित किया। इस बीच मुख्य सचिव ने डीएम, एसपी और साथ आए अन्य अफसरों के साथ इस डाकबँगला के विस्तृत परिसर में टहलना शुरू कर दिया।

टहलने के दौरान ही उन्होंने कई दिलचस्प जानकारियाँ शेयर कीं। चलते-चलते अचानक वह वटवृक्ष के पास रुककर रहस्यमय अन्दाज में बोले, "इस डाकबँगला से जुड़े कई किस्से मशहूर हैं। उस जमाने में अंग्रेज अफसर यहाँ मौज-मनोरंजन के लिए जुटते थे। एक रेवेन्यू अफसर जॉन विलियम तो दिन में जानवरों का शिकार करता था और रात में ट्राइबल औरतों का। कहते हैं, एक ऐसी ही औरत सोना देई पर वह इस कदर फिदा हो गया कि उसके लिए वह हर हफ्ते यहाँ आने लगा। लेकिन एक रात गजब हो गया। विलियम सोया तो अगली सुबह इसी डाकबँगले में उसकी लाश मिली। पूरे इलाके में हड़कम्प मच गया। अंग्रेजों की पुलिस ने सोना देई को तलाशने में जमीन-आसमान एक कर दिया। लेकिन न वह मिली, न उसका हसबैंड। गुस्साए अंग्रेजों ने सोना देई के गाँव को तबाह कर दिया। पूरा गाँव नक्शे से गायब हो गया। न गाँव रहा, न गाँववालों की कोई मिल्कियत रही। गाँव वाले कहाँ गए, उनका क्या हुआ, यह एक मिस्ट्री है।"

युवा डीएम तो आश्चर्यचकित मुख्य सचिव का मुँह ताकने लगा, "सर, आपको तो इस इलाके के बारे में बहुत कुछ मालूम है। लगता है, आपने काफी स्टडी की है।" डीएम ने अपने सीनियर अफसर की दिल खोलकर तारीफ की।

मुख्य सचिव ने हल्की मुस्कराहट के साथ डीएम को देखा। उनके साथ चल रहे सभी अफसर भी उनकी ओर उत्सुकता से देख रहे थे। वे लोग जहाँ खड़े थे, वहाँ पेड़ों से छनकर आती रोशनी बहुत झीनी-सी थी। सबके सब सिर्फ परछाइयों की तरह दिख रहे थे। मुख्य सचिव जैसे कहीं दूर अतीत में जा चुके थे। उन्होंने गहरी आवाज में बताया, "मैं प्रोबेशन में यहाँ एसडीओ नियुक्त था। तभी इस इलाके के बारे में बहुत सारी जानकारी हासिल की थी। किस्से तो बहुत सारे हैं। कितने सही, कितने गलत, गॉड नोज। बट यू नो, किस्से में नमक-मिर्च चाहे जितना लगाया जाय, फैक्ट कहीं-न-कहीं होता जरूर है।"

मुख्य सचिव के इस तर्क से सभी सहमत दिखे। डीएम और एसपी ने बाकायदे सर हिलाए। मुख्य सचिव लौटने के लिए मुड़े कि एसपी ने जिज्ञासा से पूछा, "सर, गाँव वाले कहाँ गए, उस गाँव का क्या हुआ, यह मिस्ट्री सुलझी या नहीं?"

वे अब वेपर लाइट की रोशनी के नीचे आ चुके थे। रातरानी के फूल हल्के-हल्के हिल रहे थे, गोया जलवानुमाई से पहले रियाज कर रहे हों। मुख्य सचिव ने नथुनों से हवा अन्दर खींची। यह रातरानी की खुशबू आत्मसात करने की कोशिश थी। लेकिन या तो हवा पर्याप्त नहीं थी, या रातरानी तैयार नहीं थी। खुशबू का अहसास नहीं हुआ। उन्होंने नाक-भौं सिकोड़ते हुए कहा, "लगता है यह रातरानी का हाइब्रिड प्लांट है। देखने में हूबहू। लेकिन कोई खुशबू नहीं।"

एसपी का प्रश्न अनुत्तरित रह गया था। वह इस मिस्ट्री से दो-चार हो रहा था। अलबत्ता मुख्य सचिव की नई आशंका से डीएम की हवा खिसक गई। वह सफाई

देने की मुद्रा में आ गया, "सर, इसकी बाबत तो हॉर्टिकल्चर अफसर (फ्लोरिकल्चर अफसर का पद नहीं है) बता सकता है। कल उससे स्पष्टीकरण माँगता हूँ।"

मुख्य सचिव पोर्टिको के पास आकर रुके, फिर मुस्कराए, "यू नो, जो बात माली बता सकता है, वह हॉर्टिकल्चर अफसर नहीं बता सकता। माली को बुलाओ।"

डीएम के आदेश पर एक अर्दली माली को बुलाने गया, तो इसी बीच दूसरे अर्दली ने वहीं कुर्सियाँ लगा दीं। एक कुर्सी पर सबसे पहले मुख्य सचिव बैठे। उनके बगल में रिवेन्यू सचिव सिंह साहब और उनके बगल में रूरल डेवलपमेंट सचिव शर्मा जी। बाकी कुर्सियों पर डीएम, एसपी, आईजी सुरक्षा और आईजी इंटेलिजेंस।

माली के हाजिर होते ही डीएम ने कड़क स्वर में पूछा, "क्या नाम है तुम्हारा?"

चालीस के आसपास की वय का माली मुचड़े कत्थई पैंट और सफेद बुश्शर्ट में इतने बड़े साहबों के सामने पेशी से बुरी तरह घबराया हुआ था। सवाल का जवाब देने में उसे खासी मशक्कत करनी पड़ी, "सुभाष मालाकार, सर!"

मुख्य सचिव ने हाथ के इशारे से डीएम को रोका। डीएम ने होंठ भींच लिये।

"सुभाष, कब से यहाँ काम कर रहे हो?" मुख्य सचिव ने निहायत मुलायम स्वर में पूछा।

"सर, मोटामोटी दस साल हो गया होगा।"

"मोटामोटी क्या होता है जी?" मुख्य सचिव ने माली के चेहरे पर आँखें गड़ा दीं, "कौन से साल की नियुक्ति है?"

"सर, नियुक्ति नहीं, डेलीवेजेज पर हैं।" सुभाष का गला सूख गया। जवाब देने के साथ ही, वह इस आशंका से ग्रस्त हो गया कि कहीं कुछ गलत तो नहीं बोल गया।

मुख्य सचिव डीएम की ओर मुखातिब हुए। बोले कुछ नहीं, लेकिन उनके चेहरे के भाव डीएम भाँप गया।

"सर, कल ही डीएचओ (डिस्ट्रिक्ट हॉर्टिकल्चर ऑफिसर) से जवाब तलब करता हूँ।" डीएम ने हड़बड़ाकर जवाब दिया।

डीएम की प्रतिक्रिया पर बगैर कोई टिपण्णी किये, मुख्य सचिव ने माली सुभाष से फिर पूछा, "ये रातरानी किसने लगाया था?"

"सर, मेरे बाबू जी लगाए थे।" सुभाष मालाकार का चेहरा फक पड़ गया। वह एकबारगी भय की गिरफ्त में आ गया था।

"तुम्हारे बाबूजी भी यहीं माली थे?" मुख्य सचिव ने अगला सवाल किया।

"सर!" सुभाष मालाकार ने सिर हिलाया।

"उनकी नियुक्ति कब हुई थी?"

"सर, वह भी डेलीवेजेज पर थे।"

"क्यों?"

"सर, उनके साहेब जन्म सर्टिफिकेट माँगे थे। वह बाबू जी के पास नहीं था।"

"एक बात बताओ, ये रातरानी महकती क्यों नहीं है?"

"सर, यहाँ कोई फूल नहीं महकता है।" सुभाष मालाकार का भय और गहरा गया।

मुख्य सचिव समेत सारे अधिकारी चौंके। चूँकि पूछताछ की बागडोर मुख्य सचिव ने सँभाली हुई थी, इसलिए अपनी जिज्ञासा जाहिर करने के बजाय सबके सब उत्सुक भाव से मुख्य सचिव की ओर ताकने लग गए।

"क्यों? ऐसा क्यों?" मुख्य सचिव ने आतुरता से सुभाष मालाकार की ओर देखा। सुभाष मालाकार का गला सूख गया। होंठ पर जीभ फिराता वह बगलें झाँकने लगा।

"बोलते क्यों नहीं जी?" पहली बार आईजी इंटेलिजेंस ने मुँह खोला तो उनकी आवाज में पुलिसिया रौब गालिब था।

सुभाष मालाकार ने थूक निगलते हुए हाथ जोड़ लिये, "सर, बाबू जी बताते थे कि यहाँ किसी के सराप (शाप) का असर है। फूल तो सब खिलता है, लेकिन उसमें सुगन्ध नहीं आती है।"

हवा के झोंके में हुई हल्की-सी सिहरन, वहाँ उपस्थित अफसरों के रीढ़ की हड्डियों में रेंग गई। चुप्पी के बीच ही, मुख्य सचिव ने हाथ हिलाकर सुभाष मालाकार को जाने का इशारा किया। सुभाष मालाकार कुछ घबराहट और कुछ आला अफसरों के आतंक से मुक्ति के अहसास से दबे पाँव तेजी से आउट हाउस की ओर जाकर पेड़ों के झुरमुट में गुम हो गया।

"सिंह साब, आपको सुपर नैचुरल पावर में विश्वास है?" मुख्य सचिव ने चुप्पी तोड़ते हुए रिवेन्यू सचिव से दरयाफ्त किया।

पचपन की उम्र वाले रिवेन्यू सचिव सिंह साब यूँ भी बहुत गम्भीर व्यक्तित्व के मालिक हैं। बोलते भी बहुत कम हैं। ज्यादातर काम लिखत-पढ़त में ही निबटाने के लिए जाने जाते हैं। मुख्य सचिव के प्रश्न पर वह थोड़े सजग हुए गोया अचानक आए इस प्रश्न से उनका ज्ञान परखा जा रहा हो, "सर, अब तो वैज्ञानिक भी मानने लगे हैं कि सुपर नेचुरल पावर होता है।"

मुख्य सचिव सायास हँसे, "आपका क्या मानना है?"

"सर, कुछ-न-कुछ तो होता है।" सिंह साब कसमसाए।

ऐन इसी वक्त आईजी सुरक्षा ने इजाजत माँगी, "सर, मैं जरा सिक्योरिटी अपडेट्स लेकर आता हूँ।"

आईजी सुरक्षा इजाजत के लिए रुके नहीं। उनके पीछे एसपी भी लगभग दौड़ पड़ा। आईजी इंटेलिजेंस ने आशंका जाहिर की, "सर, फूलों की गन्ध और शाप का सम्बन्ध कहीं सोना देई से तो नहीं है?"

"मे बी!" मुख्य सचिव ने रहस्य को अनसुलझा छोड़ दिया, "इट्स अ मैटर ऑफ प्रोब?"

रात पूरी तरह उतर आई थी। तेज लाइटों से डाकबँगला का परिसर दूधिया उजाले में रोमानी हो आया था। परिसर के खिले फूलों में खुशबू चाहे न हो, उनका खिला हुआ होना, आँखों को सुकून दे रहा था। चारदीवारियों तक हरे-घने पेड़ों का झुरमुट और वहाँ तैनात सुरक्षा जवानों के साए नजर आ रहे थे। पोर्टिको के पास गोलम्बर का फाउंटेन चालू था और उसके छींटे, जब उड़कर इन अफसरों की देह पर पड़ते तो उनके भीतर कोई पुलक-सी उठती और वे अन्दर तक खुद को भीगा हुआ पाते।

"सर, अंग्रेजों का कंस्ट्रक्शन वर्क कितना सॉलिड होता था। देखिए, इसी डाकबँगले को आज तक एज इट इज है।" युवा डीएम का उत्साह युवोचित था। उसकी आँखों में अंग्रेजों के प्रति प्रशंसा का भाव तैरने लगा था।

मुख्य सचिव ने अपनी मुंदी आँखें खोलीं। हल्के मुस्कराए। युवा डीएम को वात्सल्य भाव से देखा और बेहद स्निग्ध स्वर में बोले, "ऑनेस्टी। दे वर ऑनेस्ट!"

मुख्य सचिव का यह जवाब बेहद असुविधाजनक था। सारे अफसरों ने बड़ी कठिनाई से खुद को जज्ब किया। मुख्य सचिव को इस स्थिति का तुरन्त आभास हो गया। लिहाजा उन्होंने बात बदल दी, "अरे भई, डिनर-विनर का क्या हाल है?"

डीएम ने प्रोटोकॉल का निर्वाह किया। वह उठकर पोर्टिको से होता हुआ डाकबँगले के मुख्यद्वार की ओर लपका।

"शर्मा जी, लड़का इंटेलिजेंट है।" मुख्य सचिव ने रूरल डेवलपमेंट सचिव को सम्बोधित किया।

"सर।" रूरल डेवलपमेंट सचिव शर्मा जी ने तस्दीक की, "यह अपने बैच का टॉपर रहा है।"

ऐन इसी वक्त डीएम लौटा और डिनर रेडी होने की सूचना देकर सभी अफसरों को डाइनिंग हॉल में चलने का आमंत्रण दिया। मुख्य सचिव ने एक सरसरी नजर डाकबँगला परिसर में दौड़ाई। मुख्यद्वार बन्द हो चुका था और सुरक्षा जवान मुस्तैदी से खड़े थे। आउटहाउस के पास एक पेड़ के नीचे बने सीमेंटेड चबूतरे पर बैठे सरकारी गाड़ियों के ड्राइवर आपस में सिर जोड़े बतकही में मशगूल थे। वे फुसफुसी में बतिया रहे होंगे, तभी उनकी आवाजें यहाँ तक नहीं आ रही थीं, फिर भी मुख्य सचिव के कान बजते महसूस हुए। वह दाहिने हाथ की उँगली से दाहिने कान को रगड़ते हुए डिनर हॉल की ओर चल पड़े। बाएँ कान का बजना जारी रहा।

डिनर समाप्त होने के तुरन्त बाद मुख्यमंत्री अपने शयन कक्ष में चले गए। यूँ भी वह जल्दी सोने के अभ्यस्त थे और आज तो लम्बी यात्रा और मैराथन बैठक के बाद, उन पर थकान बुरी तरह तारी थी। बिस्तर पर जाते ही उन्हें नींद आ गई और वह जोर-जोर से खर्राटे लेने लगे। खर्राटों की आवाज का बाहर जाना मुमकिन

नहीं था और बाहर की आवाजों का अन्दर आना सम्भव नहीं था, तो यह ब्रिटिश सरकार के इंजीनियरों और कारीगरों का कौशल था कि बगैर साउंडप्रूफ सिस्टम के भी उन्होंने यह कमाल कर दिखाया था।

रात गाढ़ी थी। नींद भी गाढ़ी हो चुकी थी। डाकबँगला परिसर में एक गाढ़ी खामोशी साँस रोके ठिठकी हुई थी। चारों ओर सुरक्षा-जवानों के हिलते-डुलते साए नजर आ रहे थे और वे डाकबँगला की लम्बी होती परछाईं को चौकस निगाहों से अपनी जद में लिए हुए थे। वे इस परछाईं की हिफाजत के लिए अपनी नींद से ठीक वैसे ही लड़ रहे थे जैसे किसी दुर्दांत दुश्मन से मोर्चा ले रहे हों। रात के आखिरी पहर में जब पेड़ों से होकर ठंडी हवा झिर्र-झिर्र बहनी शुरू हुई, रात की स्याही थोड़ी छितराने लगी और आसमान में भुरुकवा साफ नजर आने लगा, सुरक्षा जवानों ने बन्दूकें बगल में रखकर झुके कन्धे और अकड़ चुकी देह को सीधी करने की कोशिश की, कि किसी पंछी के डैने फड़फड़ाने से उन्होंने बिजली की तेजी से तमाम पेड़ों को अपनी बन्दूकों के निशाने पर ले लिया।

यही वह वक्त था, जब शयनकक्ष में लेटे मुख्यमंत्री की नींद अचकचाकर टूट गई। वह हड़बड़ाकर उठे और बेड पर बैठे-बैठे जड़ हो गए। एसी चालू था, फिर भी देह पसीने-पसीने हो आई थी। आँखें फटी हुई थीं और आवाज गले में ही फँसकर रह गई थी। जब तक वह कुछ समझ पाते, उनके ठीक समाने खड़ा आदमी हाथ जोड़कर बोल पड़ा, "हुजूर, नींद खराब करने के लिए माफी चाहते हैं।"

"क...क...कौन हो तुम?" आँखें मिचमिचाते, पलकें झपकाते मुख्यमंत्री लगभग घिघियाए।

"हुजूर, हम मनसुख मुखिया हैं।" पूर्ववत् हाथ जोड़े खड़ा वह आदमी अपना नाम बताने के साथ ही दो कदम आगे बढ़ा।

मनसुख मुखिया को आगे बढ़ता देख मुख्यमंत्री की घिग्घी बँध गई। लेकिन मनसुख मुखिया, एक निश्चित दूरी पर रुक गया था। उसकी देह से पसीने की दुर्गन्ध आने लगी थी। मुख्यमंत्री को लगा कि यह दुर्गन्ध उनकी चेतना को झकझोर रही है। लेकिन उनका साहस फिर भी नहीं लौटा। उन्होंने आतंकित स्वर में पूछा, "तु...तु...तुम चाहते क्या हो?"

"हुजूर, न्याय चाहते हैं हम।" अपने कन्धे के अँगोछे को दोनों हाथों में जकड़कर मनसुख मुखिया गिड़गिड़ाया।

"न्याय? कैसा न्याय?" मुख्यमंत्री की इन्द्रियाँ सजग हुईं।

"हुजूर, न हमको एक धुर जमीन मिली, न एक अदद घर मिला। न वोटर कार्ड बना, न कोई पहचान-पत्रा मिला।" मनसुख मुखिया का लहजा शिकायती हो आया था, "न खेती-मजूरी, न मदद-बेगारी। बताइए, गरीब आदमी कैसे जिये-खाए?"

"क्यों, मनरेगा में काम नहीं मिलता?" मुख्यमंत्री को मनसुख मुखिया की

शिकायत पर विश्वास नहीं हुआ, "नब्बे दिन तो काम की गारंटी है।"

"हुजूर, मनरेगा में काम तब मिलेगा न जब बीपीएल कार्ड बनेगा।" मनसुख मुखिया की आँखें मुख्यमंत्री के चेहरे पर टँक गईं, "हमरा कोई पहचान ही नहीं है, तो कार्ड कैसे बनेगा, हुजूर? नेता-कर्मचारी सबकी मिलीभगत है।"

"तुमने कभी इसकी शिकायत की?" मुख्यमंत्री ने अब मुख्यमंत्री की तरह सवाल किया।

"गरीब की शिकायत कौन सुनता है, हुजूर?" मनसुख मुखिया के निरीह स्वर में जमाने भर की शिकायत सिमट आई थी। वह बड़ी आस से मुख्यमंत्री को देखे जा रहा था।

"कहाँ घर है तुम्हारा? कहाँ के रहनेवाले हो?" मुख्यमंत्री ने मनसुख मुखिया की टोह लेने की कोशिश की।

मनसुख मुखिया ने कोई जवाब नहीं दिया। वह चुपचाप मुख्यमंत्री को निहारता रहा। फिर गमछा माथे पर लपेटता हुआ, दो कदम पीछे हटा। अब वह ठीक वहाँ खड़ा था, जहाँ वह पहली बार मुख्यमंत्री को दिखा था। वहाँ से वह दिखता नहीं, दिखने का आभास होता है। यह आभास उनका भ्रम तो नहीं? अपने इस भ्रम को दूर करने के लिए मुख्यमंत्री ने टेबुल लैम्प के स्विच की ओर हाथ बढ़ाया ही था कि मनसुख मुखिया की आवाज गूँजी, "भूल-चूक माफ, हुजूर!"

टेबुल लैम्प की रोशनी के झपाके के साथ शयन कक्ष का सन्नाटा भाँय-भाँय करने लगा। मुख्यमंत्री ने आँखें फाड़-फाड़कर देखा, न कहीं मनसुख मुखिया था, न उसके होने का कोई चिह्न। तो कौन था वह? उनका भ्रम? नहीं...नहीं... जिससे वह बात कर रहे थे, वह भ्रम कैसे हो सकता है? अगर यह भ्रम नहीं तो? इस 'तो' के साथ ही मुख्यमत्री के होश फाख्ता हो गए। उन्होंने तेजी से उठकर शयन कक्ष का दरवाजा खोला और बदहवासी में चीखना शुरू कर दिया। उनकी आवाज नीम सन्नाटे में तमाम दीवारों को चीरती चली गई। दीवारों के पार आहटें तेज हुईं। हलचलें बढ़ीं और पलक झपकते ही सिक्योरिटी कमांडो ने मुख्यमंत्री को घेर लिया। आईजी सुरक्षा और आईजी इंटेलिजेंस के चेहरे पर हवाहयाँ उड़ने लगी थीं। उनकी हिम्मत नहीं हो रही थी कि वे मुख्यमंत्री से, उनके चीखने के बाबात कुछ दरयाफ्त कर पाएँ।

मुख्यमंत्री थरथर काँप रहे थे। यह अन्दाज लगा पाना मुश्किल था कि वह गुस्से से थरथरा रहे हैं या भय से। इस वक्त उनके चेहरे का रंग स्याह था और आँखों का रंग पीला। वह दरवाजे के बीचोबीच खड़े थे और उनकी पीली आँखें सामने किसी अदृश्य में टँकी थीं। उन्हें इस हालत में देखकर मुख्य सचिव लपके और ठीक उनके सामने जाकर खड़े हो गए। मुख्यमंत्री में कोई जुम्बिश नहीं हुई। मुख्य सचिव के माथे पर बल पड़ गए। वह जहाँ के तहाँ ठिठक गए। तभी धोती

का पुँछटा सँभालते पहुँचे सांसद महोदय सबको धकियाते हुए मुख्यमंत्री के करीब आए और उनको कन्धे से पकड़कर झकझोरने लगे, "साहेब...साहेब, क्या हुआ? बताइए न क्या हुआ?"

मुख्यमंत्री चिहुँककर अपने-आप में लौटे। उन्होंने अपने आस-पास का जायजा लिया और स्वयं को संयत रखने के बावजूद आवाज में व्याप्त उत्तेजना नहीं दबा पाए, "मनसुख। मनसुख नाम का कोई आदमी आया था मेरे कमरे में। कौन है वह? कैसे घुसा यहाँ?"

सिक्योरिटी अफसरों के होश उड़ गए। आईजी सुरक्षा बाहर की ओर दौड़े। आईजी इंटेलिजेंस ने मुख्यमंत्री के कक्ष में जाने की इजाजत चाही। मुख्यमंत्री दरवाजे के अन्दर एक कदम पीछे हो गए। उनके साथ-साथ ही सांसद, चारों विधायक, मुख्य सचिव, रिवेन्यू सचिव सिंह साब और रूरल डेवलपमेंट सचिव शर्मा जी भी अन्दर आए। आईजी इंटेलिजेंस और कमांडो ने शयन कक्ष का कोना-कोना छानना शुरू कर दिया। पूरब की खिड़की बन्द थी। उत्तर की खिड़की भी चाक-चौबन्द थी। प्रवेश द्वार के अलावा कमरे में कोई दूसरा दरवाजा नहीं था। यहाँ तक कि रोशनदान भी नहीं था। एसी की वजह से हवा तक आने की किसी गुंजाइश को नहीं छोड़ा गया था। सुरक्षा विशेषज्ञों की हरी झंडी मिलने के बाद ही इस कमरे को मुख्यमंत्री के शयन कक्ष के रूप में चुना गया था। ऐसे में यह हैरानी वाली बात थी कि कोई मनसुख नाम का आदमी इस कमरे में घुस आया था और उसने मुख्यमंत्री से तुर्की ब तुर्की बात की थी।

"वीरेश्वर बाबू, मैं उस आदमी को देखते ही पहचान जाऊँगा।" उत्तेजना से भरे मुख्यमंत्री ने सांसद महोदय को विश्वास दिलाने की कोशिश की, "उसकी देह से निकली पसीने की दुर्गन्ध मैं अब भी महसूस कर रहा हूँ।"

मुख्यमंत्री ने अपनी नाक को छुआ। कमरे में उपस्थित लोगों ने हल्की साँस खींचकर पसीने की गन्ध को महसूसना चाहा। लेकिन किसी को गन्ध-दुर्गन्ध नहीं महसूस हुई। वीरेश्वर बाबू को पूरा विश्वास था कि हो न हो मुख्यमंत्री ने सपना देखा है, लेकिन मुख्यमंत्री जिस तरह अपनी बात पर अड़े हुए थे, उसे देखते हुए वह ऐसा कुछ कहने का साहस नहीं जुटा पाए।

मुख्य सचिव को तो मुख्यमंत्री की हालत देखकर लग रहा था कि यह सब किसी सुपर नेचुरल पावर की करतूत है। लेकिन यह बात कहना तो दूर, सोचना भी गुनाह था। अव्वल तो मुख्यमंत्री को ऐसी किसी शक्ति पर विश्वास नहीं था और तब, जबकि मुख्यमंत्री ने हाल ही में सूर्य ग्रहण के दौरान ब्रेड खाकर अंधविश्वास की खिल्ली उड़ाई थी, वह कोई रिस्क नहीं ले सकते थे। उल्टे उन्होंने आईजी सुरक्षा, आईजी इंटेलिजेंस, डीएम और एसपी को मीटिंग हॉल में तलब किया। उन्होंने मुख्यमंत्री को आश्वस्त किया कि वह वस्तुस्थिति की पूरी जानकारी लेकर उन्हें

ब्रीफ करेंगे। मुख्यमंत्री ने कड़े स्वर में चेताया, "सीएस (चीफ सेक्रेटरी) साहेब, एक बात जान जाइए, मैं जो कह रहा हूँ, वह न कोई सपना है, न वहम। इस लाइन पर कोई कार्रवाई की कोशिश नहीं की जाय।"

"सर!" मुख्य सचिव ने सहमति में सर हिलाया।

यह अँधेरे और उजाले के बीच की अलस भोर थी। डाकबँगला के बाहर पेड़ों के पत्तों पर उजली धुन्ध फिसल रही थी। फूलों वाले पौधे कुछ ज्यादा शोख हो आए थे। डाकबँगला की ताजा रंग रोगन वाली दीवारों की चमक पूरी तरह निखार पर थी और इसकी परछाईं आँखों की पकड़ से बाहर जा चुकी थी। बावजूद इसके पूरे परिसर में दहशत गश्त कर रही थी और सुरक्षा जवान बुरी तरह खौफजदा थे। सरकारी गाड़ियों के ड्राइवरों, माली और दूसरे स्टाफ से पूछताछ की जा चुकी थी। किसी ने भी किसी को पूरे परिसर में आते-जाते नहीं देखा था। इस वक्त, जबकि कहीं कोई जाग नहीं थी, डाकबँगला जाग रहा था। इस परिसर में दाखिल होनेवाले पहले शख्स डीएम और एसपी थे। वे अपने वाहनों के पोर्टिको में रुकने के साथ ही, तेजी से मीटिंग हॉल की ओर भाग छूटे थे।

मीटिंग हॉल में आईजी सुरक्षा और आईजी इंटेलिजेंस ने अपनी पूरी जाँच का एक-एक ब्योरा दिया, जिसका लुब्बेलुआब यह था कि सुरक्षा व्यवस्था इतनी सख्त है कि एक परिन्दा भी पर नहीं मार सकता। बाहर से किसी भी शख्स के आने-जाने का कोई सवाल ही नहीं पैदा होता। चप्पे-चप्पे पर सुरक्षा जवान तैनात हैं और किसी ने भी डाकबँगला के इर्द-गिर्द एक परछाईं भी फटकते नहीं देखी है।

सारी जानकारी हासिल कर लेने के बाद मुख्य सचिव कुछ दर तक गम्भीर मुद्रा में सोचते रहे। फिर उनका हताश स्वर गूँजा, "कहीं-न-कहीं भारी चूक हुई है। हमें इस मामले की तह में जाना होगा।"

आईजी सुरक्षा और आईजी इंटेलिजेंस 'चूक' की बात मानने को तैयार नहीं थे। लेकिन आपत्ति करने की मजाल नहीं थी। आईजी सुरक्षा ने अपनी ओर से कार्रवाई की रूपरेखा प्रस्तुत की, "सर, मामले की तह तक जाने के लिए हमें एक्सपर्ट्स की जरूरत होगी। एफएसएल टीम फिंगर प्रिंट्स, पसीने की दुर्गन्ध और कमरे में छिपे सुरागों को तलाशने में हमारी मदद कर सकती है।"

मुख्य सचिव ने सहमति में सर हिलाते हुए डीएम की ओर देखा। डीएम ने कहा, "सर राजधानी से टीम बुलाने के लिए अभी मैसेज भेजता हूँ।"

"सर, मुख्यमंत्री को उस आदमी का हुलिया याद है। अगर वह उसका स्केच बनवा सकें तो अनुसन्धान में आसानी होगी।" आईजी इंटेलिजेंस ने बेहद संकोच से गुजारिश की।

मुख्य सचिव ने आईजी इंटेलिजेंस की गुजारिश पर गौर किया, "देखता हूँ, बात करके। वैसे सीएम साहब हर सम्भव सहयोग करेंगे इतना तय है।"

आईजी सुरक्षा ने एसपी को आदेश दिया, "अपने नेटवर्क को एक्टिव करो। मुखबिरों को लगाओ। कोई न कोई सुराग जरूर मिलेगा।"

"सर!" एसपी ने दृढ़ स्वर में विनम्रता से आदेश शिरोधार्य किया।

सुबह की पहली किरन के फूटते न फूटते डाकबँगला के प्रवेश द्वार पर पत्रकारों की जमात आ जुटी। पता नहीं कैसे इन पत्रकारों को सूँघ लग गई थी और वे बिना ब्रश-मंजन किए डाकबँगला तक आ धमके थे। उन्हें सुरक्षाकर्मियों ने गेट पर ही रोक लिया था। वे खबर की पुष्टि के लिए बेचैन हुए जा रहे थे। आखिरकार एसपी बाहर आया और उसने पत्रकारों को सम्बोधित किया, "सीएम की सुरक्षा में कहीं कोई कोताही नहीं बरती गई है। सीएम सुरक्षित हैं और उनके सारे कार्यक्रम पूर्व निर्धरित तरीके से जारी रहेंगे।"

"सुना है, कोई आदमी मुख्यमंत्री के शयन-कक्ष तक पहुँच गया था, वह कौन है? क्या उसकी पहचान हुई है?" एक पत्रकार ने सवाल किया।

"अनुसन्धान जारी है। कुछ पता चलते ही आप लोगों को बताया जाएगा।" अपनी बात खत्म करके एसपी ने जान छुड़ाई, "थैंक्यू।"

खबर जंगल की आग की तरह फैली। राजधानी में विपक्ष ने कटाक्ष किया, "यह पूरी तरह से कानून-व्यवस्था के फेल्योर का उदाहरण है। जहाँ मुख्यमंत्री की सुरक्षा-व्यवस्था में सेंध लगाई जा सकती है, वहाँ सूबे की जनता कितनी सुरक्षित है, यह अन्दाज लगाया जा सकता है।"

सुदूर सीमावर्ती जिले की यात्रा से लौटते ही मुख्यमंत्री ने डीजीपी को तलब किया। डीजीपी जो अब तक पूरी घटना की रिपोर्ट हासिल कर चुके थे, मुख्यमंत्री के समक्ष प्रस्तुत हुए। डीजीपी ने मुख्यमंत्री को आश्वस्त करना चाहा, "सर, सुरक्षा-व्यवस्था में कहीं कोई चूक नहीं हुई है। एफएसएल टीम को फिंगर प्रिंट, फुट प्रिंट कुछ नहीं मिला है। स्थानीय मुखबिरों ने भी मनसुख मुखिया के हुलिए से मिलते-जुलते किसी आदमी को नहीं देखा है। यहाँ तक कि जिले में मनसुख मुखिया नाम का कोई आदमी नहीं पाया गया है।"

"आप क्या कहना चाहते हैं कि मैं झूठ बोल रहा हूँ?" मुख्यमंत्री के तेवर चढ़े, "अपनी नाकामी छुपाने के लिए पुलिसिया नौटंकी बन्द कीजिए!"

डीजीपी का चेहरा स्याह पड़ गया। उन्होंने अपने होंठ भींच लिए। त्वरित कार्रवाई से हासिल सूचनाओं से उत्साहित उनका सारा जोश ठंडा पड़ गया था। वह चुपचाप मुख्यमंत्री की खरीखोटी सुनते रहे। आखिरकार मुख्यमंत्री ने दो टूक आदेश दिया, "आई वांट मनसुख मुखिया ऐट एनी कॉस्ट!"

डीजीपी ने एड़ियाँ बजाकर सैल्यूट ठोंका और अपना स्याह चेहरा लिए लौट आए। यह उनके कॅरियर का बेहद स्याह दिन था और इसकी खीझ उन्होंने पूरे पुलिस डिपार्टमेंट पर निकाली। मनसुख मुखिया के बारे में मुख्यमंत्री ने जो ब्योरा दिया था,

उसमें उसके गाँव, घर, मुहल्ला, जिले की कोई जानकारी नहीं थी। जाँच टीम के पास उम्मीद की किरन सिर्फ उसकी शक्लोसूरत थी। मुख्यमंत्री ने अपनी याददाश्त से उसका स्केच बनवा दिया था, जिसकी कॉपी सूबे के हर थाने को इस ताकीद के साथ भेजी गई थी कि इस आदमी की तलाश को टॉप प्रियॉरिटी पर रखा जाय।

आठवें दिन जब डीजीपी कोर टीम के साथ मीटिंग के बाद, मनसुख मुखिया की बाबत कोई सुराग नहीं मिल पाने से हताश हो चुके थे और जिलों के एसपी से लेकर थानेदारों की ऐसी-तैसी कर, मुख्यमंत्री निवास के लिए निकलने ही वाले थे कि उनका पीए हड़बड़ाया हुआ उनके पास आया। अपनी तेज चलती साँसों को संयत करने की कोशिश में उसकी आवाज कँपकँपा रही थी, "सर, मनसुख मुखिया का सुराग मिल गया!"

"क्या?" डीजीपी की बेसाख्ता चीख निकल पड़ी।

उनकी आँखों में चमक कौंधी। भौंहें सिकुड़ीं। उन्होंने उसी मुद्रा में पूछा, "कौन है वह? क्या पता चला उसके बारे में?"

पीए ने खुद को सँभाला। डीजीपी की चरम उत्सुकता से उसे सुख मिला। उसने राज खोलने के अन्दाज में बताया, "सर, मेरे मोबाइल पर एक कॉल आई। कॉल करनेवाले ने बताया कि मनसुख मुखिया उचका गाँव में है।"

"उचका गाँव?" उत्साह से भरे डीजीपी अपनी चेयर पर लौटे। इतनी गहन जाँच-पड़ताल और फजीहत-मलामत के बाद पहली बार काम की मिली इस लीड ने डीजीपी प्रसाद के पुलिसिया दिमाग की तमाम बत्तियाँ जला दीं। उन्होंने पीए को पास बुलाकर पूछा, "कॉल किसने की? उचका गाँव कहाँ है? उसने और क्या बताया? जिला, अनुमंडल, ब्लॉक कुछ भी?"

"सर कॉल करनेवाले ने अपना नाम नहीं बताया। मैंने पूछा भी लेकिन उसने कॉल काट दी।" पीए इस अधूरी जानकारी के लिए जैसे खुद को ही कसूरवार समझ असहाय-सा दिखा।

"और उचका गाँव? कहाँ है कुछ बताया?" अपना प्रश्न डीजीपी ने फिर दुहराया।

"नहीं सर!" इस बार पीए के मुँह से निकले स्वर में सूचना देने की खुशी की जगह हताशा ने ले ली थी।

"ओके!" डीजीपी गम्भीर दिखे। पीए को निर्देश दिया, "सभी जिलों को फ्लैश भेजो। उचका गाँव का पता कर मनसुख मुखिया को अरेस्ट किया जाय!"

पीए डीजीपी के कक्ष से बाहर भागा। डीजीपी प्रसाद ने अपना मोबाइल निकालकर रिवेन्यू सचिव सिंह साहब का नम्बर मिलाया। दूसरी ओर रिवेन्यू सचिव ने जैसे ही कॉल रिसीव की, उन्होंने अर्ज किया, "सिंह साब, इट्स अर्जेंट। आपकी मदद चाहिए!"

पता नहीं, रिवेन्यू सचिव ने उधर से क्या जवाब दिया कि डीजीपी के चेहरे

का तनाव ढीला पड़ा। होंठों पर हल्की मुस्कान उभरी। उन्होंने अपनी बात पूरी की, "उचका गाँव। ये उचका गाँव कहाँ, किस जिले में है, क्या कुछ पता चल सकता है?"

रिवेन्यू सचिव ने आश्वस्त किया शायद। डीजीपी प्रसाद ने आभार जताने के अन्दाज में कहा, "जितनी जल्दी हो, प्लीज।"

मनसुख मुखिया की तलाश में हर स्तर पर कार्रवाई शुरू हुई। पीए के मोबाइल पर आए उस अनजान कॉल के बारे में भी जाँच-पड़ताल की गई। लेकिन न उस कॉल करनेवाले के बारे में कोई जानकारी मिली न ही उस कॉल की लोकेशन का कुछ पता चला। फिलहाल जाँच में इस बिन्दु को स्थगित कर दिया गया। लेकिन रिवेन्यू सचिव से जो सूचना मिली, वह कहीं ज्यादा निराश करनेवाली थी। उनके विभाग के पास उपलब्ध दस्तावेजों में उचका गाँव कहीं दर्ज नहीं था। इस सूचना से डीजीपी प्रसाद बुरी तरह हताश हो गए। उन्हें लगा कि पीए को मोबाइल पर सूचना देनेवाले ने जरूर जाँच को भटकाने की कोशिश है। लेकिन प्रश्न यह था कि वह कौन है, जिसने ऐसा किया? क्या उद्देश्य है उसका? उचका गाँव अगर सूबे के रेवेन्यू रिकॉर्ड में है ही नहीं, तो उसने इसका जिक्र क्यों किया? ऐसे तमाम प्रश्नों को डीजीपी प्रसाद ने अपनी कोर टीम के सामने रखा। आला पुलिसिया दिमागों ने माथापच्ची शुरू कर दी।

एडीजी सीआईडी सतीश मिश्रा ने सम्भावना व्यक्त की, "सर, पॉलिटिकल रिवेंज में ऐसा सम्भव है कि किसी गाँव का नाम रिकॉर्ड में दर्ज न होने दिया गया हो।"

सतीश मिश्रा अनुभवी पुलिस अफसर थे। उनका ट्रैक रिकॉर्ड शानदार था। लेकिन उनकी इस सम्भावना पर किसी को भी विश्वास होने के बजाय आश्चर्य हुआ कि वह ऐसी हवा-हवाई बात कैसे कर सकते हैं? लेकिन डीजीपी प्रसाद को आश्चर्य नहीं हुआ। उन्होंने एडीजी की बात की पुष्टि में अपनी ओर से तर्क दिया, "यह भी सम्भव है। पॉलिटिकल लाभ-हानि के लिए बूथों के नाम गायब कर दिए जाते हैं। वोटर्स के नाम उड़ा दिए जाते हैं। तो ऐसे ही किसी गाँव को रिकार्ड से क्यों नहीं गायब किया जा सकता? मुझे लगता है, हमें इस लाइन पर काम करना चाहिए।"

"बट सर, यह तो अँधेरे में तीर चलाने जैसा होगा!" आईजी इंटेलिजेंस ने हिचकते हुए आशंका जताई।

"यू नो मिस्टर सक्सेना, अँधेरे में तीर चलाना पुलिस की जाँच का बेसिक स्टेप होता है। इज इट नॉट?" नसीहत के साथ ही एडीजी सतीश मिश्रा ने आईजी इंटेलिजेंस को प्रश्नवाचक निगाहों से घूरा।

आईजी इंटेलिजेंस ने कोई जवाब नहीं दिया। उनकी चुप्पी में सीनियर अफसर की बात नहीं काटने का अनुशासन था। अन्ततः कोर टीम में इस सम्भावना पर काम करने की सहमति बनी। डीजीपी प्रसाद ने इस टीम को चार हिस्सों में बाँटकर एक-एक को पूरब, पश्चिम, उत्तर और दक्षिण की कमान सौंपी। हर टीम को तमाम

जरूरी सुविधाओं के साथ किसी भी हद तक जाकर कार्रवाई की छूट भी मिली।

डीजीपी प्रसाद सीबीआई में काम कर चुके थे, इसलिए वह हर सम्भावना को ठोंक-बजाकर देखने के हिमायती थे। उन्हें लग रहा था कि मनसुख मुखिया और उचका गाँव का सम्बन्ध किसी न किसी षड्यंत्र से है। लेकिन उनकी प्राथमिकता इस वक्त मनसुख मुखिया को खोज निकालने की थी और उन्होंने अपना पूरा ध्यान वहीं केन्द्रित करना श्रेयस्कर समझा।

इस बीच विपक्ष ने कानून-व्यवस्था की विफलता के नाम पर पूरे सूबे में बन्द और प्रदर्शन का ऐलान कर दिया। सरकार के लिए यह असुविधाजनक स्थिति थी। इस परिस्थिति के मद्देनजर मुख्यमंत्री ने डीजीपी को अपने निजी कक्ष में तलब किया।

"प्रसाद जी, ये क्या हो रहा है?" तल्ख स्वर, सख्त तेवर के साथ मुख्यमंत्री ने डीजीपी को आड़े हाथों लिया, "आपका पूरा महकमा आज तक एक मनसुख मुखिया को नहीं ढूँढ़ पाया। बताइए, मैं विपक्ष को क्या जवाब दूँ?"

"सर, एक क्लू हाथ लगा है। हम जल्द मनसुख मुखिया को बरामद कर लेंगे।" डीजीपी ने मुख्यमंत्री को आश्वस्त करना चाहा।

"जल्द मतलब क्या? विपक्ष ने परसों बन्द का आह्वान किया है। मैं उससे पहले नतीजा चाहता हूँ।" मुख्यमंत्री ने सख्त लहजे में दो टूक फैसला सुना दिया।

डीजीपी प्रसाद ने सैल्यूट ठोंका, "सर!"

मुख्यमंत्री ने न सर उठाकर देखा, न कोई प्रतिक्रिया दी, जिसका सीधा अर्थ था कि वह आगे कुछ भी सुनने को तैयार नहीं हैं।

उस रात, देर रात तक पुलिस मुख्यालय में बैठे डीजीपी प्रसाद अपडेट्स लेते रहे। उस रात उनकी आँखों से नींद गायब थी। उस रात उनके चेहरे पर अकथ दयनीयता पसरी हुई थी। उस रात गहरी हताशा में डूबते-उतराते हुए उन्हें पहली बार लगा कि सत्ता की सनक के आगे सारा सिस्टम कितना बौना, कितना लाचार है? उस रात पहली बार उन्हें लगा कि उनकी आँखों की कोरें गीली हो आई हैं। वह अपना चश्मा साफ करने को ही थे, कि उनके मोबाइल पर एडीजी सतीश मिश्रा का नाम फ्लैश हुआ। उन्होंने भारी मन से कॉल रिसीव किया। उनके 'हैलो' बोलते न बोलते, दूसरी ओर से सतीश मिश्रा ने खबर दी, "मनसुख मुखिया इज अरेस्टेड।"

"रियली?" डीजीपी प्रसाद लगभग चीख पड़े, "आर यू श्योर?"

"यस।" सतीश मिश्रा ने खबर कन्फर्म की, "ही इज अरेस्टेड फ्रॉम उचका गाँव!"

"थैंक्यू! थैंक्यू मिस्टर मिश्रा।" डीजीपी अपनी खुशी छुपा नहीं पाए, "योर टीम हैज डन अ ग्रेट जॉब। कांग्रेच्युलेशंस टू यू ऑल!"

डीजीपी प्रसाद ने महसूस किया कि अभी-अभी उनकी आँखों की कोरों पर जो गीलापन था, वह सूख चुका है और उनकी आँखों की चमक तेज हो गई है। उस रात वह उस पुलिस टीम से लगातार सम्पर्क में रहे, जो मनसुख मुखिया को

भारी सुरक्षा-व्यवस्था के बीच लेकर मुख्यालय लौट रहा था। उन्होंने उस पुलिस टीम को सीधे उनके चैम्बर में आने का निर्देश दे दिया था। वह रात आँखों में ही कटी। सुबह होने से पहले ही डीजीपी ने यह खबर मुख्यमंत्री को दे दी। मुख्यमंत्री ने उन्हें बधाई देते हुए कहा, "मनसुख मुखिया की शिनाख्त मैं स्वयं करूँगा।"

सुबह होते-होते मीडिया को भनक लग गई कि वह मनसुख मुखिया गिरफ्तार हो गया है, जो मुख्यमंत्री की सुरक्षा-व्यवस्था में सेंध लगाकर डाकबँगला के उस कमरे में घुस गया था, जहाँ वह सो रहे थे। यह ब्रेकिंग न्यूज थी और तमाम चैनलों के स्क्रॉल पर खबर फ्लैश होने लगी थी। इसके साथ ही न्यूज रीडर्स ने यह सूचना भी दी कि इस मामले पर पुलिस मुख्यालय में दिन के बारह बजे प्रेस कॉन्फ्रेंस बुलाई गई है, जिसे डीजीपी सम्बोधित करेंगे।

प्रेस कॉन्फ्रेंस बारह बजकर पाँच मिनट पर शुरू हुई। डीजीपी प्रसाद के बगल में एडीजी सतीश मिश्रा भी उपस्थित थे। इन दोनों अफसरों के पीछे दो इंस्पेक्टर खड़े थे, इनके बीच एक शख्स खड़ा था, जिसका चेहरा काले कपड़े से ढका था। पाँच फुट की लम्बाई वाले इस शख्स का चेहरा ढके होने की वजह से उम्र का अन्दाजा लगा पाना सम्भव नहीं था। उसने मुचड़ा हुआ गंदा-सा कुर्ता-पायजामा पहन रखा था। काले कपड़े में सुराखनुमा दो छेदों से उसकी दो आँखें झाँक रही थीं, जिसमें दहशत थी या नहीं, निश्चित तौर पर बता पाना सम्भव नहीं था। डीजीपी ने प्रेस कॉन्फ्रेंस में पूरी घटना पर विस्तार से प्रकाश डालते हुए बताया, "मुख्यमंत्री की विकास-यात्रा के दौरान डाकबँगला के उनके शयन-कक्ष में घुसे मनसुख मुखिया वल्द कल्लू मुखिया, साकिन उचका गाँव को पुलिस ने गिरफ्तार कर लिया है। मुख्यमंत्री ने भी इसकी शिनाख्त कर दी है। मनसुख मुखिया ने जो आरोप लगाए थे, वे भी निराधर पाए गए हैं। मनसुख मुखिया का नाम जिले की बीपीएल सूची में दर्ज है और इसके पास मनरेगा कार्ड भी है। इसके पास से वोटर आई कार्ड औंर आधार कार्ड भी बरामद किए गए हैं। मनसुख मुखिया ने यह हरकत क्यों की और वह मुख्यमंत्री के शयन-कक्ष में कैसे दाखिल हुआ, इसकी गहन और विस्तृत जाँच की जा रही है। फिलहाल, हम मनसुख मुखिया को रिमांड पर लेकर मामले की तह में जाने की तैयारी कर रहे हैं।"

विपक्ष के बन्द का आह्वान टाँय-टाँय फिस्स हो गया। मुख्यमंत्री ने सूबे की पुलिस को बधाई देते हुए एलान किया, "हम विपक्ष की किसी भी गलत मंशा को पूरी नहीं होने देंगे। हम जनता के बीच जाते रहेंगे और हमारी विकास-यात्रा जारी रहेगी।"

मुख्यमंत्री की इस घोषणा के तुरन्त बाद मीडिया ने एक एक्सक्लूसिव स्टोरी चलाई—उचका गाँव का सच।

बांग्लादेश की सीमा से सटा यह उचका गाँव आजादी के सत्तर साल बाद भी अपनी पहचान का मुहताज है।

बताया जाता है कि अंग्रेजों ने इस गाँव में अपने खिलाफ हुए विद्रोह को दबाने के लिए, इस गाँव को अपराधियों का गाँव करार देकर इसे उचक्कों का गाँव घोषित कर दिया था और उसे तमाम सुविधाओं से वंचित कर दिया था। कालांतर में उचक्कों का गाँव उचका गाँव कहलाने लगा। लेकिन फिर भी इस गाँव की किस्मत नहीं बदली। आजादी के बाद भी अपनी उपेक्षा से नाराज इस गाँव के लोगों ने वोट बहिष्कार शुरू कर दिया, जिसका नतीजा यह हुआ कि तत्कालीन नेताओं की नाराजगी से फिर इस गाँव को गुमनामी की सजा झेलनी पड़ी। आलम यह है कि आजादी के सत्तर साल बाद भी यह गाँव रेवेन्यू रिकॉर्ड में नहीं है। इस गाँव के लोगों के नाम न वोटर लिस्ट में दर्ज हैं, न ही उन्हें राशन कार्ड, मनरेगा कार्ड या आधार कार्ड जैसी कोई सुविधा हासिल है। फिलहाल, उचका गाँव को आज भी किसी मसीहा का इन्तजार है।

मीडिया की इस खबर पर बहस छिड़ गई। लोगों ने आश्चर्य जताया कि ऐसा कैसे सम्भव हो सकता है कि एक गाँव होते हुए भी नहीं है और नहीं होते हुए भी है? कुछ लोगों को तो यह भी अजीब-सा लगा कि आजादी के सत्तर साल बाद भी ऐसा बेचिरागी गाँव कहीं हो सकता है? इस बहस के तूल पकड़ने के साथ ही सरकार के प्रवक्ता ने मीडिया को जानकारी दी—उचका गाँव की सचाई पता लगाने के लिए सरकार ने पाँच सदस्यीय जाँच टीम का गठन किया है। इस टीम को एक महीने के भीतर अपनी रिपोर्ट देने को कहा गया है। मुख्यमंत्री ने विश्वास दिलाया है कि सरकार सचाई सामने लाएगी और इसके लिए जो भी जिम्मेदार होगा, उस पर सख्त से सख्त कार्रवाई की जाएगी।

इस आरोप-प्रत्यारोप के बीच ही मुख्यमंत्री की दूसरी यात्रा योजनानुसार पश्चिमांचल के उस जिले में तय की गई, जिसके जंगल काटे जा चुके थे और बचे थे सिर्फ नंगे पहाड़। पहाड़ों पर पत्थर माफियाओं ने कब्जा कर लिया था। माफियाओं से नक्सली मोर्चा ले रहे थे। सरकार ने नक्सलियों के खिलाफ सघन अभियान चला रखा था। कहते हैं, इस जिले में पत्थर माफिया और नक्सलियों की समान्तर सरकार चलती है। मुख्यमंत्री अपनी सरकार चलाने के लिए इन दोनों के बीच संतुलन साध रहे थे। उनकी इस यात्रा का उद्देश्य था नक्सलियों के प्रभाववाले इलाकों में विकास योजनाओं की समीक्षा।

मुख्यमंत्री की इस यात्रा के लिए सुरक्षा के कहीं ज्यादा कड़े इन्तजाम किए गए। हफ्ता भर पहले ही इंटेलिजेंस नेटवर्क को सक्रिय कर दिया गया। उनके रात्रि विश्राम की व्यवस्था इस बार किसी डाकबँगले की बजाय शहर के पॉश इलाके में बने सर्किट हाउस में की गई। सर्किट हाउस नया था, इसलिए उसकी बनावट भी नई थी। फूल-पत्ती वाली सुघड़ क्यारियाँ तो थीं, लेकिन पुराने आम, महुआ, बरगद वाले छतनार पेड़ों के बजाय चारों ओर पॉम ट्री की छटा थी। तमाम बाहरी

गतिविधियों पर नजर रखने के लिए सीसीटीवी कैमरे लगे थे। मुख्यद्वार पर जाँच के लिए मेटल डिटेक्टर की खास-व्यवस्था की गई थी। सर्किट हाउस को चारों ओर से सुरक्षाकर्मियों ने घेरा हुआ था।

पश्चिमांचल के इस जिला मुख्यालय में पहुँचते ही मुख्यमंत्री ने सुरक्षा इन्तजाम का स्वयं जायजा लिया और पूरी तरह संतुष्ट होकर तमाम विभागों की समीक्षा और जन प्रतिनिधियों के साथ बैठक शुरू की। दिनभर चली समीक्षा बैठक, पत्थर माफिया और नक्सलियों के प्रभाव के बीच राजनीतिक समीकरण साधते-साधते मुख्यमंत्री बुरी तरह थक गए। उन्होंने डिनर लेने के तुरन्त बाद सबसे विदा ली। शयन कक्ष में दाखिल होने के साथ ही उन्होंने स्वयं खिड़की-दरवाजे चेक किए और यह इत्मीनान हो जाने पर कि कहीं कोई अन्यथा गुंजाइश नहीं, उन्होंने खुद को बिस्तर के हवाले कर दिया।

सर्किट हाउस के पूरे परिसर में नीरभ्र नीले आसमान के बीचोबीच चाँद चाँदी के सिक्के की तरह टँगा था। पॉम ट्री के नुकीले पत्तों से झरती चाँदनी सीधे फूलों की क्यारियों में बिखर रही थी। इन फूलों में खुशबू थी। खुशबू चाँदनी में घुलकर इत्र हो गई थी। रात मह-मह महक रही थी। नींद के भीतर भी, नींद के बाहर भी। नींद के भीतर सपना था। नींद के बाहर सच।

सच आदमकद था। पाँच फुट। हूबहू मनसुख मुखिया। उसकी देह से आती पसीने की वही दुर्गन्ध। हाथ जोड़कर बोलने का वही अन्दाज, "हुजूर, नींद खराब करने के लिए माफी चाहते हैं।"

बेड पर हैरान-हलकान मुख्यमंत्री पसीने-पसीने हो रहे थे। उनकी फैली आँखों में पुतलियाँ सहमी हुई थिर थीं। नाक पसीने की दुर्गन्ध से भरी हुई थी। भीतर से उठती उबकाई हौल बनकर घुमड़ रही थी। गले में फँसी आवाज घिग्घी में तब्दील हो गई थी। बड़ी मुश्किल से हकलाए, "तु...तु...तुम!"

मनसुख मुखिया पूर्ववत हाथ जोड़े दो कदम आगे बढ़ा। अब उसका चेहरा ज्यादा साफ दिख रहा था। मुख्यमंत्री का चेहरा स्याह पड़ गया। मनसुख मुखिया ने तस्दीक की, "हुजूर, हम मनसुख मुखिया हैं।"

मुख्यमंत्री ने साहस जुटाने की कोशिश की। इस कोशिश में वह कहीं ज्यादा भयभीत दिखे। असहाय भाव आश्चर्य व्यक्त किया, "तुम...तुम तो जेल में थे।"

"हुजूर, हमारे लिए तो सब जगह जेल ही है। जनम से ही काट रहे हैं।" मनसुख मुखिया ने अँगोछे से माथे का पसीना पोंछा।

"लेकिन तुम हो कौन?" मुख्यमंत्री की हकलाहट जबर्दस्त जिज्ञासा में तब्दील हो गई, "तुमको तो पुलिस ने पकड़ लिया था। मैंने खुद तुम्हें पहचाना है।"

"सही पहचाने हुजूर।" मनसुख मुखिया ने ठंडी आह भरी, "गरीब का चेहरा तो एक ही जैसा होता है।"

"तु...तु...तुम चाहते क्या हो?" मुख्यमंत्री घिघियाए।

"न्याय हुजूर, न्याय चाहते हैं हम।" मनसुख मुखिया की आवाज शयन कक्ष में पसरती चली गई जैसे किसी गहरे कुएँ से हिलोर उठी हो।

सामने खड़ा मनसुख मुखिया दो कदम पीछे चला गया था। लेकिन उसका साया वहीं खड़ा था। मुख्यमंत्री मिन्नत के स्वर में मिमियाये, "मैं तुम्हारी आत्मा की शान्ति के लिए कुछ भी करूँगा।"

"हुजूर, मेरी नहीं, अपनी आत्मा की शान्ति के लिए कुछ करिए!" मनसुख मुखिया ने पहली बार चेतावनी के लहजे में मुख्यमंत्री की ओर उँगली उठाई, "वरना कभी चैन से नहीं सो पाइएगा।"

मुख्यमंत्री की रूह काँप गई। लगा कि अँधेरे में पसीने की दुर्गन्ध सनसना रही है। उन्होंने उस दुर्गन्ध से बचने के लिए हाथ नाक पर रखा और तेजी से उठकर सर्किट हाउस के लॉन की तरफ वाली खिड़की को खोल दिया। खिड़की खुलते ही ताजा हवा के झोंके के साथ खिले फूलों की खुशबू नथुनों में भरती चली गई। इस खुशबू भरी ताजगी से उन्हें इतना तो विश्वास हो ही गया कि वह पूरी तरह होशो-हवास में हैं। बावजूद इसके उनकी हिम्मत नहीं हो रही थी कि वह किसी को आवाज लगा सकें। क्या जवाब देंगे? मनसुख मुखिया कौन है? वह जो जेल में है या वह, जो जेल के बाहर अभी-अभी उनसे मुखातिब था?

कजरी

कजरी की हालत अब देखी नहीं जा रही।

रात जैसे-जैसे गहराती जा रही है फजलू मियाँ की तबीयत डूबती जा रही है। वह इस बीच कभी घर के भीतर तो कभी बथान तक कई चक्कर लगा चुके थे। जब भी वह बथान तक जाते थमकर खड़े हो जाते। कजरी उन्हें सर उठाकर देखती और वह लक्ष्य करते कि उसकी आँखें पनियायी हुई हैं। उनका दिल धड़क उठता और वह गहरी उदासी में डूबे कजरी का सर सहलाते। कजरी चुपचाप सर झुका लेती। वह मन-ही-मन बुदबुदाते, "कजरी मेरी समझ में नहीं आ रहा क्या करूँ। कैसे तेरी तकलीफ दूर करूँ? तू ही बता क्या करूँ?"

कजरी क्या बताती? वह बता पाती तो शायद बताती कि फजलू मियाँ मेरी समझ में नहीं आ रहा कि मैं तुम्हारी तकलीफ कैसे दूर करूँ? कैसे कहूँ कि हम दोनों का दुख साझा है। कैसे बताऊँ कि हम दोनों एक-दूसरे को इस तकलीफ से मुक्त करना चाहते हैं। लेकिन कैसी विवशता है कि हम दोनों कुछ नहीं कर पा रहे।

ऐसा नहीं है कि फजलू मियाँ ने कुछ करने में कोर-कसर बाकी रखी। जिस दिन सईदा का इन्तकाल हुआ, उस दिन वह खुद ही बेहाल थे। शाम तक उसकी मैयत की तैयारी होती रही। लोगबाग आते रहे। उन्हें तसल्ली देते रहे। वह खामोश, सूनी आँखों से कभी सईदा का सफेद, बेजान चेहरा देखते, तो कभी सुबक-सुबक कर रोते। तीस सालों का साथ सईदा ने एक झटके में छोड़ दिया था और वह एकबारगी निहायत अकेले हो जाने के सदमे में उभचुभ होते रहे थे। जनाजा उठने से कुछ देर पहले ही सईदा के मायके से उसका भाई अबुल आया था। उसके गले लगकर वह जोर-जोर रो पड़े थे। अबुल ने उन्हें बड़ी मुश्किल से सँभाला था। पड़ोसी बुजुर्गों रहमत अली, मुख्तार मियाँ ने खुदा की मर्जी का हवाला देते हुए जनाजा उठाने की ताकीद की थी। कलेजे पर पत्थर रखकर फजलू मियाँ ने आखिरी बार सईदा को कातर निगाहों से निहारा था और फफककर रो पड़े थे। ऐन इसी वक्त कजरी ने जोर-जोर से रँभाना शुरू कर दिया था। वह खूँटे से बँधी बथान पर उछल-कूद करने लगी थी। लगा था कि पगहा तुड़ाकर ही मानेगी। दुपट्टे में मुँह छुपाकर अपनी सिसकी दबाए रमजान मियाँ की बीवी अतिया ने आह भरी थी, "देखो तो, सईदा

खाला के लिए कजरी भी तड़पी जा रही है।"

उस वक्त किसी को कजरी की फिक्र नहीं थी। शाम ढलने से पहले कब्रिस्तान पहुँचने की जल्दबाजी में सभी निकल गए थे। पीछे कजरी का रँभाना आर्तनाद में बदलता गया। खूँटे में बँधी वह कब तक छटपटाती रही थी, फजलू मियाँ नहीं जान पाए थे। वह तो देर रात जब, रुआँसे मन, भारी कदमों से लौटे थे, उनकी नजर कजरी पर पड़ी थी और उनका दिल धक्क कर गया था। नाद में रखा चारा जस का तस पड़ा था। लगता था, उसने उसमें मुँह तक नहीं मारा था। वह सिर गोते गुमसुम पड़ी थी। पहले कभी ऐसा नहीं हुआ कि वह घर लौटे हों और उसने रँभाना न शुरू किया हो। वह जब तक उसके पास जाकर, उसके सिर पर हाथ नहीं फेरते, वह चुप नहीं होती। लेकिन, इस वक्त वह चुप ही नहीं, बेहरकत भी थी। वह दबे पाँव कजरी के पास गए थे। उनके कदमों की आहट से कजरी ने सर उठाया था। चाँदनी रात की उस उजास में उन्होंने गौर किया था, कजरी की आँखों में आँसू थे। वह भीतर तक तड़प उठे थे। कजरी के पास बैठकर, उसके सिर पर हाथ फेरते हुए उनका गला रुँध गया था, "हम दोनों को सईदा छोड़ गई कजरी।" आगे कुछ बोलना मुहाल हो गया था। उनकी सिसकी फूट पड़ी थी।

अबुल ने समझा-बुझाकर फजलू मियाँ को उठाया था। फजलू मियाँ की आह निकल पड़ी थी, "अबुल भाई, सईदा और कजरी की जान एक-दूसरे में बसती थी। जब से कजरी आई, सईदा उसका ऐसे खयाल रखती जैसे कोई अपने बच्चे का खयाल रखता है। रात में भी कई-कई बार उठकर देखती कि कजरी ठीक तो है। टाइम पर उसका सानी-पानी, खरहरी से लेकर नहलाने-धुलाने तक एक पैर पर खड़ी रहती।"

अबुल चुपचाप सुनते रहे थे गोया फजलू मियाँ के गम को यूँ ही बह जाने देना चाहते हों। फजलू मियाँ अपनी रौ में बोले जा रहे थे, "हम सईदा को कभी-कभी टोकते तो वह हँसकर कहती, अकेले जी हलकान करने से तो बेहतर है कि कजरी में ही मन लगा रहता है। उसकी देखभाल से बड़ा सुकून मिलता है। मैं समझ गया था कि सईदा ने औलाद की कमी का गम कजरी की देखभाल में गलत करने का तरीका निकाल लिया है। बस, मैंने भी टोक-टाक करना छोड़ दिया था। और देखो, आज सईदा के बगैर कजरी भी अनाथ हो गई है।"

अबुल भी बहन की मौत से कम गमजदा न थे। लेकिन इस वक्त बहनोई की बेजार हालत देखी नहीं जा रही थी। कन्धे से झिंझोड़ते हुए तसल्ली देनी चाही थी, "भाईजान सब्र रखिए। खुदा की मर्जी के आगे किसी की कहाँ चलती है।"

"सही कहते हो, अबुल। खुदा ने सईदा का साथ बस इतने ही दिन के लिए मुकर्रर किया था। खुदा उसे जन्नत बख्शे। आमीन।" जैसे खुद को ही तसल्ली देने की कोशिश की थी फजलू मियाँ ने।

अबुल चालीसवाँ में आने को कहकर अगले ही दिन चला गया था। उसके जाते ही घर की तनहाई भाँय-भाँय करने लगी थी। जिस घर-बाहर सईदा की मौजूदगी से रौनक रहा करती थी, वहाँ बेतरह सन्नाटा छा गया था। बीच-बीच में कोई मातमपुर्सी के लिए आता, थोड़ी देर रुकता और चला जाता। लेकिन ताज्जुब कि सन्नाटे में कोई जुम्बिश नहीं होती, मानो सईदा के साथ ही वक्त ने धड़कना बन्द कर दिया हो। फजलू मियाँ को तो कभी-कभी लगता कि कहीं किसी कोने से सईदा नमूदार होगी और उन्हें यूँ गुमसुम देख टोक बैठेगी, "कजरी का नाद खाली है, इतना भी नहीं देख सकते!"

नहीं, सईदा नहीं है। लेकिन यह टोकना तो सईदा का ही है। वह चिहुँककर कजरी की ओर देखते हैं। नाँद में सानी भरा है। कजरी सिर गोते बैठी है। उन्हें याद आता है, सानी तो रात में ही डाला था। अभी तक जस का तस पड़ा है। कजरी ने सानी को मुँह तक नहीं लगाया है, "या खुदा, इस कजरी को क्या हुआ? ये कब तक सोग मनाएगी?"

फजलू मियाँ तड़पकर उठते हैं और लपककर कजरी की नाँद तक जाते है। सानी को उलटते-पलटते हैं। बगल वाली नाद में पानी नहीं है। फुर्ती से बाल्टी उठाते हैं। पानी भरकर नाँद में डालते हैं। मन छछन जाता है, पता ना कब से पानी ना पिया बेचारी ने।

नाद भरते ही कजरी उठती है और मुँह गोतकर पानी पीने लगती है। फजलू मियाँ कलपकर रह जाते हैं। अपराधबोध से भरे कजरी को थपथपाते हैं, "माफ करना, बेटा, भूल हो गई। सईदा के गम में तुम्हारा खयाल ही नहीं रहा।"

यह माफी वह कजरी से माँग रहे थे या सईदा से, यह उनके लिए समझना आसान नहीं था। लेकिन सईदा के पीछे कजरी का खयाल न रख पाने का मलाल, सईदा को ही तकलीफ पहुँचाने जैसा गुनाह था। मन-ही-मन इस गुनाह से तौबा का संकल्प लेते हुए उन्होंने कजरी को टिटकारा "चल कुछ खा ले, ना तो सईदा गुस्सा करेगी।"

कजरी ने चारा वाली नाँद की ओर आँख उठाकर भी नहीं देखा। फजलू मियाँ हताश अपनी खटिया पर लौट आए। खाना तो उन्होंने भी नहीं खाया था। भूख जैसे मर गई हो। पड़ोसी रमजान मियाँ की बीवी अतिया एक प्लेट में परोसकर खाना लाई थी। लेकिन उन्होंने बरज दिया था, "ना बहू, भूख नहीं है।"

"ऐसे कब तक भूखे रहेंगे?" अतिया ने इसरार किया था।

"भूख लगेगी तो माँग लूँगा, बहू!" फजलू मियाँ ने उसके आग्रह का मान रखते हुए पूछा था, "रमजान, यूसुफपुर से कब लौटेगा?"

"आज देर-सबेर आ जाना चाहिए।" अतिया पलटकर जाते हुए आग्रह कर गई, "कुछ चाहिए तो आवाज दीजिएगा।"

कुछ चाहने की इच्छा तो जैसे सईदा के साथ ही चली गई थी। वह खटिया पर लेटे सईदा की यादों में डूबते-उतराते रहे। कोई ऐसी बीमारी नहीं थी उसे कि वह यूँ अचानक चली जाएगी जैसा कोई अन्देशा होता। उम्र का तकाजा, गरीबी की मजबूरी, मौत का बहाना, क्या कहें, कुछ समझ नहीं आ रहा। टी.बी. हुई थी। यूसुफपुर के सरकारी अस्पताल में इलाज भी चला। डॉक्टर ने खान-पान ठीक रखने को कहा था। खान-पान क्या ठीक रखते? मेहनत-मजदूरी से दो वक्त का खाना नसीब हो जाता, वही बहुत था। कभी कुछ न कर पाने की मायूसी में वह सईदा पर अपनी लाचारी जाहिर करते तो वह हँसकर झिड़क देती, "जानते नहीं हैं, टी.बी. राजरोग है। जान के साथ ही जाएगी।"

वह सईदा की इस दिलग्गी पर नाराज होते तो वह हँसकर बात सँभाल लेती, "दवा चल रही है। धीरे-धीरे सब ठीक हो जाएगा।"

वाकई दवा का असर दिखने लगा था। अब खाँसी कम आती हालाँकि बीच-बीच में बलगम निकलता। लेकिन आस बँधी थी कि सईदा चंगी हो जाएगी। डॉक्टर भी कहते, "टी.बी. अब लाइलाज रोग नहीं है।"

इसी बीच, एक दिन अबुल अचानक आ धमका था। उसके साथ थी कजरी। कजरी का पगहा थमाते हुए उसने हुलसकर कहा था, "गाँव के पंडित जी के यहाँ सस्ते में मिल गई तो ले लिया। अब आप ही इसे पालिए।"

पता नहीं, सईदा ने अबुल को खबर दी थी या उसे खुद ही इलहाम हुआ था कि वह कजरी को खरीद लाया था, फजलू मियाँ आज तक समझ नहीं पाए। लाख पूछने पर भी यह राज सईदा ने कभी नहीं खोला। पूछो तो हँसकर टाल जाती, "आपको आम खाने से मतलब है या पेड़ गिनने से!"

इस मामले में उनकी एक न चलती। वह चुप लगा जाते। हाँ, मन-ही-मन खुश होते कि कजरी के गाभिन होने से दूध का इन्तजाम हो जाएगा, जो सईदा की सेहत के लिए मुफीद रहेगा।

उस दिन कजरी का पगहा घर के एक खम्भे से बाँधते हुए उन्होंने कहा था, "अभी तो थोड़ा घास उखाड़ लाता हूँ। फिर इसके लिए नाँद-खूँटा का भी इन्तजाम करना पड़ेगा।"

फजलू मियाँ उलटे पाँव सीमान की ओर निकल पड़े थे।

आनन-फानन घास लेकर लौटे थे और कजरी के आगे डालते हुए लाड़ जताया था, "ले खा ले। भूख लगी होगी।"

अबुल मियाँ ने टोका था, "इसका नाम कजरी है।"

"कजरी।" आँखें सिकोड़ते फजलू मियाँ ने कहा था, "ना, अब इसका नाम शीबा रहेगा।"

उनकी बात खत्म होते न होते सईदा बोल पड़ी थी, "नाम में क्या रखा है?"

"काहे? नाम में काहे ना रखा है।" फजलू मियाँ ने आपत्ति की थी, "पंडित के घर में कजरी थी। अब मेरे घर में तो इसका नाम शीबा होगा।"

कोई कुछ नहीं बोला था। बोलने जैसा कुछ था भी नहीं।

अगले दिन अबुल मियाँ चले गए थे। अगले ही दिन दरवाजे पर नाँद खड़ी हो गई थी। खूँटा गड़ गया था। फजलू मियाँ शीबा का पगहा खूँटे से बाँधते हुए बोले थे, "लो शीबा, अब अपना आसन जमाओ।"

नाँद के पास खूँटे से बँधते ही शीबा थउस कर बैठ गई थी। उसके इस तरह गुमसुम बैठ जाने से फजलू मियाँ ने टोका, "क्या हुआ शीबा, ऐसे काहे थउस गईं?" शीबा उर्फ कजरी पर कोई असर नहीं हुआ। फजलू मियाँ नाँद में पड़े सानी को उलट-पुलटकर पलटे, "जब मन करे खा लेना।"

वह खटिया पर आकर बैठे ही थे कि अन्दर से निकली सईदा ने पूछा, "क्या हुआ, काहे मन मार के बैठी है?"

"पता ना क्या हुआ? तुम्हीं देखो। क्या पता तुमरी बात माने।" ठिठोली-सी की फजलू मियाँ ने।

सईदा गाय के पास गई। उसके सर पर हाथ फेरकर बोली, "कजरी...कजरी...ए कजरी...क्या हुआ तुमको?"

कजरी ने मुंडी हिलाई। जीभ निकालकर सईदा के हाथ को चाटा और एकदम से उठकर खड़ी हो गई। फिर पूँछ हिलाती हुई सईदा की तरफ मुँह उठाकर रँभाने लगी। सईदा ने पुचकारकर पूछा, "भूख लगी है? नाँद में सानी है, खातीं क्यों नहीं?" और जैसे चमत्कार हुआ। कजरी ने सीधे नाँद में मुँह लगाया और खाना शुरू कर दिया।

फजलू मियाँ ने आश्चर्य से मुँह बा दिया, "कौन जादू कीं कि तुमरा कहना माने लगी?"

"आप बुलाइए आपका कहना भी मानेगी।" सईदा हँसी।

"शीबा...शीबा...ए शीबा।" फजलू मियाँ ने हाँक लगाई। लेकिन उसने कोई प्रतिक्रिया नहीं दी।

"कजरी...ए कजरी।" सईदा ने पुकारा। गाय ने मुँह नाँद से बाहर निकाला और सईदा की हथेली चाटने लगी।

फजलू मियाँ चकित भाव से सईदा को ताके जा रहे थे और सईदा उन्हें विजयी भाव से देखे जा रही थी। फिर उनके आश्चर्य को झटका देते हुए खुद ही बोल पड़ी, "इसका नाम कजरी है। इसे यही सुनने की आदत पड़ी है। आप भी कजरी बुलाइए तो देखिए जवाब देती है कि नहीं।"

सईदा की सलाह को आजमाने के लिहाज से उन्होंने बगैर हुज्जत पुकारा, "कजरी...ए कजरी।"

कजरी ने गर्दन घुमाई। आवाज की ओर देखा और खूँटे पर बँधे-बँधे ही रँभाना

शुरू कर दिया। यह अदभुत क्षण था। फजलू मियाँ खुशी के मारे आगे बढ़कर कजरी की पीठ सहलाने लगे। कजरी पूँछ कभी दाएँ-बाएँ हिलाती, तो कभी रँभाती गोया वह भी अपने असली नाम से पुकारे जाने से पुलकित हो। सईदा ने चुहल से पूछा, "क्या कहते हैं अब?"

"जानवर भी सब समझता है, है न?" फजलू मियाँ अपनी झेंप मिटाने के लहजे में हँसे, "नाम में क्या रखा है।"

उस दिन से कजरी, कजरी ही रही। कभी-कभी रमजान जरूर छेड़ देता, "चच्चा, सफेद गइया का नाम कजरी कुछ जमता नहीं।"

"अब, ये तो वो पंडित ही जाने कि सफेद गइया का नाम कजरी काहे रखा? हम तो बस इतना ही जानते हैं कि दूध का रंग एक ही होता है।" फजलू मियाँ हँसकर बात टाल देते।

कजरी जब गाभिन हुई तो सईदा ने उसकी सेवा में जान लगा दी। भूसा, खल्ली की कोई कमी न हो, इसके लिए तरह-तरह का जुगाड़ करती। मेहनत-मजदूरी की आय से बचाकर कजरी के खान-पान का खयाल रखने में कोई कोताही नहीं बरतती। उसकी सेवा-टहल देखकर फजलू मियाँ झिड़की भी देते, "इतना खयाल तो तुम कभी अपना भी नहीं रखीं।"

सईदा झिड़की का जवाब चुहल से देती, "मेरा खयाल रखने के लिए तो आप हैं न!"

फजलू मियाँ चुप लगा जाते। मन कचोट कर रह जाता, "हम कहाँ तुम्हारा खयाल रख पाते हैं?"

दोनों के बीच देर तक अनकहा घुमड़ता रहता। गरीबी, बेबसी, सईदा की बीमारी और उसके बेऔलाद रह जाने का गम अन्दर ही अन्दर औंटता।

सईदा कजरी की सेवा में मुतवातिर जुटी रहती और वह उसकी खुशी में ही सुकून हासिल करने की मुराद से खुद को समझा लेते। अनकहा लाख सही, अबूझ कुछ न था।

कजरी जिस दिन ब्यानेवाली थी उस शाम उसे जबर्दस्त पीड़ा हुई। सईदा उसकी तकलीफ देखकर तड़प उठी थी। रमजान, रमजान की बीवी अतिया सभी जुट आएँ थे। सईदा मुँह में दुपट्टा दबोचे, कभी कजरी को सहलाकर ढाढ़स बँधाती, तो कभी किसी तजुर्बेकार को बुलाने की गुहार लगाती। फजलू मियाँ दौड़कर मुख्तार मियाँ को बुला लाए थे। मुख्तार मियाँ ने धीरज बँधाते हुए कहा था, "लगता है बच्चा पेट में खतम हो गया है।" सईदा की सिसकी फूट पड़ी थी। अतिया ने आगे बढ़कर उन्हें सँभाला था। खींचकर ओसारे में ले गई थी।

देर रात मरा बछड़ा पैदा हुआ था। कजरी शान्त पड़ गई थी। हर ओर सन्नाटा छा गया था। थोड़ी देर बाद फजलू मियाँ के मुँह से निकला था, "अब?"

"अब क्या?" मुख्तार मियाँ ने समझाया था, "एक उपाय है, बछड़े की खाल में भूसा भर के गाय के सामने रखा जाए। अपने बच्चे के भरम में उसके थन में दूध आ जाएगा।"

तड़प उठी थी सईदा। ओसारे में खड़ी-खड़ी एतराज जताया था, "मरे का भरम बनाए रखना गुनाह होगा। बेहतर हो कि उसे ठिकाने लगा दिया जाय।"

वही हुआ। सुबह होने से पहले ही मरे बछड़े को दफना दिया गया।

अगले दिन कजरी सुस्त, बेजान पड़ी रही। सईदा ने उसकी पीठ पर हाथ फेरते हुए जैसे उसे सान्त्वना देने की कोशिश की, "कलेजा पर पत्थर रखो, कजरी। नसीब में यही बदा था, तो क्या कर सकते हैं हम?"

सईदा और कजरी का नसीब जैसे एक ही हो। दोनों बेऔलाद रहीं। सईदा का बच्चा भी नहीं बचा था। उसने भी कलेजे पर पत्थर रख लिया था। कजरी ने भी कलेजे पर पत्थर रख लिया। वक्त के साथ-साथ वह भी अपनी तकलीफ भुलाने लगी थी। इस हादसे के बाद सईदा और कजरी कहीं ज्यादा करीब हो गई थीं। अब तो जैसे दोनों एक-दूसरे की तकलीफ, गम और तनहाई की साझीदार हो गई थीं। फजलू मियाँ दोनों को एक-दूसरे में रमा देखकर सन्तोष कर लेते, "चलो जैसे भी खुश रहे सईदा।"

सईदा खुश थी। लगा कि उसकी सेहत में सुधार है। लेकिन यह भ्रम ही साबित हुआ। टी.बी. फिर उभर आई। इलाज चला। डॉक्टर बोला, "टी.बी. लाइलाज नहीं हैं। दवा चलाते रहिए, ठीक हो जाएगी।"

दवा चलती रही। लेकिन इलाज कारगर नहीं हुआ। आखिर सईदा साथ छोड़ गई। तीस साल का साथ एक झटके में छूट गया। फजलू मियाँ को यकीन नहीं आता। सूनी आँखों में घर का सूनापन भाँय-भाँय करने लगता है। शाम का धुँधलका आँखों में गाढ़ा होने लगा तो वह उठे और लालटेन जलाकर जैसे ही ओसारे में लौटे, समाने रमजान खड़ा दिखा।

"अभी यूसुफपुर से आया तो खबर मिली खाला के इन्तकाल की।"

"हाँ, रमजान, छोड़ गई सईदा सबको।" फजलू मियाँ की सूनी आँखें आसमान की ओर उठीं। रमजान अफसोस में डूबा वहीं खटिया पर बैठ गया। फजलू मियाँ ने लालटेन खूँटी पर टाँगते हुए पूछा, "और सुनाओ, क्या खबर है यूसुफपुर की?"

"बहुत खराब है।" रमजान की आवाज में उत्तेजना-सी आ गई थी, "माहौल बहुत खराब चल रहा है।"

"क्यों क्या हुआ?"

"गोकशी का इल्जाम लगाकर दाढ़ी-टोपी वाले दो लोगों को भीड़ ने मार दिया।" अबकी रमजान की आवाज कहीं ज्यादा तल्ख थी।

"अरे!" फजलू मियाँ के मुँह से निकला, "क्या कह रहे हो? कहीं ऐसा होता है क्या? जरूर कोई गलतफहमी हुई होगी।"

"गलतफहमी में कोई किसी को जान से मार देता है क्या?" रमजान का गुस्सा फूट पड़ा था, "वे बेचारे अपनी बीमार गाय को अस्पताल ले जा रहे थे। लेकिन लोगों ने उन्हें कसाई कहकर मार डाला। बताइए, ये भी कोई बात हुई। इसी बात पर यूसुफपुर में माहौल बहुत खराब हो गया है।"

फजलू मियाँ ने रमजान को गौर से देखा। लालटेन की पीली रोशनी में उसका चेहरा भी जर्द नजर आ रहा था। खुद की यकीनी-नायकीनी के बीच उन्होंने रमजान को समझाया, "ज्यादा हलकान होने की जरूरत ना है। सब ठीक हो जाएगा।"

"इंशाअल्ला!" रमजान उठ खड़ा हुआ, "कुछ जरूरत हो तो बोलिएगा।"

रमजान के जाने के बाद फजलू मियाँ उठे और लालटेन लेकर कजरी के पास आए। नाँद भरी हुई थी। कजरी गुमसुम बैठी थी। झुँझलाकर बोले, "कुछ खाती काहे नहीं हो? ऐसे कब तक सोग मनाओगी?"

कजरी पर कोई असर नहीं हुआ। फजलू मियाँ पैर पटकते हुए वापस ओसारे में लौट आए। अचानक उनका रुख एकदम बदला-बदला-सा लगने लगा। पता नहीं क्यों रमजान की बातों ने जैसे कहीं गहरे बेचैन कर दिया था। वह खटिया पर लेटे-लेटे करवट बदलते रहे।

अगले दिन सुबह-सुबह ही मुख्तार मियाँ को बुला लाए। मुख्तार मियाँ ने कजरी की हालत देखकर कहा, "गहरे सदमे में हैं। हमको लगता है, उसको भितरिया बुखार हैं। देह गरम लग रही।"

फजलू मियाँ तड़प कर रह गए, "क्या उपाय हैं?"

"हमरे पास अरनिका है। वही एक-दो खुराक दे के देखो। शायद बुखार उतर जाय।" मुख्तार मियाँ ने उपाय सुझाया।

लेकिन अरनिका का भी कोई खास असर नहीं हुआ। दो दिन बाद भी जब बुखार कम नहीं हुआ तो फजलू मियाँ की चिन्ता बढ़ गई। मुख्तार मियाँ ने लाचारी में सुझाव दिया, "फजलू भाई, लगता है, डॉक्टर को ही दिखाना पड़ेगा। इसका बुखार बढ़ता जा रहा है।"

जानवर का अस्पताल तो यूसुफपुर में है। वहीं ले जाना पड़ेगा कजरी को।" फजलू ने हताशा में जैसे खुद से ही जिरह की।

"लेकिन...वहाँ ले जाना खतरा से खाली ना है।" रमजान ने आशंका जताई, "उधर का माहौल ठीक ना है।"

फजलू मियाँ से कुछ कहते न बना। रमजान का डर उनके भीतर भी घर करता जा रहा था। उन्होंने आसमान की ओर हाथ उठाकर अफसोस जताया, "अल्लाह ही मालिक हैं।"

वह दिन जैसे-तैसे बीता। कजरी सुस्त पड़ती जा रही थी। फजलू मियाँ उसकी हालत देखकर छछने जा रहे थे। कुछ न कर पाने की बेबसी में उनका मन डूबता जा रहा था। रात जैसे-जैसे गहरी होती जा रही थी, उनकी लाचारी उन पर गहराती जा रही थी। पता नहीं क्यों, उन्हें महसूस हो रहा था कि वह सईदा के प्रति अपराधबोध से भरते जा रहे हैं। जैसे सईदा उलाहना दे रही हो, "हमारे पीछे आप कजरी का खयाल नहीं रख सके।"

वह मन-ही-मन कलप उठे। स्याह रात का घना सन्नाटा उन्हें अपनी गिरफ्त में कसता जा रहा था। भीतर कोई अनजान खौफ सर उठा रहा था। बरगद के पेड़ पर कोई परिन्दा पर मारता और वह चिहुँककर कजरी को ताकने लगते। कजरी भी चिहुँककर सर उठाती, एक नजर उनकी ओर देखती, फिर मुँह गोतकर पड़ जाती। फजलू मियाँ इस बेजुबान की तकलीफ की सोचकर बेचैन हो उठे। बेचारी किसके भरोसे है? कौन है इसका? सईदा होती तो क्या कजरी को इस हालत से बेहाल न हो जाती! फजलू मियाँ अचानक उठे। गमछा समेटा। कजरी के पास आए। खूँटे से पगहा खोला और उसे पुचकारते हुए बड़बड़ाए, "कजरी, चल अस्पताल। अब जो होगा देखा जाएगा।"

इस बड़बड़ाहट में जिद थी जैसे खुद सन्निपात में हों। पगहा खींचते ही कजरी उठ खड़ी हुई। फजलू मियाँ ने कजरी को टिटकारी दी और दबे पाँव चल पड़े। कजरी भी बगैर हील-हुज्जत उनके साथ हो ली। गाँव में सूना पड़ा था। अँधेरा और सन्नाटा इस कदर गाढ़ा था कि रात भकसावन लग रही थीं। एक बार तो फजलू मियाँ का दिल इस जोर से धड़का कि हिम्मत जवाब दे गई। लेकिन खुद पर काबू पा चल पड़े। यूँ यह आशंका बार-बार सिर उठा रही थी कि किसी ने उन्हें कजरी के साथ जाते देख लिया तो जान की दुहाई देकर रोक लेगा। लेकिन इस वक्त उन्हें अपनी नहीं, कजरी की जान की फिक्र थी। वह उसे हर हाल में जानवरों के अस्पताल ले जाने पर आमादा थे। लिहाजा, वह भय और अँधेरे को चीरते हुए अपनी राह चलते रहे।

गाँव का सीवान पार करने के बाद ही फजलू मियाँ ने राहत की साँस ली। एक बार पीछे मुड़कर स्याह सन्नाटे में डूबे अपने गाँव को निहारा और फिर कजरी को पुचकारते हुए बोले, "सुन कजरी, बस अढ़ाई कोस जमीन चलना है। हिम्मत रख, सब ठीक हो जाएगा।"

कजरी पीछे-पीछे चलती रही। वह पगहा पकड़े आगे-आगे बढ़ते रहे। एक बार रमजान की बात याद आई, "उधर का माहौल ठीक ना है।" सर झटक कर इस खयाल को बाहर निकाला। रमजान झुट्ठे डराता है।

डर साथ चलता रहा। जिद जारी रही। इस बीच, एक बार कजरी अड़ गई। फजल मियाँ ने पलटकर देखा। कजरी के मुँह से झाग निकल रही थी। करीब आकर

उसकी देह को सहलाया। देह गरम थी। चिहुँककर बुदबुदाए "बुखार तो चढ़ते जा रहा है।" फिर खुद भी वहीं बैठकर बोले, "थोड़ा आराम कर ले, फिर चलते हैं।"

थोड़ी देर बाद खुद के पाँवों पर जोर देकर फजलू मियाँ ने कजरी का पगहा हिलाया। कजरी उनके पीछे चल पड़ी। पक्की सड़क आ गई थी। दूर टिमटिमाती रोशनियाँ दिखने लगी थीं। यूसुफपुर नजदीक आता जा रहा था। फजलू मियाँ ने कजरी का हौसला बढ़ाया, "चल कजरी, अब पहुँच गए हैं। थोड़ी और हिम्मत रख।"

सर के ऊपर से कोई टिटहरी उड़ी। आसमान में उजास की आँखें खुलती नजर आई। फजलू मियाँ के भीतर भी उम्मीद की उजास फूटी। कहीं से फजर की नमाज के एलान की आवाज आई। फजलू मियाँ के पास नमाज का वक्त नहीं था। उन्होंने आसमान की ओर देखा जैसे खुदा से बतिया रहे हो, "माफी चाहते हैं। इस वक्त कजरी की जान बचाना जरूरी है।"

मन को मजबूत किया। कदमों की गति बढ़ गई। सड़क पर इक्का-दुक्का लोगों की आमदरफ्त शुरू हो गई थी। कजरी उनके पीछे थी। वह जल्द से जल्द अस्पताल पहुँचने की कोशिश में थे। लेकिन ऐन अस्पताल के गेट पर कजरी अड़ गई। उन्होंने पीछे मुड़कर देखा। कजरी सर झुकाए खड़ी थी गोया अब उससे चलना न हो पा रहा हो। फजलू मियाँ कजरी के करीब आए, "अस्पताल पहुँच गए कजरी। अब फिकर की कोई बात नहीं हैं।"

अचानक कजरी जहाँ खड़ी थी वहीं बैठ गई। फजलू मियाँ के सीने में धक्क-सी हुई। वह कजरी के पास आए और लगभग गिड़गिड़ाते हुए बोले, "कजरी, चल अन्दर अस्पताल में।"

कजरी नहीं उठी। फजलू मियाँ ने पगहा खींचकर कजरी को उठाना चाहा। लेकिन वह नहीं उठीं। बेबस फजलू मियाँ कजरी को गेट पर ही छोड़कर अस्पताल कें अन्दर दौड़े। अस्पताल में मुर्दघट्टी पसरी थी। अन्दर-बाहर कहीं कोई नजर नहीं आ रहा था। वह कलेजे का जोर लगाकर चीख पड़े, "कोई है...!" उनकी चीख उन तक लौट आई। वह बदहवास फिर चीखे। इस बार किसी कोने से एक आवाज आई, "क्या बात है। काहे चीख रहे हैं?"

फजलू मियाँ आवाज की दिशा में बढ़े। फर्श पर अँगड़ाई लेता चौकीदार दिखा। उन्होंने मिन्नत के स्वर में अर्ज की, "हमारी गाय की हालत ठीक ना है। डॉक्टर साहब को कहिए, जरा देख लें।"

"इस बखत कहाँ डॉक्टर-कम्पाउंडर? सब तान के सो रहा होगा।" चौकीदार उठ खड़ा हुआ था।

"कोई उपाय करिए, हुजूर। बड़ा एहसान मानेंगे।" फजलू मियाँ गिड़गिड़ाए।

"कुछ खर्चा-पानी करो तो उपाय बताएँ!" चौकीदार ने आलस भरी देह को झटका दिया।

"हम गरीब आदमी हैं, हुजूर। फूटी कौड़ी भी पास ना है। सोचा, सरकारी अस्पताल में हमरी कजरी का मुफ्त इलाज हो जाएगा!" कलप उठे फजलू मियाँ।

"तो अस्पताल खुलने का इन्तजार करो।" बेरुखी से जवाब देता चौकीदार अस्पताल की दीवार से लगकर पेशाब करने लगा।

"अस्पताल हैं कि कसाईखाना।" फजलू मियाँ की थरथराती देह, लड़खड़ाती जबान सँभाले नहीं सँभल रही थी। वह अपनी ही रौ में गेट की ओर दौड़ पड़े। कजरी को जिस हाल में छोड़कर गए थे, वह वैसी ही पड़ी हुई थी। लस्त-पस्त। वह पछाड़ खाकर कजरी की देह पर गिर पड़े। कजरी ने गर्दन उठाई। जीभ निकालकर फजलू मियाँ के माथे को चाटने लगी। फजलू मियाँ सिसक पड़े। अपनी बेकसी पर उनकी हिचकी बँध गई। वह फूट-फूटकर रो पड़े।

सुबह होते न होते पशु अस्पताल के गेट के बाहर दो लाशें पड़ी मिलीं। एक गाय की, दूसरी इनसान की। गाय का नाम कजरी था। इनसान का नाम फजलू। लेकिन दोनों की शिनाख्त करनेवाला कोई नहीं था।

पशु अस्पताल के डॉक्टर का कहना था, "गाय को काफी तेज बुखार था। समय पर अस्पताल लाई गई होती तो उसकी जान बचाई जा सकती थी।"

इनसान के बारे में पुलिस का कहना था, "गो तस्कर होने का शक है। पुलिस मामला दर्ज कर कार्रवाई कर रही है।"

दृश्य-अदृश्य

मुनरी के रोल के लिए अनमोल सर ने जैसे ही सविता के नाम की घोषणा की, क्षण-भर को उसे अपने कानों पर विश्वास नहीं हुआ। लेकिन साथी कलाकारों की तालियों की गूँज से वह अपने-आप में लौटी और विजयी मुद्रा में अपना दाहिना हाथ हवा में उठाकर कन्धे तक इस झटके से खींचा कि भीतर की खुशी चेहरे पर छलक आई। गर्दन घुमाकर आस-पास बैठे साथी कलाकारों को देखा। रजनी और पुष्पा के उतरे चेहरे देखकर एकबारगी उसका दिल 'धक' कर गया। लेकिन उसने सिर झटककर अपनी खुशी को संयत कर लिया। अनमोल सर ने जब रजनी को मुनरी काकी का और पुष्पा को मुनरी की सहेली का रोल दिया, तो उसने कहीं ज्यादा जोर से और देर तक तालियाँ बजाकर खुशी का इजहार किया। लेकिन उनकी चुप्पी बरकरार देखकर उनके भीतर क्या चल रहा है, यह अन्दाज लगा पाना उसके लिए मुश्किल हो रहा था।

अब अनमोल सर ने पुरुष पात्रों के लिए एक-एक कर कलाकारों के नामों की घोषणा शुरू कर दी थी। रमेश यादव को छड़ीदार, राजीव सिंह को सरदार और जगेश को दीवान जी का रोल मिला। सभी खुश थे। हॉल लगातार तालियों से गूँज रहा था। लेकिन अब तक गोधन के रोल के लिए किसी कलाकार के नाम की घोषणा न होने से, सब में गजब की उत्सुकता व्याप्त थी। अपनी ही खींची लम्बी चुप्पी और सस्पेंस के बीच हॉल में शुरू हुई खुसुर-फुसुर को अनमोल सर ने लक्ष्य किया। उनके होंठों पर टिकी मुस्कराहट गाढ़ी होती गई। अचानक ही वह नाटकीय अन्दाज में अपने बगल में बैठे हारमोनियम मास्टर सतीश जी से मुखातिब हो गए, "सतीश बाबू, गोधन का रोल कौन करेगा, यह आप ही बताइए!"

सतीश जी भी कम नटकिया नहीं हैं। बोलने से पहले उन्होंने गला साफ किया गोया आलाप लेने की तैयारी कर रहे हों। फिर हॉल में मौजूद रंग मंडली के एक-एक कलाकार का यूँ मुआयना किया जैसे वह उस चेहरे को ढूँढ़ रहे हों, जो गोधन का रोल करने के योग्य हो। आखिरकार उन्होंने भूमिका बाँधी, "गोधन के रोल के लिए हमको ऐसा कलाकार चाहिए, जिसका गला सुरीला हो। गाता बढ़िया हो। काहे से कि अनमोल सर जो स्क्रिप्ट लिखे हैं, उसमें गोधन को गाना भी है। इसी सबको

ध्यान में रखकर हम गोधन के रोल के लिए किसी ऐसे कलाकार का चुनाव करना चाहते हैं, जिसके गले में सुर हो और बॉडी लैंग्वेज में चपलता हो।"

रंग मंडली के सभी कलाकार मन-ही-मन अपने साथियों में से अपने हिसाब से किसी नाम का कयास लगाते रहे और धैर्य से सतीश जी के बोलने की प्रतीक्षा करते रहे। सतीश जी ने दुबारा गला साफ किया। फिर जैसे सुर को साधते हुए बोले, "स्क्रिप्ट की माँग को ध्यान में रखकर हम चाहते हैं कि गोधन का रोल अशरफ करे!"

संस्पेंस खुल चुका था। रोमांच के इस चरम पर तालियाँ बेसाख्ता बजनी शुरू हुईं। हक्का-बक्का अशरफ सबका मुँह ताकता खुद भी तालियाँ बजाने लगा मानो वह खुद के लिए नहीं, अपने किसी साथी कलाकार के लिए खुशी जाहिर कर रहा हो। और जब उसे यह अहसास हुआ कि अशरफ वही है और खुद के लिए ताली बजाना ठीक नहीं, तो अपने-आप में लजा-सा गया। यह लाज उसके मासूम चेहरे पर पसरती हुई आँखों के कोरों पर आकर ठहर गई। उसने कनखियों से सविता की ओर देखा। सविता का चेहरा सपाट था। वह दूसरे कलाकार साथियों की तरह ताली भी नहीं बजा रही थी। यह कुछ ऐसा था कि पता नहीं क्या तो उसके अन्दर कसक गया!

अनमोल सर ने सबको शान्त कराने के साथ ही कल से विधिवत रिहर्सल शुरू करने की घोषणा की तो सारे कलाकार भदभदाकर उठ खड़े हुए। हॉल उनकी बातों-आवाजों से भर गया। वे एक-एक कर हॉल से बाहर निकलते गए। हॉल में आवाजों की अनुगूँज फिर भी बनी रही। हॉल की बनावट ही कुछ ऐसी थी कि आवाज रहे न रहे, उसकी अनुगूँज देर तक बनी रहती थी। इस बाबत अनमोल सर ने एक बार संजीव जी का ध्यान भी आकर्षित किया था, "यह हॉल रिहर्सल के लिए बहुत मुफीद है।"

"अच्छा? ऐसा क्या?" अजय जी ने आश्चर्य से पूछा था।

"नाटक के संवादों की अनुगूँज जब कलाकार सुनता है, तो उससे उसके सेल्फ इम्प्रोवाइजेशन में मदद मिलती है।" अनमोल सर ने अपनी बात स्पष्ट की थी।

अजय जी मुस्करा पड़े थे, "ऐसा सोचकर तो नहीं बनवाया गया था। लेकिन यह रिहर्सल के लिए उपयोगी है, तो अच्छी बात है। आप इस हॉल का इस्तेमाल कीजिए!"

तब से अनमोल सर हर नाटक का रिहर्सल इसी हॉल में कराते हैं। यहाँ तक कि वर्कशॉप और अनौपचारिक बैठकें भी। वह तमाम अनुगूँजों को देर तक महसूसते हैं और हर अनुगूँज को इस कदर पहचानते हैं कि वह बता सकते हैं कि कौन-सी आवाज किस कलाकार की है। लेकिन आश्चर्य कि अभी-अभी जो आवाज उन्होंने सुनी, वह कतई पहचान में नहीं आई। बोल तो सविता ही रही थी, लेकिन आवाज उसकी है, यकीन नहीं आया।

"सर, हम ई रोल नहीं करेंगे!" दीवार से सटकर खड़ी सविता ने सर झुकाए

दबी जुबान में, जब यह कहा तो उसकी अनुगूँज में उसकी आवाज की अजनबियत साफ नुमायाँ थी।

हॉल में अकेली सविता रह गई थी। हारमोनियम मास्टर सतीश जी पान का पीक थूकने बाहर जा चुके थे।

अनमोल सर को सहसा अपने कानों पर यकीन नहीं हुआ। उन्होंने खुद को यकीन दिलाने के लिए तस्दीक करनी चाही, "क्या कह रही हो तुम?"

"सर, हम ई रोल नहीं करेंगे!" सविता ने अपनी बात दुहराई। उसके चेहरे पर कोई जिद-सी चस्पाँ थी।

अनमोल सर को कसकर झटका लगा। जब रोल के लिए नाम की घोषणा हुई थी, तब तो यह बेहद खुश थी। फिर अचानक इसे क्या हो गया? वजह जानने की उत्सुकता में उन्होंने सहज आत्मीयता से पूछा, "क्या बात है, क्यों नहीं करना चाह रहीं रोल?"

सवाल के साथ ही अनमोल सर के मन में आशंका सिर उठाने लगी कि कहीं सविता के घरवालों ने नाटक करने से मना तो नहीं कर दिया? अगर ऐसा हुआ तो उनका अब तक का सारा किया-कराया बेकार चला जाएगा। वह बेचैनी से पहलू बदलकर सविता का जवाब सुनने की प्रतीक्षा करने लगे। सविता चुप थी जैसे भीतर ही भीतर खुद से लड़ रही हो। अनमोल सर ने कोई हस्तक्षेप नहीं किया। धैर्य से उसकी मन:स्थिति का अन्दाजा लगाते रहे।

"सर, हमको कोई दूसरा रोल दे दीजिए!" कोई वजह बताये बगैर सविता एक-एक शब्द बेहद कठिनाई से बोल पाई।

अनमोल सर ने राहत की साँस ली कि उनकी आशंका निर्मूल थी। उन्होंने सविता को अपने नजदीक आने का इशारा किया। उसके करीब आते ही उन्होंने उसे प्यार से समझाने की कोशिश की, "देखो बेटा, कौन सा रोल किसे सूट करेगा, यह डायरेक्टर को देखना पड़ता है। हमने तुमको मुनरी का रोल दिया है, तो कुछ सोच-समझकर ही दिया है।"

सविता आश्वस्त नहीं दिखी। उसके चेहरे पर ऊहापोह साफ नजर आ रही थी। उसमें अनमोल सर की बात काटने का साहस नहीं था, इसलिए कोई जवाब देने के बजाय, वह एक सख्त चुप्पी ओढ़े यथावत खड़ी रही।

अनमोल सर की बेचैनी और बढ़ गई। उन्होंने इस बार उसके सिर पर हाथ फिराते हुए प्यार से पूछा, "सविता बोलो! आखिर बात क्या है? मैं डायरेक्टर ही नहीं, तुम्हारे बड़े भाई जैसा हूँ। मन में कोई बात है, तो खुलकर बताओ!"

अनमोल सर की आश्वस्ति से सविता का साहस बढ़ा। अटकते-अटकते ही सही, उसके मन की बात होंठों पर आई, "सर, अशरफ गोधन बनेगा, तो हम मुनरी का रोल नहीं करेंगे?"

"क्यों? अशरफ में क्या बुराई है?" अनमोल सर की आँखों ही नहीं, आवाज में भी गहरा विस्मय था।

"वह मुसलमान है!" सविता का निहायत ठंडा स्वर और हॉल में सिहरन-सी दौड़ गई।

अनमोल सर का चेहरा फक पड़ गया था। वह बड़ी देर तक सन्नाटे में डूबे खुद से ही जूझते रहे। सामने देखा, उनकी चुप्पी से सहमी हुई सविता अपने दाहिने पैर के अँगूठे को फर्श पर घिस रही थी। यह बेहद कठिन स्थिति थी। सवाल, जवाब, संवाद, समझाइश का कोई अर्थ नहीं रह गया था। उन्होंने बगैर प्रतिक्रिया व्यक्त किए सविता को घर जाने का इशारा किया, "जाओ! बाद में बात करेंगे।"

सविता सिर झुकाए, चुपचाप हॉल से निकल गई। हॉल में न उसकी आवाज थी, न अनुगूँज। हॉल में इतना सन्नाटा कभी नहीं रहा। अनमोल सर को महसूस हुआ जैसे अब तक की तमाम अनुगूँजों ने विदा ले ली हो। यह सोचना ही बेहद भयावह था। उन्होंने घबराहट में आँखें मूँद लीं। आँखों में अँधेरा भरता गया। अँधेरे में कितने ही दृश्य गड्डमड्ड होते चले गए।

एनएसडी से पासआउट के बाद उन्होंने गाँव में थियेटर करने की बाबत कभी नहीं सोचा था। वह राजधानी में ही जमना चाहते थे। अपने पहले शो के लिए स्पांसरशिप की तलाश के दौरान उनकी मुलाकात अजय जी से हुई थी। बातों-बातों में अजय जी ने पूछा था, "गाँव में थियेटर क्यों नहीं करते आप?"

"गाँव में! गाँव में थियेटर करना बहुत मुश्किल है!" अपनी हिचक बताते हुए वह अतिरिक्त सतर्क हो गए थे।

"आसान काम तो सभी कर लेते हैं। मुश्किलों के बीच काम करना ही तो चुनौती है। आप लोग चुनौतियाँ नहीं स्वीकार करेंगे, तो न थियेटर का भला होगा, न सामाजिक-संस्कृति का।" अजय जी संजीदा थे। अपनी बात पूरी कर उन्होंने अपनी आँखें उनके चेहरे पर टिका दी थीं।

और आज तीन साल हो गए। गाँव में थियेटर की अलख जगाने आए, तो फिर यहीं के होकर रह गए।

अजय जी के साथ जब वह पहली बार इस गाँव में आए, तो सोचा था कि एक कोशिश करके देखते हैं। मन लगा तो ठीक। नहीं तो शहर वापस हो जाएँगे! लेकिन लौटना सम्भव नहीं हुआ। असम्भव को सम्भव बनाने की जिद ने उनकी जिन्दगी बदलकर रख दी।

"लोग गाँव से शहर भागते हैं। आप शहर से गाँव?" सहज ही अजय जी को छेड़ा था।

अजय जी के चेहरे पर हमेशा रहनेवाली स्मिति कुछ ज्यादा गाढ़ी हो आई थी,

"अनमोल जी, गाँवों से श्रमिकों के पलायन की चर्चा खूब होती है। लेकिन जो सक्षम हैं, उनके पलायन की चर्चा नहीं होती। देख लीजिए कितने ही समर्थ लोगों के घरों में ताले लगे हैं। कितने लोग तो, जो एक बार गए, फिर पलटकर घर-गाँव देखने नहीं आए। इनके पलायन का क्या?"

यह पहलू अब तक उनके लिए भी अदीठ रहा था। वह इस सवाल के रूबरू अपने सामर्थ्य का आकलन करने लगे थे। थियेटर में पारंगत होकर शहर में काम करने के बजाय गाँव में क्यों नहीं निवेश कर सकते? संजीव जी भी तो यही कर रहे हैं? सामाजिक, शैक्षणिक, आर्थिक बदलाव के, सांस्कृतिक चेतना के विकास में वह अपनी समिधा क्यों नहीं दे सकते?

कोई प्रेरणा होती है, कोई उत्प्रेरक होता है, जो आदमी को बदलकर रख देता है। तब वह, वह नहीं रह जाता। कायान्तरण शायद इसी को कहते हैं। अनमोल सर का यह कायान्तरण ही था। वह रंग मंडली बनाने में जुट गए थे। टोलों में गए। स्कूलों में गए। लोकगीतों, लोकगायन, लोकवादन के कलाकारों से मिले। शुरुआत गायन-वादन से ही हुई। फगुआ, चैता, बिरहा। इन्हीं में से एक-एक कलाकार को छांटते रहे। इन कलाकारों को लेकर बनी 'रंग मंडली'। विचार-विमर्श के बाद तय हुआ भिखारी ठाकुर के नाटक 'बिदेसिया' के मंचन का। लेकिन मुश्किल यह थी कि 'रंग मंडली' में अब तक कोई महिला कलाकार नहीं थी। महिला चरित्र पुरुष कलाकार कर सकते थे। लेकिन अनमोल सर इसके लिए तैयार नहीं हुए। यही तो चुनौती थी। गाँव की लड़कियों को नाटक में काम करने के लिए तैयार किया जाना जरूरी था।

जहाँ चाह, वहाँ राह! महिला समाख्या की साथिनों को पता चला, तो उनमें से आशा और दीपा सामने आईं। आशा और दीपा की भी अलग-अलग कहानियाँ थीं। कहानियाँ तो महिला समाख्या की तमाम साथिनों की थीं। लेकिन आशा और दीपा की कहानियाँ किसी और ने नहीं, खुद उन्होंने लिखी थी। आशा की उम्र जब चौदह साल की थी और वह छठी में पढ़ रही थी, तब उसकी शादी तय कर दी गई थी। यह पता चलते ही उसने न सिर्फ शादी से इनकार कर दिया था, बल्कि जबरन शादी कराने पर अड़े माँ-बाप को जेल भिजवाने की भी धमकी दे दी थी। आशा के हेडमास्टर साहब और गाँव के लोगों के बीच-बचाव से मामला टला था और आशा ने अपनी पढ़ाई जारी रखी थी। और ये दीपा! दीपा ने तो दरवाजे पर आई बारात को उल्टे पाँव लौटा दिया था। दहेज में मोटरसाइकिल लेने पर अड़ा दूल्हा, जब मान-मनौवल के बाद भी नहीं माना, तो दीपा ने मंडप में ही, उससे शादी करने से मना कर दिया था। उस दिन उसके पिता ने भी न बरातियों के हाथ जोड़े थे, न दीपा के फैसले का विरोध किया था।

वही आशा और दीपा अनमोल सर के सामने आ खड़ी हुई थीं। थोड़ी हिचक

के साथ दीपा ने कहा था, "सर, हम लोगों को नाटक करना नहीं आता। आप सिखाइएगा, तो सीख जाएँगे।"

दीपा के साथ खड़ी आशा ने भी 'हाँ' में हाँ मिलाया था। अनमोल सर चकित भाव उन दोनों को देखते रह गए थे। उनका यह आश्चर्य दिनोदिन बढ़ता गया था, जब दीपा और आशा ने उनकी उम्मीद से कहीं ज्यादा जल्द अभिनय के गुर सीख लिए थे। 'बिदेसिया' दो महीने की रिहर्सल के बाद मंचन के लिए तैयार हो गया था। 'ओपन एयर थियेटर' के उद्घाटन अवसर पर 'बिदेसिया' का प्रदर्शन देखने के लिए पूरा गाँव उमड़ पड़ा था। संजीव जी और अनमोल सर के प्रयास से स्थानीय संवाददाता भी आए। अगले दिन अखबारों में ग्रामीण थियेटर, 'बिदेसिया' और कलाकारों की प्रशंसा की खबरें छपीं, तो यह सब कुछ किसी स्वप्न सरीखा लगा। दीपा और आशा को तो यकीन ही नहीं आया कि उनके फोटो अखबारों में छपे हैं और वे सेलेब्रिटी बन गई हैं।

"तुम दोनों ने मेरा सिर ऊँचा कर दिया है।" आभार जताने के अन्दाज में अनमोल सर ने कहा था।

"सिर तो हमारा ऊँचा हुआ है, सर!" दीपा ने तपाक से हस्तक्षेप किया था, "आप मौका नहीं देते तो क्या हम कर पाते?"

अनमोल सर कहना तो चाहते थे कि यह मौका तो तुम लोगों ने खुद हासिल किया है। तुम सामने न आतीं तो यह राह आसान न होती। लेकिन कहा था कुछ और, "आगे भी नाटक करना है कि बस!"

"आशा का बिआह तय हो गया है, सर! उसका नहीं कह सकते!" इस सूचना के साथ ही दीपा ने आश्वस्त किया था, "हम तो नाटक करेंगे, सर!"

आशा चुप खड़ी थी। उसकी चुप्पी में विवशता थी। अनमोल सर ने उसकी मन:स्थिति भाँप ली थी, "आशा, जीवन भी कम बड़ा नाटक ना है। अपना रोल सही से निभाना।"

आशा मुस्करा पड़ी थी। जाते-जाते बहुत कुछ अबोला छोड़ गई थी। दीपा जब तक रही, नाटक करती रही। बाद में उसकी कॉन्ट्रैक्ट टीचर के रूप में बहाली हो गई थी। उसे नाटक के अनुभव का लाभ मिला था।

थोड़ी हिचक, थोड़ी मनौवल और अनमोल सर की गारंटी पर गाँव की लड़कियाँ नाटक के लिए आगे आने लगी थीं। सविता पिछले ही साल आई थी। गर्मियों में 'थियेटर वर्कशॉप' के दौरान सविता उनसे मिली थी, "सर, हम भी नाटक करना चाहते हैं।"

यह पहली लड़की थी, जो खुद चलकर आई थी। अनमोल सर ने उसे गौर से देखा था। हल्की साँवली, अपनी उम्र से थोड़ी लम्बी, दुबली-पतली-सी इस लड़की की आँखों में गजब की चमक थी। उन्होंने पूछा था, "क्या करती हो?"

"मैट्रिक की परीक्षा दिए हैं, सर!" सविता की आवाज में खनक थी।

"घर से परमिशन ली हो?"

"नहीं सर!" सविता की खनकती आवाज में अचानक मायूसी घुल आई थी।

"परमिशन तो जरूरी है न?" अनमोल सर सविता की दुविधा का अन्दाजा लगाना चाह रहे थे।

सविता की आँखों की चमक में कोई उम्मीद तैर रही थी। अनमोल सर ने उसे कोई आश्वासन नहीं दिया। अचानक ही उन चमकती आँखों में नमी-सी आ गई, जिसे सविता ने सायास छुपाया। उस शाम अनमोल सर तिवारी टोला में राजमुनी तिवारी के दरवाजे पर जा पहुँचे थे। राजमुनी तिवारी उन्हें देखकर धन्य हो गए थे। प्रणाम-अभिवादन के बाद उन्होंने ही जिज्ञासा जाहिर की थी, "प्रभु, कैसे पधारे इस गरीब के दुआरे?"

राजमुनी तिवारी भोजपुरी में कविताएँ लिखते हैं। जिले-जवार के कवि सम्मेलनों में बिना बुलाए भी जाते हैं और आयोजकों से मनुहार-गुहार, लड़-झगड़कर कविता-पाठ का अवसर हथिया ही लेते हैं। कई बार उन्होंने अनमोल सर से अपने नाटकों में उनकी लिखी कविता लेने का आग्रह किया है। लेकिन या तो जानबूझकर अनमोल सर ने टाला है या सचमुच ऐसा सम्भव नहीं हो पाया कि उनकी कविता का उपयोग कर सकें।

"हम आपकी रचना माँगने आए हैं।" अनमोल सर ने खटिया पर आसन जमाकर राजमुनी तिवारी को चौंका दिया।

"अहो भाग्य! अहो भाग्य!" राजमुनी तिवारी की गंजी-लुंगी में लुंज-पुंज देह हिलक पड़ी, "आदेश करें, प्रभु, आदेश!"

"आदेश नहीं, अनुरोध है। आप सविता को नाटक करने की अनुमति दे दें।"

राजमुनी तिवारी का चेहरा फक पड़ गया। यह इतना अप्रत्याशित था कि उनकी आवाज कंठ में ही अटक गई। थूक घोंटते हुए उनके गले की घंटी फूल गई।

"तिवारी जी आप कवि हैं। देश-दुनिया, समाज को बदलने का आह्वान करते हैं। नाटक भी बदलाव का माध्यम है। हम चाहते हैं, आप इसमें सहयोग करें।" अनमोल सर ने राजमुनी तिवारी को मौका दिए बगैर, इस तरह घेरा कि वह गहरे तक धर्म संकट में फँस गए।

"अनमोल सर, आपका कहना ठीक है। लेकिन समाज भी कोई चीज है।" राजमुनी तिवारी ने बड़ी मुश्किल से अपनी विवशता जताने की कोशिश की, "लड़की का मामला है। समाज हँसेगा। बताइए, हम समाज से बाहर कैसे जा सकते हैं?"

"ठीक कहते हैं आप।" ठंडी साँस भरते उठ खड़े हुए अनमोल सर, "जब कथनी-करनी में इतना फर्क है, तो इस समाज का भगवान मालिक है।"

राजमुनी तिवारी का चेहरा झँवा गया। वह भी खटिया से उठकर खड़े हो गए।

उनकी हिम्मत नहीं हुई कि वह अपनी कविताओं के बारे में अनमोल सर से कोई बात कर सकें।

उस शाम लौटते हुए अनमोल सर की आँखों में सविता का चेहरा उभरता रहा। उसकी आँखें इस कदर बुझी हुई थीं, कि वहाँ रोशनी की जगह राख ही राख थी। यह अहसास जितना भयावह था, वह रात भी उतनी ही भयावह थी।

'थियेटर वर्कशॉप' अपने नियत समय पर शुरू हुआ। अनमोल सर पटना से आए कुछ कलाकारों के साथ जब 'वर्कशॉप' की रूपरेखा पर बातचीत में मशगूल थे, तभी राजमुनी तिवारी, सविता के साथ पहुँचे और सीधे उनके पास आकर खड़े हो गए।

सब अनबोला था। लेकिन इतना मुखर कि अनमोल सर ने तपाक से आगे बढ़कर राजमुनी तिवारी का हाथ थाम लिया। दोनों के हाथों में एक-दूसरे के प्रति विश्वास की गर्माहट थी। अनमोल सर ने पटना से आई पल्लवी की ओर पलटकर आवाज लगाई, "पल्लवी, ये देखो, सविता है। राजमुनी जी की बेटी। अब यह तुम्हारे हवाले है।"

न कोई शिकायत, न कोई सफाई। पल्लवी के साथ जाती सविता को राजमुनी तिवारी ने ताकीद की, "बेटा, मन लगाकर काम करना!"

सविता ने पलटकर सिर हिलाया। उसकी आँखों की चमक से सुबह कुछ ज्यादा ही रोशन हो आई थी। जाते-जाते राजमुनी तिवारी ने हँसकर अनमोल सर को छेड़ा, "अपनी रचना आपको सौंप दी। मेरे मान की रक्षा अब आपके हाथ है।"

अनमोल सर ने राजमुनी तिवारी के दोनों हाथों की हथेलियों को अपनी हथेलियों में भींचकर उनकी आँखों में झाँका। आँखें लाल थीं। समझते देर न लगी कि राजमुनी तिवारी रातभर खुद से लड़ते रहे हैं। इस निर्णय तक पहुँचने के लिए उन्होंने एक रात में कितने युद्ध जीते होंगे, कितने युद्ध हारे होंगे! अनमोल सर उनके प्रति आभार से भर गए। विदा करते हुए भरोसा दिलाया, "सविता मेरी बहन जैसी है। आप बेफिक्र रहें, उसका खयाल मैं रखूँगा।"

"अकेले बैठे क्या सोच रहे हैं, सर?" हॉल में दाखिल होते अनमोल सर चिहुँके। मुस्कराकर सहज होने की कोशिश में उल्टा सवाल पूछ बैठे, "इतनी देर कहाँ लगा दिए आप?"

"अरे, हम अशरफ को कुछ धुन समझाने लग गए थे। जानते हैं, लड़का बहुत गुनी है। सुर पकड़ते देरी नहीं लगती।" समीर जी करीब आकर प्रश्नवाचक-से खड़े हो गए, "क्या इरादा है?"

अनमोल सर उठे। भारी कदमों से हॉल के दरवाजे की ओर बढ़ते हुए बोले, "कल सवेरे आइए तो बात करते हैं।"

अनमोल सर के स्वर और बॉडी लैंग्वेज में कोई तालमेल नहीं है, यह अन्दाजा

तो सतीश जी को जरूर हुआ। लेकिन इसे अपना वहम समझकर उन्होंने नजरअन्दाज करना ही उचित समझा।

गहराती शाम और गहरी चुप्पी के बीच चलते हुए अनमोल सर तिवारी टोला के मुहाने पर रुककर बोले, "ठीक है सतीश जी, कल मिलते हैं।"

सतीश जी ने अपनी राह पकड़ी या नहीं, यह देखने के बजाय अनमोल सर तेज कदमों से बढ़ते अँधेरी गली में गुम हो गए। गली लम्बी थी और राजमुनी तिवारी के घर तक पहुँचते-पहुँचते उनकी साँसें तेज हो आई थीं। खुद को संयत करने के लिए वह बाहर खड़े-खड़े बरामदे में हिलती-डुलती पीली रोशनी को देखने लगे। बल्ब जिस तार से लटक रहा था, वह हवा की गति से लचकता और बरामदे के किसी खास हिस्से पर पीली रोशनी और स्याह अँधेरे का तिलिस्म कुछ ज्यादा गाढ़ा हो जाता। इस बीच किसी की कोई आहट न पाकर उन्होंने आवाज लगाई, "तिवारी जी, तिवारी जी हैं क्या?"

"सर, उ तो ना हैं।" सर पर पल्लू डाले तिवारी जी की पत्नी दरवाजे की ओट से बोलीं, "बाहर गए हैं।"

"ओह कोई बात नहीं!" अनमोल सर ने अर्ज किया, "हमको सविता से बात करनी थी। उसको बुलाइए जरा!"

सविता माँ के पीछे ही खड़ी थी। ओट से बाहर आकर एकटक अनमोल सर को देखने लग गई। पीली रोशनी में उसका चेहरा भी पीला नजर आ रहा था।

"सविता, रोल करना है या नहीं?" बरामदे में पड़ी एक कुर्सी पर बैठते हुए अनमोल सर ने सीधा सवाल किया।

सविता सर झुकाए, अबोली मूर्ति-सी जड़वत खड़ी थी।

बिना धैर्य खोये अनमोल सर ने फिर दरयाफ्त किया, "अच्छा एक बात बताओ, तुम्हारे मन में यह बात आई कैसे कि अशरफ मुसलमान है, इसलिए तुम उसके साथ रोल नहीं करोगी?"

"सर, कुछ भी कहिए, मुसलमान सब विश्वासी तो नहिंए होता है। देखिए रहे हैं कि सब लोग 'लभ जेहाद' चला रहा है।" जवाब सविता के बजाय दरवाजे की ओट लेकर खड़ी उसकी माँ ने दिया था।

अनमोल सर ने पीली रोशनी और अँधेरे के वलय में खड़ी उस औरत की ओर देखा। वह इस कदर निर्दोष नजर आ रही थी, कि वहाँ कोई तर्क, कोई कारण, कोई व्याख्या की गुंजाइश नहीं थी। उन्होंने गहरी ठंडी साँस छोड़ते हुए अफसोस जताया, "ठीक है, हम चलते हैं।"

सविता ने पहली बार गर्दन उठाई। उसकी आँखें अनमोल सर से मिलीं, तो उन्होंने सीधे सम्बोधित किया, "सुनो, तुम यह रोल क्यों नहीं करना चाह रही हो, इसकी चर्चा किसी से मत करना। गाँव में हिन्दू-मुसलमान का भेद नहीं है। यह

बात फैलेगी तो गाँव का भाईचारा बिगड़ेगा!"

अनमोल सर रुके नहीं। रुकना सम्भव भी नहीं था। लौटते हुए हार की हताशा घर किए हुए थी। उन्हें आश्चर्य इस बात का था कि घरों के अन्दर तक यह जहरफिशां हवा कैसे घुस गई? फिर इसमें सविता का क्या दोष? वह देर तक सोचते और परेशान होते रहे कि सविता की ही तरह दूसरी लड़कियों ने भी यही मुश्किल खड़ी की तो क्या होगा? क्या उन्हें 'पंचलाइट' का मन्थन रद्द का देना होगा या अशरफ की जगह किसी और लड़के को यह रोल देना पड़ेगा?

इन सवालों का जवाब कठिन था और अनमोल सर के लिए यह रात भारी थी।

रेणु की कहानी 'पंचलाइट' का नाट्य रूपान्तरण उन्होंने बहुत श्रम और विश्वास से किया था। उनका मानना था कि इस कहानी में जो नाटकीयता है, जो रागात्मकता है और जो देशजपन है, वह इसे ग्रामीण दर्शकों से सीधे जोड़ने में सक्षम है। इस कहानी में रेणु ने सामाजिक विद्रूपता, विडम्बना के बीच, प्रेम की संवेदना को जिस बारीकी से उकेरा है, वह इतना भावप्रवण कि उसका असर देर तक दिल-दिमाग में बना रहता है। कहानी में जो गैप है, उसे स्थितियों, संवादों और दृश्य-बंधों के माध्यम से प्रस्तुत किया जाय तो कोई कारण नहीं कि यह 'हिट' न हो। इन तमाम सम्भावनाओं के बीच, आखिरकार उन्होंने नाट्य रूपान्तर शुरू कर दिया था। सतीश जी के साथ गीत, संगीत और कोरस पर कई-कई बैठकों में चर्चा होती रही और धीरे-धीरे एक जबर्दस्त स्क्रिप्ट ने आकार लिया था।

रंग-मंडली के कलाकारों के साथ हफ्ते भर तक स्क्रिप्ट रीडिंग के बाद कलाकारों का चयन हुआ था। अनमोल सर चाहते थे कि 'पंचलाइट' का प्रदर्शन अगले महीने होनेवाले 'रचना शिविर' के दौरान हो। उस शिविर में देश के नामचीन लेखक-बुद्धिजीवी शामिल होनेवाले थे। लेकिन चाहने से क्या होता है? सविता ने जो व्यवधान खड़ा कर दिया है, उससे निकलना आसान नहीं लग रहा। एक ऐसी दोधारी तलवार सामने थी, जिससे हर हाल में 'विश्वास' की गर्दन कटती दिख रही थी।

अनमोल सर भारी मन और भारी कदमों से जब रिहर्सल हॉल में दाखिल हुए तो रंग-मंडली के कलाकारों की गुटर-गूँ की अनुगूँज से हॉल का चप्पा-चप्पा गुलजार था। यह अनुगूंज उनके भीतर किसी चीख में तब्दील होती जान पड़ी, जब उन्होंने तमाम कलाकारों के बीच सविता को उपस्थित देखा। सविता सिर गोते स्क्रिप्ट में डूबी हुई थी। बड़ी मुश्किल से उन्होंने अपनी चीख को भीतर ही भीतर रोका। रातभर से मन में जमा अवसाद, हताशा और नैतिक संकट का घटाटोप एकबारगी छंटता-सा महसूस हुआ। वह तेजी से कलाकारों के बीच आए और सविता के पास आकर रुक गए। सीधे उसे सम्बोधित हो पूछा, "तो रिहर्सल शुरू करें?"

"जी सर!" सविता ने इस सहजता से सिर हिलाकर जवाब दिया, गोया कभी कुछ हुआ ही न हो।

न अनमोल सर ने कुछ पूछा, न सविता ने कोई सफाई दी। शो मस्ट गो ऑन की तर्ज पर रिहर्सल शुरू हो गया।

"हम तुमसे मुहब्बत करके सनम, हँसते भी रहे, रोते भी रहे।"

अशरफ की आवाज की खनक और सतीश जी की संगत से हॉल संगीतमय हो गया।

"एकदम्मे पगला गए हो क्या गोधन?" यह सविता थी।

"ऐसा काहे बोलती हो, मुनरी?" अशरफ का चेहरा रुआँसा हो आया था।

"काहे न बोलें? बात-बात पर हँसे, बात-बात पर रोए, तो पगलेवाला न लच्छन है?"

"ठीक कहती हो, मुनरी। हम पगलाइए गए हैं।"

"तो कौनो डॉक्टर को काहे ना दिखलाते हो, गोधन?"

"ई बीमारी कौनो डॉक्टर से ठीक होवे वाली ना है, मुनरी!"

"आंय तो अब क्या होगा?" सविता की आँखें फैल गईं।

"वही होगा, जो मंजूरे मुनरी होगा!" अशरफ ने एक लम्बा आलाप लिया।

"हम कुछ ना बूझे!" सविता का चेहरा सपाट था।

"हम तुमसे मुहब्बत करके सनम, हँसते भी रहे, रोते भी रहे!" एक बार फिर गाने का मुखड़ा दुहराते हुए अशरफ, सविता से मुखातिब हुआ, "एतना दिन से तुमको देख-देखके ई गाना गा रहे हैं, तब्बो कुछ ना बूझी, मुनरी?"

"एमे बूझे वाली क्या बात है?"

"हाय रे किस्मत!" दूसरी ओर मुँह फेर बाईं हथेली माथे पर रख और दाहिना हाथ हवा में उठाकर अशरफ ने अफसोस की मुद्रा बनाई। अगले ही क्षण सविता की ओर मुड़कर आखिरी कोशिश की जद्दोजहद में अटक-अटककर पूछा, "ए मुनरी, सच्चो ना बूझी?"

"पगला कहीं का!" सविता के मुँह से फिस्स से निकला।

ऐन यहीं, अनमोल सर ने तेज आवाज में टोका, "सविता, बात जमी नहीं। तुम्हारे चेहरे पर, हाव-भाव में वो बात नहीं आ रही, जो आनी चाहिए!"

सविता का चेहरा उतर गया। सकपकाई-सी वह अनमोल सर की ओर अपराधिनी-सी देखने लगी।

अनमोल सर ने उसकी मायूसी को लक्ष्य किया। लपककर करीब आए और उसका हौसला बढ़ाते हुए समझाया, "देखो, यह गोधन और मुनरी के बीच प्यार जतानेवाला सीन है। तुमको चेहरे पर ऐसा भाव लाना है कि तुम गोधन की बात समझ गई हो। लेकिन ना समझने का नाटक कर रही हो।"

"सर, हम बहुत कोशिश कर रहे हैं, पर हो नहीं पा रहा है।" बेचारगी भरे स्वर में सविता मिमियाई।

"कोई बात नहीं!" अनमोल सर अपनी जगह पर लौटे, "एक बार फिर कोशिश करो!"

वही दृश्य फिर शुरू हुआ। सतीश जी ने धुन निकाली। अशरफ ने गाना शुरू किया। सविता ने संवाद। गोधन और मुनरी के बजाय दृश्य में अशरफ और सविता की फाँक भरी नहीं। अनमोल सर ने बीच में ही टोककर सविता को फिर समझाया, "सविता, फील पैदा करो, फील। सोचो कि मुनरी को गोधन से प्रेम है। यह प्रेम उसकी आँखों में, चेहरे पर, आवाज में, अन्दाज में छलकना चाहिए। एक बार फील करके देखो, सब कुछ नेचुरल हो जाएगा। कोशिश करो।"

सविता ने निर्देश को ध्यान से सुना। रिहर्सल शुरू होने से पहले उसने क्षण-भर को अपनी आँखें मूँदीं। जैसे वह उस फीलिंग को पकड़ने के लिए अपने-आप में डूब रही हो। दृश्य शुरू हुआ। आश्चर्य कि अनमोल सर के टोकने के बजाय, तालियाँ बजीं। तालियों के नाद में अनमोल सर के होंठों पर मुस्कान चौड़ी होती गई। सविता ने सन्तोष की साँस ली। उसका हौसला लौटता जान पड़ा।

बिना नागा रिहर्सल चलता रहा। हर दृश्य पर बार-बार विचार होता। सुधार होता। एक-एक कलाकार ने अपने चरित्र को निखारना शुरू कर दिया। कभी कोई गड़बड़ता तो दूसरा उसे छेड़ता, "फील पैदा करो। फील।"

सभी हँस पड़ते। स्वयं सविता हँसते-हँसते लोटपोट हो जाती। अनमोल सर को पता चलता, तो कसकर फटकार लगाते, "देखो, जिन्दगी में जो होता है, मंच पर उसी का नाटक किया जाता है। जिन्दगी नाटक नहीं है। लेकिन नाटक में जिन्दगी का होना जरूरी है, ताकि दर्शक को लगे उसकी जिन्दगी किसी नाटक से कम नहीं है।"

ये गूढ़ बातें थीं, गाँव के ये युवा कलाकार कुछ समझते, कुछ नहीं समझते। लेकिन समझने का नाटक करने में माहिर हो गए थे। ऐसा नहीं कि अनमोल सर यह सच समझते नहीं थे। वह अक्सर सतीश जी से कहते, "देखिए, जिन्दगी भी एक रिहर्सल है। करते-करते ही चीजें दुरुस्त होती हैं।"

सतीश जी सहमति में सिर हिलाते, "हाँ सर, जैसे संगीत साधना है। साधते-साधते ही सुर, ताल, लय, राग सधता है।"

अनमोल सर के लिए भी नाटक एक साधना ही था। ग्रामीण युवाओं के साथ, यह साधना कुछ अधिक कठिन जरूर थी लेकिन उनमें जो कच्चापन था, उससे उन्हें मनमुताबिक ढालना आसान था। 'पंचलाइट' में भी उन्होंने तमाम कलाकारों को मनमुताबिक ढाला और अब, जबकि पूरा नाटक खड़ा हो चुका था, वह आश्वस्त थे कि यह प्रदर्शन शानदार होगा और आगंतुक लेखक-बुद्धिजीवी ग्रामीण-रंगमंच की इस उपलब्धि को जरूर सराहेंगे।

अपने इस भरोसे की तस्दीक के लिए एक दिन अनमोल सर ने सतीश जी से जानना चाहा, "सतीश बाबू, क्या कहते हैं आप?"

"सर, नाटक तो ठीक जा रहा है। लेकिन हमको कुछ लोगों का लच्छन ठीक नहीं लग रहा।" सतीश जी के स्वर में व्याप्त आशंका से अनमोल सर की सारी इन्द्रियाँ सजग हो गईं।

"सतीश बाबू, यह क्या कह रहे हैं आप? हम कुछ समझे नहीं। खुलकर बताइए कि बात क्या है? "अनमोल सर के चेहरे पर उलझन थी। स्वर में गहरी चिन्ता।

"कुछ लड़का सब बता रहा था कि सविता और अशरफ में कुछ चल रहा है। दोनों खूब हिल-मिलकर बोलता-बतियाता है।" सतीश जी दबी जुबान में फुसफुसाए, "राजीव सिंह तो इसे 'लभ जेहाद' कहता है।"

अनमोल सर को अपना दिल डूबता महसूस हुआ। ऐसा नहीं कि उन्होंने सविता, अशरफ को हिल-मिलकर बोलते-बतियाते नहीं देखा था। लेकिन यह सब कुछ इतना सहज लगा था कि उन्होंने इसे कभी अन्यथा नहीं लिया। वह तो मानते थे कि कलाकारों में जितनी आपसी समझ रहेगी, अभिनय में उतनी स्वाभाविकता आएगी। सविता और अशरफ ने इस दौरान मुनरी और गोधन के चरित्र को आत्मसात कर लिया था। वह उन दोनों के अभिनय से आश्वस्त थे और उन्हें खुशी इस बात की हुई थी कि सविता के मन में अशरफ के प्रति जो दुराग्रह था वह तिरोहित हो चुका था। उसने फिर कभी न वह बात उठाई, न अपने व्यवहार से कोई दुराग्रह जताया। एक अप्रिय, अघटित अपनी मौत मर चुका था। लेकिन सतीश जी, जो कह रहे हैं, राजीव सिंह जो कह रहा है, उस पर वह कैसे विश्वास कर लें? लेकिन इसे सहज ही टालना सम्भव नहीं हुआ। उन्होंने तय किया कि वह इस पूरी स्थिति पर गौर करेंगे।

अगले ही दिन से उन्होंने सविता और अशरफ पर नजर रखनी शुरू कर दी। जाहिरा तौर पर वह अनजान बने रहे, लेकिन उनकी अनुभवी आँखों ने भाँप लिया कि सविता और अशरफ महज मुनरी और गोधन ही नहीं थे, वे आँखों-आँखों में एक-दूसरे में डूब-उतरा रहे थे। अपनी-अपनी दबी मुस्कराहटों में एक-दूसरे से संवाद कर रहे थे। उन्हें आश्चर्य हुआ कि वह इतने दिनों तक यह सब क्यों नहीं देख पाए?

उस शाम उन्होंने रिहर्सल के बाद रजनी से पूछा, "सविता और अशरफ का काम कैसा लग रहा है?"

"एकदम असली लग रहा है, सर!" रहस्यभरी मुस्कान के साथ रजनी ने सिर झुका लिया, "बुझाता ही नहीं है कि उ लोग एक्टिंग कर रहा है।"

रजनी सिर झुकाए लौट गई थी। लेकिन उन्होंने महसूस किया कि जाते-जाते उसकी मुस्कराहट कुछ ज्यादा गाढ़ी हो आई थी। उस गाढ़ी मुस्कराहट में छिपा रहस्य अगर उजागर हो गया तो? इस 'तो' के साथ ही अनमोल सर का दिल डूबने लगा। वह खुद को अपराधी समझने लगे। क्या जवाब देंगे राजमुनी तिवारी को? क्या जवाब देंगे गाँव को? कैसे बचा पाएँगे गाँव के सौहार्द को?

वह सारी रात झूठ और सच। यथार्थ और कल्पना। जिन्दगी और नाटक के

द्वंद्व से जूझते रहे। एक डर अँधेरे पर भारी पड़ रहा था। पहली बार उन्हें लग रहा था कि सुबह का इन्तजार कितना आतंककारी है। काश, कि इस रात की कोई सुबह न होती।

सुबह को तो होना था। वह कच्ची नींद की-सी उजास में अलसाए पड़े मियाँ टोली में दाखिल हुए। अशरफ के दरवाजे पर दस्तक देते हुए उनका दाहिना हाथ काँपा, लगा कि उनकी आत्मा लरज रही हो। दूसरी ओर से कोई आहट नहीं मिलने पर साहस नहीं हुआ कि दुबारा दस्तक दें। लौटने के लिए मुड़े ही थे कि अशरफ की आवाज से ठिठक गए, "सर आप!"

आँखें मलता अशरफ जैसे सपने से चिहुँककर जागा हो। उसके चेहरे पर धूप-छाँही का-सा रंग ठहरा हुआ था। वह करीब आया, "सर, इतनी सुबह। सब खैरियत तो?"

अनमोल सर ने खुद को सँभालने की कोशिश की। खुद को निर्वसन होने से बचाने की जुगत में उन्होंने उससे आँखें नहीं मिलाईं, "अशरफ, तुमसे कुछ कहना था!"

"जी सर!" अनमोल सर के करीब आते अशरफ की आँखों में जिज्ञासा थी।

"अशरफ, तुम बहुत अच्छे कलाकार हो। मेहनत करोगे तो बहुत आगे जाओगे!" वह बात जो अनमोल सर कहना चाहते थे, कहने का साहस नहीं जुटा पा रहे थे। भूमिका बाँधते हुए भी सही सिरा पकड़ में नहीं आ रहा था।

"सर, आपका आशीर्वाद रहेगा तो हम और बेहतर करेंगे!" ताजा-ताजा यह युवा, एक्टिंग में कैरियर बनाने के जुनून से भरा हुआ था, "सर, मुझे तो एक्टिंग ही करनी है।"

"अशरफ, एक्टिंग भी एक तपस्या है। भटके तो कहीं के नहीं रहोगे।" अपनी बात कहने का सिरा अनमोल सर ने पकड़ लिया था, "मुझे लग रहा है, तुम भटक रहे हो!"

अशरफ की आँखें फैल गईं। चेहरे पर चकित भाव उभर आया, "सर, कुछ गलती हो गई क्या?"

अनमोल सर अशरफ के कन्धे पर हाथ रखकर सड़क की ओर बढ़े। सड़क अभी भी सूनी थी। हवा में खुनकी थी, जिसमें पैबस्त नमी गालों पर महसूस हो रही थी। अनमोल सर नम स्वर में अशरफ से मुखातिब हुए, "अशरफ, मेरी इज्जत तुम्हारे हाथ में है। तुम मेरे छोटे भाई जैसे हो। उम्मीद है, मेरी लाज रखोगे?"

अशरफ के पाँव जम गए। अनमोल सर की यह मनोदशा उसे गहरे तक हिला गई थी। वह भाव विगलित हो उनके पाँवों पर झुक गया, "ऐसा काहे कहते हैं, सर? आप मेरे गुरु हैं। आदर्श हैं। आपका आदेश सिर आँखों पर, सर!"

अनमोल सर ने अशरफ को कन्धे से पकड़कर उठाया। उसके मासूम चेहरे पर, उनके प्रति गहरी श्रद्धा थी। अशरफ हमेशा ही विनम्र, मेहनती और कुछ कर

गुजरने के उत्साह से भरा रहा है। वह उसे रेपर्टरी में दाखिले के लिए पटना भेजने का मन बना चुके थे। उन्हें यकीन था कि वह रंगमंच में अपनी जगह बना लेगा। लेकिन इस वक्त, यह सब सोचते हुए और इसका हवाला देने के खयाल के साथ ही, उन्हें लगा कि वह जैसे बदले में अशरफ से कुर्बानी माँग रहे हों। शायद ऐसे ही धर्म संकट में फँसे द्रोणाचार्य ने एकलव्य से अँगूठा माँगा होगा?

"अशरफ, सविता और तुमको लेकर जो खुसुर-फुसुर सुन रहे हैं, उसका अंजाम जानते हो क्या होगा?" अनमोल सर मन में घुमड़ रही आतुरता को थाम नहीं पाए। वह एकदम से भावुक हो आए थे, "सोचो, गाँववालों को पता चला तो क्या होगा?" यह जो तुम लोगों को अपनी प्रतिभा दिखाने का अवसर मिला है, उसका क्या होगा? देश का माहौल इतना खराब है। क्या तुम चाहोगे कि गाँव का माहौल भी खराब हो?"

अशरफ सनाके में डूबा निर्वाक खड़ा था। अनमोल सर की हिम्मत नहीं हुई कि वह उससे आँखें मिला पाएँ। इस असहज स्थिति के बीच अशरफ भरे मन से भरभरा पड़ा, "सर, सविता ने जब मेरे साथ काम करने से मना किया था, तब आपने उसे समझाया था कि यह बात पता चली तो गाँव का माहौल खराब होगा। अब जब हम दोनों एक साथ काम कर रहे हैं, तब आप आप कह रहे हैं कि गाँव का माहौल खराब होगा! सर, नफरत से तो माहौल खराब होने की बात समझ आती है। मुहब्बत से भी माहौल खराब हो तो समझ नहीं आता कि सच क्या है?"

अनमोल सर के सामने अट्ठारह साल के इस लड़के ने जो सवाल खड़ा किया था, उसका जवाब उनके पास नहीं था। लेकिन यह सवाल, इतना बुनियादी था कि उनकी सोच, आदर्श और यूटोपिया की नींव हिल गई।

अनमोल सर का झँवाया चेहरा, निष्प्रभ आँखें, अवरुद्ध कंठ देख अशरफ का कलेजा मुँह को आ लगा। उनका कन्धा पकड़कर झिंझोड़ते हुए उसने जोर से आवाज लगाई, "सर...सर...! क्या हुआ आपको? आप ठीक तो हैं?"

अनमोल सर के होंठों पर फीकी-सी मुस्कराहट उभरी, "चलता हूँ, अशरफ!"

अनमोल सर के पाँवों में जैसे जान ही न हो। वह चल नहीं रहे थे, खुद को घसीट रहे थे। अशरफ खड़ा-खड़ा उन्हें देखता रहा। अचानक अनमोल सर पलटे। अशरफ दौड़कर उनके करीब पहुँचा और उनका हाथ पकड़कर फूट पड़ा, "सर, आप ही कहते रहे हैं। कुछ भी हो, कैसी भी परिस्थिति हो 'शो मस्ट गो ऑन'!"

अनमोल सर की कोरों में नमी अटकी हुई थी। अशरफ उनके दोनों हाथ भींचकर जैसे उन्हें अपनी ओर से आश्वस्त कर रहा था, "शो मस्ट गो ऑन!"

'शो' की तैयारी चलती रही। 'शो' से पहले के तीन दिन जबर्दस्त गहमागहमी में बीते। ड्रेस, प्रॉपर्टी, मेकअप, म्यूजिक, संवाद, समीक्षा, फाइनल टच, रिहर्सल पर रिहर्सल। इस दौरान अनमोल सर ने गौर किया कि सविता और अशरफ रिहर्सल

के अलावा एक-दूसरे से दूर-दूर रहते हैं। न सविता अशरफ की ओर देखती है, न अशरफ सविता से बात करता है। दोनों साथ-साथ होते हुए भी जैसे एक-दूसरे के लिए अजनबी हों।

यह सब देखना अनमोल सर के लिए सहज नहीं था। पता नहीं क्यों उन्हें लग रहा था कि सविता और अशरफ नाटक कर रहे हैं और वह उसके मूकदर्शक हैं। उन दोनों की 'फील' को वह पकड़ नहीं पा रहे थे और उनमें यह साहस भी नहीं था कि आगे बढ़कर कह सकें, "फील पैदा करो, फील!"

अब वह अतिरिक्त सतर्क जरूर थे और नहीं चाहते थे कि 'शो' से पहले स्थिति बिगड़े। उनका पूरा ध्यान नाटक के प्रदर्शन पर था और जिस तरह सब कुछ चल रहा था, उन्हें पूरा यकीन था कि यह प्रदर्शन यादगार होगा।

प्रदर्शन वाले दिन सबका दिल धड़क रहा था। अनमोल सर सभी का हौसला बढ़ा रहे थे। यूँ उनका दिल भी कम नहीं धड़क रहा था। लेकिन उनका हौसला कौन बढ़ाता? आज शाम, जब स्टेज के सामने सैकड़ों ग्रामीण होंगे, देश के विभिन्न हिस्सों से आए बुद्धिजीवी होंगे, उनका यह नाटक किसी अग्नि परीक्षा से गुजरेगा, यह सोच-सोचकर उनके हाथ-पाँव फूल रहे थे। उन्हें आश्चर्य हो रहा था कि आज से पहले तो कभी उनकी ऐसी हालत नहीं हुई थी, फिर यह बेकसी आज ही क्यों? इस सवाल के पीछे सविता और अशरफ के किरदार झाँक रहे थे। भीतर फँसी फाँस रह-रहकर करक रही थी।

नाटक निर्धारित समय पर शुरू हुआ। खुले आसमान के नीचे बने मंच के सामने सैकड़ों ग्रामीण। कई चेहरे जाने-पहचाने। ढेरों अनजाने। इस भीड़ को देखकर अनमोल सर का जी जुड़ा गया कि गाँव में थियेटर देखने की ललक पैदा करने की उनकी कोशिश कामयाब हुई है। उन्होंने एक नजर सामने बैठे दर्शकों पर डाली। पीछे दूर तक जमे दर्शक नाटक शुरू होने की प्रतीक्षा में एक-दूसरे से सटे बैठे थे। अगली पंक्ति में बाहर से आए लेखक, बुद्धिजीवी, पत्रकार अपनी जगह ले चुके थे। माहौल में जितनी गहमागहमी थी, मंच के पीछे उतनी ही सनसनी।

"'नमस्कार!' 'रंग मंडली' आप सभी दर्शकों का हार्दिक स्वागत करती है।" इस उद्घोषणा के साथ ही दर्शकों में खामोशी छा गई।

"तो लीजिए, प्रस्तुत है, महान कथाकार फणीश्वरनाथ रेणु की कहानी 'पंचलाइट' का नाट्य रूपान्तरण।" इस उद्घोषणा के साथ ही मंच पर हल्की-हल्की मद्धिम रोशनी उभरी और पार्श्व से गीत के बोल—'हम तुमसे मुहब्बत करके सनम, हँसते भी रहे रोते भी रहे।' मंच पर आते पात्र के साथ ही संगीत की धुन पर गीत ने गति पकड़ ली।

देखते ही देखते दृश्य, संवाद, संगीत और कलाकारों के जीवन्त अभिनय ने दर्शकों को गिरफ्त में ले लिया। दर्शक किसी संवाद पर तालियाँ बजाते, तो हास्य-

व्यंग्य के किसी प्रसंग पर ठहाके। गीत-संगीत उन्हें रोमांचित करता तो प्रकाश-संयोजन सम्मोहित।

नाटक के अन्तिम दृश्य में जब गोधन ने पंचलाइट जलाने के पहले गर्व से भरकर गाना शुरू किया, 'ये तो मुश्किल नहीं है, कोई काम...काम...काम' तो लगा कि दर्शकों ने जैसे गोधन की जीत में अपनी जीत हासिल कर ली हो। एक सिरे से दूसरे सिरे तक तालियाँ गूँजने लगीं। देर तक गूँजती इन तालियों के बीच अनमोल सर का सिर गर्व से तन गया। एक कामयाब प्रदर्शन का उल्लास उनके चेहरे पर दमक आया। वह तेजी से मंच की ओर लपके, ताकि दर्शकों से कलाकारों का परिचय करा सकें।

लेकिन वह पहली सीढ़ी पर ही हठात ठिठक गए। उनके पैरों को जैसे किसी ने कसकर जकड़ लिया हो।

मंच पर बीचोबीच खड़ा अशरफ सीधे दर्शकों से मुखातिब था, "तो गुनीजन, नाटक अभी खत्म नहीं हुआ है। और सचाई तो ये है कि नाटक कभी खत्म होता ही नहीं। इसलिए आप से प्रार्थना है कि आप अपनी जगह पर बैठे रहें।"

अनमोल सर के माथे पर पसीना चुहचुहा आया। फरवरी की इस ठंडी रात में, जबकि आसमान से शीत टपकने लगी थी, उन्हें जिस्म तपता-सा महसूस हुआ। उनकी साँसें सीने में अटकी हुई थीं और चेतना पर सन्नाटे ने गिरफ्त कस दी थी। वह जहाँ के तहाँ जम गए थे।

अचानक आगे बढ़कर आई सविता ने अशरफ की बात लपक ली, "नाटक देखकर आपने खूब तालियाँ बजाईं। बहुत अच्छा लगा। लेकिन हम पूछना चाहते हैं, आपने किस बात पर ताली बजाई?"

सविता क्षण भर के लिए रुकी। दर्शकों में सन्नाटा छा गया था। सविता इस सन्नाटे के बीच अपनी ही रौ में बोल पड़ी, "जाति-पंचायत की इज्जत बच गई, इस पर ताली बजाए आप! गोधन और मुनरी का मिलन हो गया, इस बात पर ताली बजाए आप। बोलिए है कि नहीं?"

सविता के सवालिया होते ही दर्शकों के बीच से फिर तालियाँ बजीं, जैसे वे उसकी बात पर सहमति जता रहे हों।

"बहुत अच्छा किए आप लोग!" ताली बजाता अशरफ दर्शकों की तरफ मुखातिब हुआ, "नाटक है। नाटक पर ताली बजाना भी चाहिए। लेकिन जब कोई जाति-पंचायत गोधन और मुनरी के प्रेम को गुनाह बताकर सजा सुनाती है, तब आप चुप काहे रहते हैं?"

सनसनी-सी दौड़ी और कितनी ही रीढ़ों को सिहरा गई। जब तक लोग इस सवाल के सनाके से उबरते, सविता एक कदम आगे आकर बोल पड़ी, "जब एक मजहब का लड़का, दूसरे मजहब की लड़की से प्रेम करे तो 'लभ जेहाद' कहके

उसका जीना मुहाल करनेवालों के सामने चुप काहे हो जाते हैं आप?"

सवाल पर सवाल। दर्शकों में बढ़ती बेचैनी, हहराकर टूटने को ही थी कि अनमोल सर ने अपनी सारी शक्ति को समेटा और तेजी से सविता और अशरफ के बीच आकर खड़े हो गए। और बगैर एक पल भी गँवाये उन्होंने अपनी उफनती साँसों के साथ ही दर्शकों को सम्बोधित करना शुरू कर दिया, "आदरणीय दर्शकगण, ये सवाल हमारे समय के ज्वलंत सवाल हैं। हमारे इन कलाकारों ने ये सवाल इसलिए उठाया है कि नाटक का काम ही है सवाल उठाना। समाज जिन समस्याओं से जूझ रहा है, कलाकार अपनी कला से उन्हीं समस्याओं पर अपनी चिन्ता व्यक्त करता है। हमारे कलाकारों ने इन सवालों को उठाकर कला के धर्म का निर्वाह किया है।"

अनमोल सर की साँसें अब भी सम पर नहीं लौटी थीं। वह खुद को नियंत्रित करने के लिए रुके ही थे कि दर्शकों के बीच से उठा तालियों का नाद चहुंदिश गूँजने लगा। दर्शकों ने खड़े होकर अनमोल सर के हस्तक्षेप का स्वागत किया, तो उनकी आँखें छलछला आईं। वह अपने आँसू छिपाने के लिए मंच की ओर मुड़े, तो सविता उनके सामने आ खड़ी हुई। उसने अनमोल सर की आँखों से आँखें मिलाकर कहा, "सर, नाटक को वास्तविक बनाने के लिए कलाकार फील तो पैदा कर सकते हैं। लेकिन हमें पता है, सर, कि असल जिन्दगी नाटक नहीं है।"

अशरफ ने तत्काल ही सविता की बात लपक ली, "फिर भी सर, आदमी जिन्दगी भर नाटक करता है।" लगा अब भी कोई स्क्रिप्ट पढ़ी जा रही हों, "सर, हमारी गलती यही है कि हमने जिन्दगी को भी नाटक समझ लिया। वहाँ भी फील से काम लेने लगे। लेकिन उस नाटक को तो नाकाम होना ही है, क्योंकि उसमें हम अपने रोल से न्याय नहीं कर पाए।"

तालियाँ तेज होती जा रही थीं। इस शोर में सविता और अशरफ के संवादों की अनुगूँज भी सघन थी। अनमोल सर गूँज और अनुगूँज के बीच निःशब्द थे। अचानक मंच पर फ्लड लाइट की तेज रोशनी उमड़ी और नेपथ्य से निकलकर सारे कलाकरों ने उन्हें घेरे में ले लिया।

मंच का नाटक सुखान्त था, जिन्दगी का दुखान्त।

मेरा मजहब, मेरी जान

हालात ऐसे हो चुके थे कि उन्हें हर वक्त यही आशंका बनी रहती कि वह कभी भी मारे जा सकते हैं। हालाँकि शुरू-शुरू में विश्वास नहीं होता कि कोई उन्हें मार भी सकता है। वह खुद से पूछते कि जब मेरी कोई गलती ही नहीं तो कोई मुझे मारेगा क्यों? और खुद ही जवाब देते कि ऐसा कहाँ होता है कि जब कोई गलती ही न हो तो किसी को कोई मारे? ये सब खाली दिमाग की खुराफात है। बेमानी डर। उनके आस-पड़ोस में रहनेवाले कई आलिम-फाजिल किस्म के लोग उनकी इन बातों पर मुस्कराते और उनमें काली-सफेद दाढ़ी वाले जनाब तंज भी करते, "लगता है, आप हकीकत में कम, खयालों में ज्यादा रहते हैं। मरने-मारनेवालों के पास वजह भी होती है और उनके नजरिए से वह जायज भी होती है।"

वह क्या कहते? ऐसे वक्त पर चुप रह जाना ही बेहतर। क्योंकि बात से बात बढ़ती और वे साबित करने पर एकजुट हो जाते कि मजहबी मामले में किसी बहस, किसी दखल की कोई गुंजाइश नहीं। वे उन्हें अकेला पड़ता देख, नसीहत देने से भी बाज न आते, "मियाँ, जिस बात की जानकारी नहीं, उसमें खामखा टाँग नहीं अड़ाते।"

उन्हें झुँझलाहट होती। जी में आता कि पूछें, "हर मजहब में दो जोड़ दो बराबर चार ही होते हैं, जनाब, इसमें अलग से जाननेवाली बात क्या है?" लेकिन सबसे भली चुप। भले लोग यही करते हैं। उनकी भलमनसाहत भी उनसे यही कराती है। इधर तो यह भलमनसाहत कुछ ज्यादा ही बढ़ गई थी। बात-बात पर चुप्पी। हर बात पर चुप्पी।

उन्होंने सुना था कि देश की आजादी के बाद कई शहरों में मजहबी दंगे हुए और इस वजह से दोनों मजहबों के काफी लोग मारे गए। हाँ, बड़े-बुजुर्ग बताते रहे हैं कि दंगे तो आजादी से पहले भी होते थे और आजादी की लड़ाई के दौरान भी हुए। दंगे कभी भी हुए हों जायज कतई नहीं कहे जा सकते। उनका तो मानना है कि दंगे इनसानियत के नाम पर कलंक हैं और ये कभी होने ही नहीं चाहिए। हालाँकि उनके मानने न मानने से क्या होता है? मन्दिर-मस्जिद के नाम पर दंगे हुए ही। ऐसा दंगा कि उसकी आँच पूरे मुल्क में महसूस की गई। उस दंगे की भी आग बुझ तो गई लेकिन उसकी राख आज तक उड़ती रही है। उड़ती क्या रही है,

उड़ाई जाती रही है। कभी-कभी तो लगता है कि इस राख में कोई चिंगारी है, जो एक जरा-सा हवा का झोंका पाकर आग में तब्दील हो जाएगी।

शायद ये डर तभी से मन के किसी कोने में सिर उठाने लगा था। लेकिन तब भी यही तर्क उनके भीतर के डर को विश्वास में बदल देता कि जब उनकी कोई गलती ही नहीं, तो कोई उन्हें मारेगा क्यों? इस मुल्क में कानून है। कानून का राज है। हर किसी को जीने का हक है। सबको बराबरी का अधिकार है। इसलिए इतना तो तय है कि कोई किसी को बेजवह नहीं मारेगा। लेकिन अनुभवी लोग, आलिम-फाजिल लोग इसे मानने को तैयार नहीं। उनका कहना है कि उनकी सोच निहायत मासूम और अहमकाना है। वे उनसे पूछते हैं, "मियाँ, मन्दिर-मस्जिद के नाम पर लड़ाया तो मजहबों को ही गया न? एक मजहब की अना को चैलेंज किया गया तो दूसरा चुप कैसे रहता? उसका पुरजोर जवाब नहीं दो तो वह आपको कमजोर समझकर दबाएगा। जीना मुहाल कर देगा। ऐसे में आप बताओ कि कोई चुप कैसे रहेगा?"

कोई जवाब देते नहीं बनता। उन्हें इनकी बातों से, इनके तर्क से कहीं ज्यादा डर लगने लगता है। वह जानते हैं कि भलमनसाहत चुप रहने में ही है। वह चुप रह जाते हैं। जिन दिनों मन्दिर-मस्जिद वाला झगड़ा शुरू हुआ था, उन्हीं दिनों उनकी शादी की बात चली थी और ना-नुकुर कर इसे टालना भी चाहा था। लेकिन उनकी एक न चली थी। आखिरकार, उनकी शादी खालू की बेटी नासिरा से तय हो गई थी। वे लोग कराची से यहाँ आकर नासिरा के संग उनका निकाह करा गए थे। नासिरा और वह हर मियाँ-बीवी की तरह थोड़ा नरम, थोड़ा गरम। थोड़ा खट्टा, थोड़ा मीठा किस्म के हैं। लेकिन दोनों एक-दूसरे को भारत-पाकिस्तान के नाम पर छेड़ते भी रहते हैं। मसलन, हमारे मुल्क में ये है, तो तुम्हारे मुल्क में वो है। हमारे यहाँ का रिवाज तो ये है जी, तुम्हारे यहाँ का रिवाज तुम जानो। ये सब बस छेड़-छाड़ तक ही रहता, अगर मजीद भाईजान ने एक दिन ये न कहा होता, "मियाँ, सच तो ये है कि पाकिस्तान इस्लाम के नाम पर हिन्दुस्तान के मुसलमानों को बदनाम कर रहा है। खामखा हमारा ठेकेदार बना बैठा है।"

उस दिन पता नहीं क्यों, नासिरा उन्हें पहली बार अपनी बीवी कम गैरमुल्की ज्यादा लगी थी। इस बदली नजर को नासिरा ने ताड़ लिया था। हाले दिल जानकर हँस पड़ी थी। उसी खिलखिल उजास में पूछ बैठी थी, "और जो आनेवाला मेहमान है, वो किस मुल्क का होगा?" उनसे जवाब देते न बना था। कई दिनों तक नासिरा से आँखें चुराते फिरे थे।

उनका बेटा बड़ा हो रहा था और उनकी जिम्मेदारियाँ भी बढ़ती जा रही थीं। नासिरा को अभी तक भारत की नागरिकता नहीं मिली थी। उसे अपना वीजा रिन्यू कराने के लिए बार-बार पाकिस्तान जाना पड़ता। इस बार जब वह पाकिस्तान गई तो उसी दौरान दोनों मुल्कों के बीच हालात बेहद खराब हो गए। दोनों ओर से

आवाजाहियों पर पाबन्दी लग गई। ये सोच-सोच कर उनका कलेजा मुँह को आ लगता कि वे फिर एक-दूसरे से मिल पाएँगे या नहीं? फोन से बात होने पर नासिरा फूट-फूटकर रोती और उनके बगैर जान दे देने की कसम खाती, "आपसे मिल ना पाई न, तो अल्लाह कसम मैं जी ना पाऊँगी।" उनकी रुलाई छूट जाती। वह भर्राए गले से नासिरा को तसल्ली देते, "अल्लाह पर भरोसा रख! वह जल्द ही कोई न कोई राह निकालेगा। इंशाअल्लाह तू वापिस आएगी मेरे लिए, हमारे बच्चे के लिए।"

नासिरा उस पार से ही जैसे उनकी हालत को जान जाती और कहीं ज्यादा फिक्रमन्द हो आती। फुसफुसाते मगर संजीदा लहजे में नसीहत देती, "आप अपना खयाल रखिएगा। सुना है, हिन्दुस्तान में मन्दिर-मस्जिद मसले पर कोर्ट का फैसला आनेवाला है। लोग कह रहे कि उधर हालात ठीक नहीं हैं। अम्मी-अब्बू फिक्रमन्द हो रहे हैं कि हिन्दुस्तान में मुसलमानों की खैर नहीं। मेरा तो ये सब सोच-सोचकर जी घबरा रहा है जी। मौका मिले तो आप इधर ही आ जाओ।" वह सनाके में डूबे बड़ी देर तक नासिरा की बातें सुनते रहे। वह बेहद परेशान और दहशतजदा थी, उसे यकीन से कुछ भी यकीन दिलाना मुमकिन नहीं जान पड़ रहा था। पहले की तरह वह गैरमुल्की नहीं, उनकी बीवी लग रही थी।

उस दिन से वह वाकई बेहद डरे हुए हैं। अपने दाएँ-बाएँ, आगे-पीछे सबको शक की निगाह से देखते हैं और ये जानने की कोशिश करते हैं कि कौन उन्हें मार सकता है? हाँ, कुछ अर्से से वह अपने हिन्दू दोस्तों में अजीब बदलाव महसूस कर रहे थे, लेकिन इसे दिल का भरम सोचकर ये खयाल झटक देते रहे हैं। उन्होंने गौर किया था कि वे दोस्त पहले की तरह उनके साथ खुलकर ठहाके नहीं लगाते थे। न किसी बात पर उन्हें छेड़ते थे, न ही उनका मजाक बनाते थे। बल्कि उन्हें पास आता देख ये दोस्त या तो चुप हो जाते या किसी बहाने से बात बदल देते। एक बार उन्होंने तिवारी से पूछा भी था, "क्या बात है अब तुम लोग पहले की तरह मेरे साथ खुलकर नहीं मिलते-बतियाते? कोई गुस्ताखी हो गई है क्या?"

"ऐसी तो कोई बात नहीं।" थोड़ा झिझकते हुए तिवारी ने सफाई दी थी, "डर लगता है, पता नहीं तुम किस बात का बुरा मान जाओ?"

"डर और मुझसे!" उनका चेहरा स्याह हो आया था, "तुम कहीं मुझे भी आतंकवादी तो नहीं समझने लगे हो?"

उनकी आवाज गीली थी या आँखें, कहना मुश्किल। वह खुश्क मौसम का एक नम दिन था। तिवारी बिना कुछ बोले फिस्स से हँस पड़ा था। कितनी हँसियाँ उन्होंने साथ हँसी थीं, कितने मजाक उन लोगों ने साथ उड़ाए थे। वे सब तो कभी पराए नहीं लगे? तिवारी की वह हँसी गहरे तक धँस गई थी। जी में आया था, कसकर एक धौल जमाए और कहे, "स्साले, क्या मजाक करता है?" लेकिन जबान तालू से चिपक गई थी। ऐसा क्या था कि पहले जैसी बेलौस आवाज तक

न निकली? वह थके कदम और बोझिल मन से घर लौटे थे। उस रात नासिरा का फोन आया था तो वह डरे-डरे से थे। नासिरा बेटे के बारे में बता रही थी, "आपको बहुत याद करता है। दिन-रात एक ही रट, अब्बू के पास जाना है। अब्बू के पास जाना है।" खुदा जाने नासिरा बेटे के बहाने अपने ही दिल का हाल तो नहीं बयाँ कर रही? वह बेखुदी में बोल गए, "नासिरा, हम अपने बेटे को आतंकवादी नहीं बनने देंगे।" देर से जमा गुबार बेकाबू हो गया था। वह बेसाख्ता रो पड़े थे। दूसरी ओर से नासिरा की बेतरह कलपती आवाज पछाड़ें खा रही थी, "क्या हुआ? क्या हुआ? सब खैरियत तो है? खुदा के लिए खुद को सँभालिए। आप कमजोर पड़ेंगे तो हमारा क्या होगा? बेटू का, मेरा आपके इलावा और कौन है?"

दोनों ओर हिचकियाँ थीं। सिसकियाँ थीं। बेबसियाँ और लाचारियाँ थीं। वह बुरी तरह डरे हुए थे। पहली बार उन्हें लग रहा था कि बिना गलती, बिना वजह भी कोई किसी को मार सकता है। इस बिना पर भी वह मारे जा सकते हैं कि वह मुसलमान हैं। नहीं, हिन्दू होने की वजह से भी कोई मारा जा सकता है। मारे जाने के लिए किसी न किसी मजहब का होना ही काफी है। वह रात बगैर नींद के गुजरी थी। फजर की अजान कानों में पड़ते ही उठ बैठे थे। हाथ उठाकर दुआ माँगी थी और गुनाहों की माफी की फरियाद की थी। सुबह खूब चमकीली थी। किरनों में तपिश आए, उससे पहले ही वह मौलवी मोहतरम अकरम अहसन से मिल लेना चाहते थे। यकीनन, इस वक्त वह ज्यादा मसरूफ नहीं होंगे। उन्हें उम्मीद थी कि वह पूरी बात संजीदगी से सुनेंगे और उनकी गुजारिश पर गौर फरमाएँगे।

मौलवी मोहतरम मस्जिद के बरामदे में ही बैठे मिल गए। अपनी पूरी धज में खूब फब रहे थे। लम्बी सुफेद दाढ़ी, अलीगढ़ी कुर्ता-पायजामे में इस कदर तरोताजा दिख रहे थे मानो सीधे लांडरी से चले आए हों। सर पर तुर्की टोपी और दाहिने हाथ में तस्बीह। दिल उनके नूरानीपन से रौशन हो गया। आदाब अर्ज कर उन्होंने सीधे मकसद की बात की, "जनाब, मैं अपना मजहब छोड़ना चाहता हूँ। बताइए मुझे क्या करना होगा?"

मौलवी मोहतरम की आँखें फैलीं, सिकुड़ीं और कान के पास की नसें तड़कती जान पड़ीं। उन्होंने पलकें झपकाईं, आँखें मींचीं और गोया खुद को यकीन दिलाने की गरज से गरज पड़े, "मियाँ, होशो-हवास में तो हो? पता भी है, तुम क्या कह रहे हो?"

"मौलवी साब, पूरी तरह होशो-हवास में हूँ। बस, मैं खुद को इस मजहब से अलग करना चाह रहा हूँ।"

"काफिर होने का इरादा है क्या?"मौलवी मोहतरम के तेवर तल्ख थे, "सोचा है, इसका अंजाम क्या होगा?"

"कुछ भी हो जान तो बचेगी।" उनकी बेबसी जाहिर थी।

मौलवी मोहतरम ने पहलू बदला। सामने से आते मजीद मियाँ पर नजर पड़ते ही आवाज लगाई, "मजीद मियाँ, आपके दोस्त की तबीयत दुरुस्त नहीं लगती। जरा इन्हें सँभालिए। सुबह-सुबह मेरा दिमाग खराब करने आ गए।"

वह समझ गए कि मौलवी मोहतरम उनका तमाशा बनाने पर आमादा थे। लिहाजा वह भी तन गए। मजीद मियाँ सारा हाल जानकर अफसोसनाक लहजे में बोले, "क्या हुआ? किसी ने धमकाया? डराया? मजहब छोड़ने की कोई वजह तो होगी?"

"नहीं, किसी ने डराया-धमकाया नहीं। बस मुझे डर लगने लगा है कि कोई मुझे मार देगा। और मैं मरना नहीं चाहता। मजहब के नाम पर तो कतई नहीं।" वह एक साँस में बोलते हुए जैसे किसी खूँरेजा मंजर से मुकाबिल थे। खौफ आँखों में तिर आया था।

मजीद मियाँ नें उन्हें कन्धों से सँभाला और कातर स्वर में तड़प उठे, "ऐसे डर कर थोड़े न जिया जाता है। वे एक मारेंगे, तो हम दो मारेंगे।"

"खुदा के लिए मरने-मारने के बजाय ये बताइए कि मेरा मजहब मेरी जान बचा सकता है या नहीं?" उन्होंने दो टूक पूछा।

मौलवी मोहतरम का सब्र जवाब दे गया। वह फट-से पड़े, "मियाँ, ये गारंटी तो कोई नहीं दे सकता। हमें लगता है, आपका दिमाग हिल गया है। जाइए, पहले किसी डाक्टर से इलाज कराइए।"

वह एक लाचार हँसी ओढ़े, मजीद मियाँ की पकड़ छुड़ाकर मस्जिद से बाहर निकल आए। मौलवी मोहतरम, मजीद मियाँ और मस्जिद के साए उनके साथ घर तक साथ आ गए। वह काफी देर तक खुद से जूझते रहे। नजात न मिलने की सूरत में घर से बाहर निकले और महावीर मन्दिर की ओर चल पड़े। शायद वहाँ सुकून मिले। मुमकिन है कोई माकूल जवाब मिले। हवा गर्म होने लगी थी। धूप का ताप चढ़ गया था। आँखों के सामने सुबह चिलकने लगी थी। इससे पहले कि पाँव जलने लगें, वह मन्दिर के साए में पहुँच जाना चाहते थे।

मन्दिर में इक्के-दुक्के लोगों का ही आना-जाना दिख रहा था। बड़े से अहाते में जितने दरख्त नहीं थे, उससे ज्यादा सूखी पत्तियाँ थीं। पता नहीं ये पत्ते सफाई से पहले के थे या बाद के। वह दबे पाँव पत्तों से बचते-बचाते मन्दिर के करीब पहुँच गए। महावीर जी की मूर्ति अन्दर बड़े से हॉल में थी। हॉल के बाहरी बरामदे में फर्श पर बैठे पुजारी जी अपनी नंगी पीठ एक खम्भे से टिकाए खुद भी किसी मूरत के मानिंद ही लग रहे थे। उनकी आँखें कहीं दूर आते किसी आगंतुक पर लगी थीं या वे शून्य में ध्यानस्थ थे, यह अनुमान लगा पाना कठिन था। ऐसी दिव्य व भव्य काया कि बस किसी सम्मोहक खिंचाव के वशीभूत वह सीधे पुजारी जी के सामने जाकर अदब से खड़े हो गए, "पंडित जी, प्रणाम!"

पुजारी जी चिहुँके। पलकें झपकाईं मानो सपना टूटा हो। अलस उनींदेपन में उबासी ली, "जय बजरंगबली! कहिए, कैसे आना हुआ?"

"पंडित जी, मेरा नाम सफदर खान है। मैं अपना मजहब छोड़ना चाह रहा हूँ।" उनकी आवाज पुरनम थी जैसे किसी गहरी बावड़ी से आ रही हो।

"तो मुझसे क्या चाहते हैं?" पुजारी जी की खुश्क आँखों में चमक दिखी। उनींदी आँखें जागृत हुईं।

वह पुजारी जी के थोड़ा और करीब आए ताकि उनकी धीमी आवाज सुनने में पुजारी जी को दिक्कत न हो। फिर राजदराना स्वर में बोले, "मुझे डर है कि मुसलमान होने के कारण कोई मुझे मार सकता है।"

दाएँ-बाएँ सतर्क निगाहों से मुआयना करते पुजारी जी ने तत्काल समाधान पेश कर दिया, "बेहतर होगा कि आप हिन्दू बन जाइए! हम आपकी घर वापसी का स्वागत करेंगे।"

उन्होंने इत्मीनान की साँस ली गोया इतने दिनों से सांसत में फँसी जान को एकबारगी सुकून मिला हो। आँखों में बीवी, बेटे के चेहरे एक साथ कौंधे। ठीक इसी वक्त मौलवी मोहतरम की जलती आँखें भी याद आईं। उन्होंने उत्साह से भरकर पुजारी जी से पूछा, "पंडित जी, फिर तो कोई मुझे नहीं मारेगा? मैं....मेरी फैमिली सुरक्षित तो रहेगी?"

पुजारी जी ने आश्चर्य से उनकी ओर देखा, "क्या महराज, आप मुझसे जान की गारंटी माँग रहे हैं? तो बताइए भला, कोई गारंटी कैसे ले सकता है?"

अकबकाए पुजारी जी को वह लाचारी से देखते रहे। दोनों के बीच अविश्वास का आयतन चौड़ा हो गया था। अचानक जैसे नीम सन्निपात में वह बड़बड़ा उठे, "न मेरा मजहब मेरी जान बचाने को राजी है, न आपका धर्म मेरी जान बचाने को तैयार है, तो बताइए, मेरे जैसे लोग क्या करें? कहाँ जाएँ?"

लगा कि वह किसी बियाबान में फँस गए हैं। दिशाहीनता के आलम में भटकते हुए वह सीने में घुमड़ती रुलाई रोक न पा रहे हों। उनकी यह हालत देख पुजारी जी ने थूक घोंटा। माथे पर चुहचुहा आए पसीने को पोंछने के बहाने धोती के छोर में चेहरा घुसा लिया।

वह उल्टे पाँव लौट चले। धूप सर पर चढ़कर अगिया बैताल हुई जा रही थी। सड़क अभी से सूनी पड़ गई थी। भाँय-भाँय करते इस दिन के चमकीले उजाले में भी दिल डूबा जा रहा था। अपने ही शहर की अजनबीयत उन्हें गिरफ्त में कसती जा रही थी।

वह अब भी डरे हुए थे। इस डर से निजात की कोई सूरत नजर नहीं आ रही थी।

अथ कथा बजरंग बली

बजरंग बिहारी तिवारी और बजरंग बली दोनों एक ही थाने में विराजमान थे।

बजरंग बिहारी तिवारी इस थाने में अपनी पोस्टिंग को बजरंग बली की कृपा मानते थे। इसकी वजह यह थी कि इस थाने की थानेदारी के लिए बोली की अन्तिम रकम चुका देने के बावजूद पोस्टिंग शर्तिया मिल ही जाएगी यह कोई पक्के विश्वास से नहीं कह सकता था। जिले का मालदार थाना होने के कारण इस पर एसपी, डीएम से लेकर मंत्री, विधायक तक की नजर गड़ी होती है। कई बार तो सीधे सीएम के हस्तक्षेप से यहाँ थानेदार की नियुक्ति होती रही है। इतने वीआईपी थाने की थानेदारी निर्विघ्न मिल जाना बजरंग बिहारी तिवारी के किसी पुण्य का ही प्रताप था। लिहाजा उन्होंने इसे अपने आराध्य बजरंग बली की कृपा का प्रसाद समझकर थाने में ठीक मंगलवार को ज्वाइन किया और अपने साथ लाए महावीर मन्दिर का नैवेद्यम थाने के सभी मातहतों में वितरित किया।

थाना नेशनल हाईवे के किनारे स्थित था, इसे यूँ भी कहा जा सकता है कि नेशनल हाईवे थाने से होकर गुजरता था। सोन नदी के किनारे होने के कारण थाने की कीमत सोने के भाव थी। यहाँ यह स्पष्ट कर देना जरूरी है कि सोन नदी से सोना कभी नहीं निकला, लेकिन सोने-सा चमकता उसका बालू सोने से कम भी नहीं था। इस बालू के खनन के लिए बड़ी-बड़ी बोलियाँ लगतीं। खूनखराबे होते। बड़े-बड़े लोग इन बोलियों के जितने आगे होते, उतने ही पीछे होते। इस आगे-पीछे के खेल में यह थाना उस सूत्रधार की भूमिका में था, जो खेल के पात्रों को अपनी मर्जी से नचाता है। खनन के लिए आवंटन जितने घन फुट का होता है, बालू ठेकेदार उससे कई हजार घन फुट ज्यादा एरिया में खनन कराते हैं। यह थाने की मर्जी के बिना सम्भव नहीं था। लोग इसे थानेदार-ठेकेदार की मिलीभगत कहा करते हैं। इस मिलीभगत का ही कमाल था कि शुरू-शुरू में जो बालू खनन के ठेकेदार होते थे, अब बालू माफिया कहे जाने लगे हैं। ये माफिया पूरे का पूरा थाना खरीद लेते हैं। मतलब यह कि पूरा का पूरा थाना बिक जाता है। इन माफियाओं में भी थाने को खरीदने की होड़ होती है। अब यह थानेदार के कौशल पर होता है कि वह इन्हें कैसे साधता है। इस थाने की क्या किस्मत थी कि यहाँ पोस्टिंग पाने के लिए भी बोली

लगती थी और माफियाओं को संरक्षण देने के लिए भी होड़ लगती थी। दबी जुबान से तो यह भी कहा जाने लगा था कि यह एक ऐसा थाना था, जिसकी नियति ही बिकाऊ थी। पुलिस महकमे में इस थाने की कीमत साल दर साल, हर साल बढ़ जाती है और उसी हिसाब से बालू खनन का ठेका लेनेवाले ठेकेदारों के लिए भी इसका भाव चढ़ जाता है। खरीद-बिक्री का यह गणित इतना साफ और समझदारी भरा था कि कौन किसे खरीद रहा है और कौन, किसे बेच रहा है, यह फर्क करना मुश्किल था। इस खरीद-बिक्री के अलावा ट्रकों की ओवरलोडिंग से कमाई तो दैनिक दिहाड़ी थी ही, माफियाओं की आपसी लड़ाई के बीच सुलह-समझौते या गिरफ्तारी-रिहाई के बदले होनेवाली कमाई का भी कोई हिसाब नहीं था। जिस गुर्गे की जैसी औकात, उसकी वैसी ही कीमत। यह वह थाना है, जो कानून व्यवस्था बनाए रखने के लिए स्थापित किया गया था, लेकिन वह कानून की धज्जियाँ उड़ानेवालों के साथ खड़ा था, उनको संरक्षण देने के लिए तत्पर रहता था।

बजरंग बिहारी तिवारी को इस बात से कोई फर्क नहीं पड़ता था कि कानून क्या कहता है और माफिया क्या करता है? उन्हें इस बात से भी कोई मतलब नहीं था कि इस थाने की थानेदारी पाने के लिए उन्हें कितनी बड़ी रकम खर्च करनी पड़ी है? उन्हें फिक्र बस इस बात की थी कि इस थाने से ज्यादा से ज्यादा कमाई कैसे की जा सकती है? वह जानते थे कि जब तक कप्तान मेहरबान, तब तक थानेदार पहलवान। कप्तान साहब को हर महीने जो रकम देनी थी, वह किसी बिचौलिये ने नहीं, सीधे साहब ने तय की थी। बजरंग बिहारी तिवारी इस कप्तान की साफगोई के कायल हो गए थे वरना अब तक तो सारे साहेब लोग वाया मीडिया ही लेन-देन करते थे। कंबल ओढ़ के घी पीते थे। यह पहला साहेब था, जो खुल्ला खेल फर्रुखाबाद में विश्वास करता था।

बजरंग बिहारी तिवारी ने थानेदारी का चार्ज लेने के साथ ही जो पहला काम किया, वह यह कि उन्होंने मालखाने का मुआयाना करना तय किया। मुंशी छबिला पासवान ने चाभियों के गुच्छे से एक बड़ी सी चाभी निकाली और लपककर थाने के बरामदे से लगे एक बोसीदा-सी कोठरी के सामने जा खड़े हुए। यह कोठरी ही मालखाना होगी यह अनुमान लगाना कठिन न था। इस कोठरी तक जिसका मालखाना होना सम्भावित था, थानेदार बजरंग बिहारी तिवारी जब तक पहुँचते, मुंशी छबिला पासवान ने उसके दरवाजे में लटक रहे पावभर बड़े ताले में चाभी लगाकर खोलने की भरपूर कोशिश की, लेकिन ताला नहीं खुला। थानेदार को अपने पीछे खड़ा पाकर छबिला पासवान मुड़े और झेंपे लहजे में बत्तीसी निकाल दी, "बुझाता है हुजूर, ताला को मोर्चा (जंग) धर लिया है, तेल डालकर देखते हैं।"

"बहुत दिन से नहीं खुला है क्या?"

"नहीं हुजूर, तलवा ही बहुत पुराना है।"

"नया ताला काहे नहीं लगा?"

"हुजूर, फंडे नहीं था।" छबिला पासवान चाभी लेकर कार्यालय कक्ष की ओर चले गए।

इस बीच एएसआई जरमन सिंह आ पहुँचे। वह जब तक सैल्यूट दागते बजरंग बिहारी तिवारी भिन्नाए, "साला, इतना कमाई, लेकिन एक ताला के लिए फंड की मुहताजगी।"

"सर, पुराना ताला खराब है, यह दिखाए बगैर नया ताला खरीदा नहीं जा सकता, और जब नया ताला खरीदा जाएगा, तो वह किस मद में खरीदा गया, यह भी दिखाना होगा। फिर उस मद में फंड है या नहीं यह भी देखना होता है।"

एएसआई जरमन सिंह ने बड़े उत्साह से नियम-कानून के पेंचोखम का तब्सरा कर दिया। बजरंग बिहारी तिवारी ने प्रशंसा भाव से पूछा, "किस बैच के हैं?"

"दो हजार सत्रह सर।"

मुंशी छबिला पासवान एक शीशी में तेल लेकर आए और चाभी को तेल से नहलाने के बाद तेल की कुछ बूँदें मालखाने के दरवाज़े से लटक रहे पावभर के ताले के छेद में भी डाल दी। बजरंग बिहारी तिवारी इस पूरी कवायद को बड़े धैर्य और उत्सुकता से देख रहे थे। छबिला पासवान ने अपने साहब की मन:स्थिति को भाँपते हुए ताले में चाभी डालकर जोर का जयकारा लगाया, "जय बजरंग बली।"

बजरंग बली ने कोई मदद नहीं की। दरवाजे पर लगा पावभर का ताला मुँह चिढ़ा रहा था। छबिला पासवान की तत्परता और बुद्धिमत्ता धरी रह गई थी, जिससे उनके चेहरे का रंग फीका पड़ गया था। अब तक कई सिपाही, हवलदार और यहाँ तक कि ड्यूटी पर तैनात संतरी भी वहाँ आ जमे थे। कई तरह के सुझावों का अन्तिम परिणाम यह था कि इस पावभर के जिद्दी ताले को तोड़ दिया जाए। ताले को तोड़ने के लिए जब तक कोई हथौड़ा लाने को कहता, हवलदार बबन शर्मा एक मोटा रॉड उठा कर लाए और आवेग भरी आवाज में बोले, "ई रडवा से एक ही झटका में तलवा मुँह बा देगा। लाइए, देखते हैं हम।"

बजरंग बिहारी तिवारी मन-ही-मन रामायण का वह प्रसंग याद कर मुस्कराए, जब शिव धनुष तोड़ने के लिए महाबलियों में होड़ लगी थी। ठीक इसी वक्त अनुभव सम्पन्न मुंशी छबिला पासवान मन-ही-मन मुस्कराए, "जियो बाबू बबन शर्मा... साहेब से सटे का उपाय निकाल लिए।"

बबन शर्मा ने जंग खाए उस पावभर के ताले में मोटे रॉड का एक सिरा फँसाया और भरपूर ताकत से चिल्लाए, "बोल बजरंग बली की जय!"

इस बार ताले की मोटी अंकुसी ताले की पकड़ से छूटकर दरवाजे की कुंडी में अटकी पड़ी थी। बबन शर्मा ने विजयी भाव से सबको देखा और बजरंग बली तिवारी से मुखातिब होकर बोले, "हुजूर, बजरंग बली की कृपा से ताला टूट गया।"

"सही बोले आप, बजरंग बली की कृपा हो तो हर संकट मिट जाता है।" बजरंग बली तिवारी ने मुंशी छबिला पासवान को टोका, "मिस्लेनियस मद से एक नया ताला अभी मँगवाइए।"

मालखाने का दरवाजा जैसे ही खुला गुमसाइन हवा का भभका नथुनों में घुसता चला गया। अन्दर अँधेरे की एक गाढ़ी स्याह चादर पसरी हुई थी। बबन शर्मा ने इस सड़ी हवा और गाढ़े अँधेरे की परवाह किए बगैर मालखाने के अन्दर घुसकर स्विच बोर्ड तलाशा। प्रवेश द्वार के ठीक बाएँ लगे स्विच को कई बार पुटपुटाया, लेकिन कोई रौशनी नहीं हुई, "बल्ब फ्यूज बुझाता है, सर।"

इससे पहले कि बजरंग बिहारी तिवारी बल्ब लाने का आदेश देते, मुंशी छबिला पासवान बोल पड़े, "हम खरीद कर लाते हैं सर।"

थाने के सामने सड़क के उस पार किराने की एक दुकान थी, जिसमें गुड नाइट, बल्ब आदि भी मिल जाते थे। मुंशी जी लपक कर दुकान की ओर भागे। बजरंग बिहारी तिवारी ने इर्द-गिर्द जुट आए पुलिसकर्मियों पर नजर दौड़ाई। एक-एक कर सभी बिखर गए। बबन शर्मा रॉड लिए दिए जाने को उद्धत दिखे तो बजरंग बिहारी तिवारी ने टोका, "शर्मा जी...आप ब्राह्मण हैं?"

"नहीं हुजूर, जात के बढ़ई हैं।"

"बढ़ई होकर भी बजरंग बली के भक्त हैं।"

"हुजूर, जात-पाँत पूछे नहीं कोई, हरि को भजे सो हरि का होई।"

बबन शर्मा ने बजरंग बिहारी तिवारी को लाजवाब कर दिया था। उन्होंने बबन शर्मा को प्रशंसा भाव से देखा। बबन शर्मा को समझते देर न लगी कि साहेब की कृपा अब बरसी कि तब बरसी।

मुंशी छबिला पासवान नयानकोर स्टील का एक बड़ा-सा ताला और सौ वाट का बल्ब लेकर लौटे। बबन शर्मा ने मुंशी जी को कोई मौका दिए बगैर बल्ब उनके हाथ से झपट लिया। मुंशी जी बबन शर्मा की इस हड़बड़ी पर नहीं, उनकी चालाकी पर कसमसा कर रह गए। बबन शर्मा उस गाढ़े अँधेरे को चीरते हुए मालखाने के अन्दर घुसे और एक हाथ लम्बे चीकट तार से लटक रहे होल्डर में बल्ब को खोंस दिया। टटोल कर स्विच ऑन किया। सौ वाट का बल्ब भक से जला और जादू की मानिंद अँधेरे की काली चादर में लिपटा मालखाना रोशन हो गया। चुंधियाई आँखों से बबन शर्मा ने सबसे पहले जो नजारा देखा, उससे उनकी आँखें फटी रह गईं। ठीक सामने धूल-गर्द से अंटी एक प्रतिमा लुढ़की हुई थी। बबन शर्मा ने झट से प्रतिमा को उठाया और उसे अपने गमछे से पोंछते हुए बोले, "हुजूर, ई तो बजरंग बली की प्रतिमा है।"

"अरे, बजरंग बली? यहाँ कैसे?" बजरंग बिहारी तिवारी भी बबन शर्मा से कम हैरान न थे।

मुंशी छबिला पासवान ने तपाक से जवाब दिया, "कोई बरामदगी होगा, हुजूर।"

बजरंग बली तिवारी ने मुंशी जो को घूरा, "मुंशी जी, इतनी समझ हमें भी है।"

मुंशी जी झेंप गए। बबन शर्मा मालखाने में तार से लटकते बल्ब के ठीक नीचे खड़े, हाथ में बजरंग बली की प्रतिमा लिए, बजरंग बिहारी तिवारी के अगले आदेश की प्रतीक्षा में थे। बजरंग बिहारी तिवारी ने प्रतिमा को गौर से निहारा, यह अष्टधातु की बनी प्रतिमा थी। हाथ में गदा उठाए बजरंगबली के नेत्र बिल्कुल सामने थे, जैसे हर देखनेवाले को लगे कि बजरंगबली उसे ही देख रहे हैं। इसी चमत्कार के वशीभूत बजरंग बिहारी तिवारी ने श्रद्धाभिभूत हो हाथ जोड़े और हुलस कर मुंशी जी से दरयाफ्त किया, "बजरंग बली की प्रतिमा की बरामदगी कब...कैसे हुई...सारा रिकॉर्ड निकालिए तो ।"

"सर, हम भी तो यहाँ नये ही हैं...देखते हैं कहाँ है रिकॉर्ड।" मुंशी जी का उत्साह ठंडा पड़ चुका था।

बबन शर्मा प्रतीक्षा की मुद्रा में यथावत् खड़े थे। बजरंग बिहारी तिवारी ने अपना सर मालखाने के अन्दर घुसा कर दाएँ-बाएँ देखा...हर कोने का मुआयना किया और निर्णायक स्वर में बोले, "शर्मा जी, कुछ खास तो नहीं बुझाता है...एक काम करिए, जरा साफ-सफाई कराके चेक कर लीजिये कि सब आइटम मिल तो रहा है?"

बजरंग बिहारी तिवारी निर्देश देकर अपने ऑफिस की ओर बढ़ लिए। बबन शर्मा उनके पीछे-पीछे लपके आए।

"हुजूर, बजरंगबली की यह दुर्दशा देख कर हमारा ह्रदय कलप गया।"

"सही कहते हैं आप...इसे तो किसी मन्दिर में होना चाहिए था।" बजरंग बिहारी तिवारी ठिठके, "पर यह प्रतिमा यहाँ है कब से?"

"रिकॉर्ड...एफ आई आर...बरामदगी...जब्ती मेमो सब देखने से ही कुछ पता चलेगा, हुजूर।" बबन शर्मा रहस्योद्घाटन के लहजे में बोले।

बजरंग बिहारी तिवारी को लगा कि बबन शर्मा उनको कानून सिखा रहे हैं, लेकिन पता नहीं उनमें क्या तो था कि बबन शर्मा पर तल्ख हुए बगैर बोले, "शर्मा जी, ठीक कहते हैं आप।"

मालखाने में बजरंग बली की उपस्थिति थानेदार बजरंग बिहारी तिवारी को संयोग से ज्यादा अवसर जान पड़ा। उन्हें महसूस हुआ कि इस थाने में उनकी पोस्टिंग किसी उद्देश्य से हुई है। शायद बजरंग बली की मुक्ति का वही निमित्त होनेवाले हैं। उस गर्दआलूद मालखाने में जिस बेमुरव्वती से बजरंग बली की प्रतिमा लुढ़की हुई थी उसे सोच कर बजरंग बिहारी तिवारी का संकल्प दृढ़ होता जा रहा था, कि हो न हो अपनी मुक्ति के लिए बजरंग बली ने उन्हें ही चुना है। अपने कक्ष में बैठे मुंशी जी की प्रतीक्षा करते हुए वह अपने अन्दर अद्भुत शक्ति का संचार महसूस कर रहे थे। कोई आभा उन्हें चारों ओर से घेरे हुए थी जैसे किसी अलौकिक रक्षा कवच

ने घेरा डाला हुआ हो। यह जो घट रहा था सब अप्रत्याशित था...अनिर्वचनीय... वाकई इस अनुभव को वह व्यक्त कर पाने में सक्षम नहीं थे...करना भी नहीं चाहते थे...। बजरंग बली ने उन्हें चुना है तो साफ है कि वही उनकी कृपा के पात्र हैं। मुदित मन वह मुंशी जी की प्रतीक्षा में आकुल-व्याकुल हुए जा रहे थे। एक बार को इच्छा हुई कि उन्हें आवाज दें, लेकिन इसी काम के लिए बबन शर्मा भी गए हैं, यह सोचकर चुप रह गए।

मुंशी छबिला पासवान कई फाइलें काँख में दबाए दाखिल हुए। उनके पीछे बबन शर्मा भी नमूदार हुए। छूटते ही बोले, "हुजूर छब्बीस साल पुराना मामला है।"

मुंशी जी ने सारी फाइलें बजरंग बिहारी तिवारी की टेबुल पर उनके सामने इस अन्दाज से रखीं मानो असम्भव को सम्भव किया हो उन्होंने।

फाइलों को गौर से देखते हुए बजरंग बिहारी तिवारी ने मेज को अपने दाएँ हाथ की उँगलियों से बजाया गोया अन्दर कोई धुन उठ रही हो...वरणों रघुवर विमल यश जो दायक फल चार।

बजरंग बिहारी तिवारी के मूड और मंशा को भाँपकर पहले मुंशी जी खिसके, फिर बबन शर्मा।

फाइलें सामने थीं और उनमें बजरंग बली का रहस्य दर्ज था...बजरंग बिहारी तिवारी ने एक-एक कर फाइलों को उलटा-पुलटा, फिर एफआईआर को पढ़ना शुरू किया।

मैं पंडित विभूति पांडेय वल्द स्व. पंडित विरंची पांडेय ग्राम मेहुली, थाना, देहुली सूचित कर रहा हूँ कि मेहुली गाँव के प्राचीन मन्दिर में विराजित बजरंग बली महाराज की अष्टधातु की प्रतिमा विगत रात्रि में चोरी हो गई है। यह मन्दिर काफी जागृत और प्रसिद्ध है। इस मन्दिर में हर मंगलवार और शनिवार को श्रद्धालुओं की अपार भीड़ उमड़ती है। कई कोस दूर से बजरंग बली के भक्त यहाँ जुटते हैं। मैं मन्दिर का पुजारी हूँ और प्रतिदिन नियमित रूप से बजरंग बली की सेवा में रत रहता हूँ। विगत मंगलवार की रात्रि भी संध्या-वंदन, साधु-सत्संग के बाद भव्य आरती सम्पन्न हुई। मन्दिर का पट बन्द करने के बाद प्रतिदिन की भांति मैं अपने घर चला गया। दिनभर की थकान के कारण और प्रात: काल ब्राह्ममुहूर्त में उठने की बाध्यता के कारण जल्द ही सो गया। ब्राह्ममुहूर्त में उठकर अभी नित्य क्रिया के लिए प्रस्थान करने ही वाला था कि बाहर हलचल हुई। कोई मेरे घर का दरवाजा पीट रहा था। घबराया हुआ मैं दरवाजे के पास पहुँचकर बाहर की आहट लेते हुए पूछा, "कौन है...क्या बात है?"

"पंडित जी, हम हैं बलेसर...बलेसर यादव...मन्दिर में कुछ गड़बड़ हुआ बुझाता है।"

बलेसर की आवाज उत्तेजना से भरी हुई थी। उसकी आवाज का असर ऐसा हुआ कि मेरा दिल धड़धड़ बजने लगा। किवाड़ खोलकर बाहर निकला तो देखा बलेसर के पीछे बिरज बहादुर और नागा ठाकुर भी खड़े थे। ये सभी बजरंग बली के अनन्य भक्त हैं। ब्राह्ममुहूर्त में ही अखाड़े में उतर जाते हैं। पूरे बदन पर अखाड़े की माटी पोतकर कसरत-कुश्ती में लग जाते हैं। बलेसर के पीछे खड़े बिरज बहादुर ने बताया, "मन्दिर के किवाड़ की कुंडी टूटी हुई है और ताला गायब है।"

इस मनहूस खबर से तो मेरे होश ही उड़ गए। मन-ही-मन 'कृपा करहुँ गुरुदेव की नाईं' उचारता हुआ मन्दिर की ओर भागा, तो मन्दिर के किवाड़ की उखड़ी कुंडी देखकर मेरी साँस उखड़ने लगी। उसी बाई में सीधे मन्दिर के अन्दर घुसा। सामने आसन सूना था, बजरंग बली की प्रतिमा अपने आसन पर नहीं थी। वह हत्भागा आसन जिस पर बजरंग बली विराजमान थे बहुत भयावह लग रहा था। मेरा ह्रदय फट रहा था...अशुभ की आशंका से आँखें भर आई थीं। इस बीच गाँव में जाग हो गई थी। लोग भागते पराते आए...सभी बजरंग बली की प्रतिमा की चोरी से बहुत क्रोधित थे। बजरंग बली गाँव के रक्षक थे...हम सबका विश्वास है कि बजरंग बली के रहते हमारे गाँव का बाल भी बाँका नहीं हो सकता। हम ग्रामीणों की महोदय से प्रार्थना है कि हमारे आराध्य देव बजरंग बली की प्रतिमा का शीघ्र से शीघ्र पता लगाया जाए, इसके लिए हम आपके अनुग्रही होंगे।

सूचक—

पंडित विभूति पांडेय (पुजारी) एवं मेहुली ग्राम के सभी ग्रामीण।

इसके नीचे आवेदन पर आगे-पीछे पचासों ग्रामीणों के हस्ताक्षर और अँगूठे के निशान थे। बजरंग बिहारी तिवारी इस विस्तृत और स्पष्ट प्रथम सूचना रिपोर्ट को पढ़कर विह्वल हो आए। पुजारी विभूति पांडेय की विद्वत्ता का उन पर इतना गहरा प्रभाव पड़ा, कि उन्होंने मन-ही-मन उनसे मिलने का मन बना लिया। इसी मन:स्थिति के बीच उनकी नजर उस आदेश पर पड़ी, जिसमें इस चोरी की जाँच-पड़ताल का जिम्मा दरोगा रामसजीवन गुप्ता को दिया गया था। रामसजीवन गुप्ता ने अपनी जाँच डायरी में एक-एक बात का विस्तार से जिक्र किया था। एक-एक स्थिति का सूक्ष्म विवरण दिया था। बजरंग बिहारी तिवारी इस आईओ (जाँच अधिकारी) की दक्षता, बुद्धिमत्ता और कार्य कुशलता के कायल हो गए। वह सारी जानकारी पढ़ते हुए महसूस कर रहे थे कि जैसे सारा घटनाक्रम उनकी आँखों के सामने से गुजर रहा हो।

घटनास्थल बजरंग बली का मन्दिर मेहुली गाँव के पूरब पुरनका पोखरा के निकट स्थित है। यहाँ से गाँव की दूरी आधा फरलांग के करीब है। मन्दिर का मुख्य द्वार उत्तर की ओर है, इसके सामने पोखरा का घाट है। मन्दिर के दक्षिण में

भीटा है। पूरब में मेहुली गाँव है। मन्दिर के पश्चिम में अखाड़ा है। इस अखाड़े में कसरत-कुश्ती के लिए आए बलेसर वल्द रमेसर, बिरज बहादुर वल्द राम बहादुर और नागा ठाकुर वल्द नथुनी ठाकुर ने सबसे पहले मन्दिर के द्वार की कुंडी टूटी हुई देखी। इनका बयान लेने के बाद मन्दिर के पुजारी पंडित विभूति पांडेय का विस्तृत बयान लिया गया। कुछ ग्रामीणों के भी बयान दर्ज थे, जो कमोबेश एक जैसे थे। रामसजीवन गुप्ता ने अपनी जाँच के एक-एक ब्योरे को बिन्दुवार रखा था, जिसे पढ़ने में बजरंग बिहारी तिवारी की कोई रुचि नहीं रह गई थी। वह अब सीधे बजरंग बली की प्रतिमा की बरामदगी के बारे में जानने को उत्सुक थे।

बजरंग बली की प्रतिमा चोरी मामले में कोई प्रगति नहीं होने के कारण आईओ बदल दिया गया था। नये आईओ थे दरोगा गुलाब सिंह। गुलाब सिंह ने जाँच का प्रभार मिलते ही दबिश तेज कर दी। किसी सन्दिग्ध के बारे में मुखबिरों से सूचना मिलते ही गुलाब सिंह दल-बल के साथ उसके घर में घुस जाते। उनकी दबिश जैसे-जैसे तेज होती जा रही थी, मेहुली के ग्रामीणों की बेचैनी बढ़ती जा रही थी। ताबड़तोड़ दबिश का परिणाम यह हुआ कि रजौली गाँव के बाहर वाले भुतहा कुआँ में बजरंग बली की प्रतिमा फेंकी हुई मिली। थाने को यह सूचना चौकीदार बिसनाथ गोसाईं ने दी। दरोगा गुलाब सिंह चार सिपाहियों को साथ लेकर रजौली के लिए रवाना हुए। गाँव के सीमान पर स्थित भुतहा कुआँ को घेरे ग्रामीणों की भीड़ जमा थी। पुलिस को देखकर भीड़ ने हहराते शोर के बीच जयकारा लगाया, "बजरंग बली की जय!"

गुलाब सिंह बजरंग बली के जयकारे और भीड़ के बीच से होते हुए भुतहा कुएँ के जगत पर पहुँचे। झुककर अन्दर झाँका। कुआँ सूखा हुआ था...दीवारें काई और समय के थपेड़ों से काली-भूरी हो गई थीं। बीच-बीच में दरारें फटी हुई थीं, जिनसे निकल आए जंगली पौधे एक-दूसरे से उलझे पड़े थे। बजरंगबली की प्रतिमा इन जंगली पौधों को तहस नहस-करते हुए नीचे मिट्टी, काई और कचरे के ढेर पर चारों खाने चित पड़ी थी। गुलाब सिंह ने चौकीदार बिसनाथ गोसाईं को कुएँ में उतरने का आदेश दिया तो वह गिड़गिड़ा पड़ा, "हुजूर हम तैरना नहीं जानते हैं... हमको तो माफे कीजिए!"

सिपाही सरवन पंडित ने हँसी उड़ाते हुए टहोका लिया, "एकदमे बुड़बक हो क्या जी? रस्सी बाँध के उतरो न! हम लोग ऊपर से पकड़े रहेंगे।"

गुलाब सिंह मन-ही-मन मुस्कराए। तनाव के बीच ऐसे क्षण बहुत कम ही आते हैं, जब ऐसी चुहल का अवसर मिलता है। तभी ग्रामीणों की भीड़ में से किसी ने उपाय सुझाया, "निस्पेटर साहब, रघुआ पासी कुआँ में उतरे का एक्सपर्ट है, ओही से कहिये...तुरन्ते काम हो जाएगा।"

यह सुझाव काम कर गया। गुलाब सिंह ने रघुआ पासी को पास बुलाकर

बजरंग बली की प्रतिमा निकालने को कहा तो उसने निरपेक्ष भाव से जवाब दिया, "जोखिम का काम है। अइसे ही थोड़े होगा।"

"तब कइसे होगा रे?" कन्धे पर राइफल टाँगे सिपाही जोरावार सिंह ने घुड़की दी।

"एक लबनी ताड़ी लगेगा।" रघुआ पासवान पर घुड़की का कोई असर नहीं हुआ था, उलटे वह ज्यादा ढीठ लग रहा था।

गुलाब सिंह ने हड़काया, "ढेर भाव खाएगा तो खींचकर ले जाएँगे थाना!"

रघुआ पासी बिना कुछ बोले मुड़ा और वापस जाने लगा, तो गुलाब सिंह हड़बड़ाए। इससे पहले कि रघुआ पासी भीड़ में गुम हो जाए वह नरम स्वर में बोले, "साला, मजाक न कर रहे थे (यह कहते हुए उनका मन कुहक रहा था। खून के घूँट निगलते हुए चेहरे का हास्य विकृत हो गया था), चल तोरा ताड़ी पक्का रहा।"

पुलिस वह भी गुलाब सिंह जैसे दरोगा की यह बेबसी वहाँ जमा गरीबों ने आश्चर्य से देखी। उनकी नजर में पहली बार रघुआ पासी के प्रति सम्मान का भाव जागा। रघुआ ने विजयी मुद्रा में ग्रामीणों को देखा और पलक झपकते कुएँ में उतर गया। कंटीली झाड़ियों और काई भरी दीवार पर पैर जमाते हुए वह कुएँ की तली तक पहुँच गया। कुएँ की जगत से झाँकते गुलाब सिंह और सभी सिपाही रघुआ को गौर से देख रहे थे। रघुआ पासी कुएँ की दीवारों पर अपने दोनों पैर जमा कर, उलटा लटका और दाहिने हाथ को नीचे ले गया...लेकिन प्रतिमा हाथ नहीं आई। फिर वह थोड़ा और नीचे सरका। इस बार बजरंग बली की प्रतिमा हाथ में आ गई। उसने कमर में बँधी रस्सी खोलकर गिरह बनाई और प्रतिमा की गर्दन में फँसा दी। गिरह कसकर जोर से चिल्लाया, "हुजूर, खींचना पड़ेगा।"

इससे पहले, कोई कुछ समझता राघुआ ने रस्सी का दूसरा सिरा ऊपर उछाल दिया। उस सिरे में लोहे का दाब बँधा था। सरवन सिंह और जोरावार सिंह ने एक ही साथ रस्सी लपकनी चाही। लेकिन कोई पकड़ नहीं पाया। रस्सी मुँह चिढ़ाती हुई रघुआ के पास लौट गई। गुलाब सिंह का सब्र जवाब दे गया। सिपाहियों पर झल्लाए, "साला, एक काम ढंग से नहीं होता है।"

अगली कोशिश में रस्सी का दूसरा सिरा पकड़ में आ गया और धीरे-धीरे खींचते हुए प्रतिमा ऊपर आ गई। रस्सी में गर्दन से बँधी प्रतिमा को गुलाब सिंह ने जगत तक पहुँचते ही पकड़ लिया। उस दिव्य प्रतिमा पर नजर पड़ते ही वहाँ जमे ग्रामीणों ने समवेत स्वर में जयकारा लगाया, "बोल बजरंग बली की जय!"

गुलाब सिंह ने वहीं सीजर लिस्ट तैयार की और कुछ ग्रामीणों से गवाह के रूप में दस्तख्त कराया। सारी औपचारिकता पूरी करते हुए गुलाब सिंह के चेहरे पर तोष का भाव था, कि उन्होंने चोरी गई बजरंग बली की प्रतिमा बरामद कर ली थी। थाना लौटते हुए वह बड़ी कामयाबी के गर्व से भरे हुए थे।

बजरंग बली की प्रतिमा मिल गई है, यह खबर जंगल की आग की तरह फैली। बालू के ठेकेदारों से वसूली करनेवाले सारे पत्रकार थाने में आ धमके। अगले दिन अखबार में खबर छपी, उधर मेहुली के पंडित विभूति पांडेय और कई नामवर ग्रामीण थाने पहुँच गए। थानेदार मंथली मीटिंग में जिला मुख्यालय गए थे। उनकी अनुपस्थिति में दरोगा गुलाब सिंह ने समझाया, "प्रतिमा ऐसे वापस नहीं मिलती है। कोर्ट का आदेश लेना पड़ेगा।"

पुलिस ने कोर्ट में बजरंग बली की प्रतिमा बरामदगी की रिपोर्ट फाइल की। अष्टधातु की इस प्रतिमा का मूल्य पैंसठ लाख आंका गया। मजिस्ट्रेट महोदय ने आदेश दिया कि प्रतिमा के मूल्य के बराबर राशि जमा करने के बाद उसकी जमानत दी जा सकती है। कोर्ट के इस निर्णय से पंडित विभूति पांडेय के चेहरे पर सफेदी पुत गई। उनके साथ आए ग्रामीणों में से भी किसी की ऐसी हैसियत नहीं थी कि कोई इतनी बड़ी राशि पर बजरंग बली की जमानत ले। आखिरकार बजरंग बली की प्रतिमा देहुली थाने के मालखाने में जमा कर दी गई।

मेहुली गाँव से चोरी हुई बजरंग बली की इस प्रतिमा की पूरी कहानी जानकर बजरंग बिहारी तिवारी गहरे अफसोस से भर गए। साँसें बोझिल हो गई थीं। बजरंग बली की प्रतिमा इतने साल से पुलिस थाने में धूल फाँक रही है और कोई उसका पुरसाहाल नहीं है? सोन बालू से करोड़ों की कमाई करनेवाले इतने बड़े-बड़े ठेकेदार...क्षेत्र के विधायक...सांसद...मंत्री किसी ने सुधि नहीं ली। ठंडी आह भरते वह उठे और अपने कक्ष से बाहर आए। बरामदे के एक छोर पर बबन शर्मा किसी से बतियाते दिखे। बजरंग बिहारी तिवारी पर नजर पड़ते ही वह लपके आए, "क्या हुजूर, कुछ काम था?"

शर्मा जी की विनम्रता और तत्परता के कायल हो चुके थे बजरंग बिहारी तिवारी। उनके नजदीक आते ही उन्होंने मन की बात कही, "शर्मा जी, प्रभुनाथ सिंह ठेकेदार को कल मिलने के लिए सन्देश दीजिये तो ।"

"जी हुजूर!"

प्रभुनाथ सिंह ठेकेदार दोपहर तक पहुँचे। उनके सूमो के पीछे दो बोलेरो भी थाना परिसर में दाखिल हुई। पहली बोलेरो से प्रभुनाथ सिंह ठेकेदार के सिक्योरिटी गार्ड उतरे...फिर सूमो से स्वयं प्रभुनाथ सिंह ठेकेदार निकले। बजरंग बिहारी तिवारी के कार्यालय कक्ष की ओर बढ़ते हुए उन्होंने जोर की हाँक लगाई, "कइसे याद किए थानेदार साहब? क्या हुकुम है, सरकार?"

प्रभुनाथ सिंह ठेकेदार हमेशा की तरह सफेद पैंट-शर्ट और मैचिंग जूते में आपाद-मस्तक झक्कास उजाले की चौंध बिखेर रहे थे। दाहिनी कलाई में मोटा सा कलावा...बाएँ हाथ की कलाई में सुनहरी घड़ी...गले में सोने की चेन के साथ-साथ

नौमुखी रुद्राक्ष की माला साफ नुमायाँ थी। उनकी उपस्थिति से हर्षित थाने के कई सिपाही-दरोगा उनके नजदीक आ जुटे थे। इनमें बबन शर्मा भी थे। लपक कर पास आए और बड़े इसरार से बोले, "आया जाय...साहब आप ही का रस्ता देख रहे हैं।"

प्रभुनाथ सिंह ठेकेदार जैसे ही बजरंग बिहारी तिवारी के कक्ष में पहुँचे, वह उनके स्वागत में उठकर खड़े हो गए, "आइए सिंह साहब...आइए बैठिये।"

"कैसे याद किया, मालिक?" प्रभुनाथ सिंह ठेकेदार ने बैठते ही सीधा प्रश्न किया।

"सिंह साहब, पिछले छब्बीस साल से हमारे मालखाना में बजरंग बली की प्रतिमा रखी हुई है। मुझे लगता है, इस प्रतिमा का उद्धार आप ही कर सकते हैं।"

"हम...हम कैसे कर सकते हैं...कुछ समझा नहीं।" प्रभुनाथ सिंह के चेहरे पर सचमुच उलझन थी।

"प्रतिमा की मुक्ति के लिए पैंसठ लाख की जमानत चाहिए...मैं जानता हूँ, यह रकम आपके लिए कोई बड़ी बात नहीं।"

"क्या बात करते हैं तिवारी जी?" प्रभुनाथ सिंह मालिक से तिवारी जी पर उतर आए, "इतनी रकम मजाक है क्या, आप सोच कैसे लिए?"

"आप बजरंग बली के भक्त हैं...सक्षम हैं।"

"भक्त हैं...इसका मतलब क्या, पैसा लुटाते फिरें?" प्रभुनाथ सिंह अपने पर आ गए थे।

बजरंग बिहारी तिवारी को प्रभुनाथ सिंह से ऐसी अपेक्षा नहीं थी। उन्होंने अन्तिम आशा से प्रभुनाथ सिंह को देखा, "सिंह साहब, यह पुण्य का काम है।"

प्रभुनाथ सिंह उठ खड़े हुए, "कोई और सेवा हो तो बोलिएगा। आपका खर्चा-पानी में कुछ बढ़ाना हो तो आदेश कीजिए!"

इस बार बजरंग बिहारी तिवारी नहीं खड़े हुए। उन्हें प्रभुनाथ सिंह के व्यवहार से गहरा झटका लगा था। गिलास उठाकर घूँट-घूँट पानी पीते हुए निराशा को घुलाते रहे। बबन शर्मा बेधड़क कक्ष में आ घुसे। उन्हें देखते ही बजरंग बिहारी तिवारी फट पड़े, "ई साला ठेकेदार सब एक नम्बर हरामी होता है। इतना अवैध कमाई करेगा लेकिन पुण्य का एक काम नहीं कर सकता। देखिएगा शर्मा जी, हराम की कमाई हराम में चली जाएगी। बजरंग बली सब देख रहे हैं।"

बबन शर्मा को समझते देर न लगी कि बजरंग बिहारी तिवारी अपने-आप में नहीं हैं। उनके मन की पीर को सहलाने के लिहाज से बोले, "हुजूर, जिस दिन बजरंग बली चाह लेंगे उस दिन सारी बाधा दूर हो जाएगी।"

बजरंग बिहारी तिवारी चुप ही रहे। बाहर कुछ हलचल सुनाई पड़ी। बबन शर्मा जायजा लेने के लिए बाहर निकले। लौटे तो उनके पीछे कई पत्रकार थे कैमरा और मोबइल थामे।

"सर, पता चला है कि बजरंग बली की प्रतिमा छब्बीस साल से थाने में कैद है?"

समझते देर न लगी कि यह खबर ठेकेदार प्रभुनाथ सिंह ने लीक की है। बजरंग बिहारी तिवारी ने सोन बालू के ठेकेदारों से कमीशन खानेवाले इन पत्रकारों का मुस्कराकर स्वागत किया, "हाँ सही सुना है आपने। अष्टधातु की प्रतिमा है। पैंसठ लाख कीमत है। कोर्ट ने इतनी ही जमानत राशि पर प्रतिमा को मुक्त करने का आदेश दिया हुआ है।"

"इतने साल में कोई जमानत लेनेवाला क्यों नहीं मिला?" एक तेजतर्रार पत्रकार ने सवाल किया।

"कलयुग...घोर कलयुग...हँस चुगेगा दाना-दुनका, कौआ मोती खाएगा।" बजरंग बिहारी तिवारी ने दार्शनिक मुद्रा में जवाब दिया।

"बजरंग बली को जमानत मिले, इसके लिए आप कुछ क्यों नहीं करते?" कैमरे के पीछे से एक पत्रकार ने पूछा।

"किया था...आज ही ठेकेदार प्रभुनाथ सिंह से अनुरोध किया था कि वह सक्षम हैं, बजरंग बली की जमानत ले लें...पुण्य मिलेगा, परन्तु वह तैयार नहीं हुए।"

बजरंग बिहारी तिवारी के इस जवाब के बाद किसी पत्रकार ने कोई सवाल नहीं किया।

ठीक इसी वक्त बजरंग बिहारी तिवारी ने महसूस किया कि उनके अन्दर जमा अवसाद छंट चुका है। उन्होंने बबन शर्मा से चाय मंगाने की फरमाइश कर दी।

खबर प्रसारित होने के साथ ही बजरंग बली पर बहस शुरू हो गई। समाज का एक तबका बजरंग बली की इस दुर्दशा को लेकर गहरे आक्रोश में था। उसका आरोप था कि प्रशासन की साजिश की वजह से इतने वर्षों से बजरंग बली की मुक्ति सम्भव नहीं हुई। इन लोगों की संस्था 'जय बजरंग समाज' ने थाने में कैद बजरंग बली के उद्धार का संकल्प लिया। इसके लिए संस्था के सदस्यों ने थाना गेट पर धरना देने का ऐलान किया। थानेदार बजरंग बिहारी तिवारी इस ऐलान से इस कदर उत्साहित हुए कि उन्होंने बबन शर्मा को ताकीद कर दी, "ध्यान रखिएगा, किसी को कोई परेशानी न हो।"

"हुजूर, वो तो ठीक है, लेकिन यह धरना-प्रदर्शन तो कोर्ट के आदेश का उल्लंघन है।" बबन शर्मा का अनुभव बोल रहा था।

"वो तो ठीक है, लेकिन क्या पता इसी बहाने सरकार कोई पहल करे।"

"हुजूर, सरकार पहल करेगी तो मामला राजनीतिक हो जाएगा। सब अपना-अपना एजेंडा खेलने लगेगा।"

"शर्मा जी, राजनीतिक एजेंडे के बावजूद राम जन्मभूमि का उद्धार हुआ कि नहीं? सरकार चाह ले तो कुछ भी सम्भव है।" बजरंग बिहारी तिवारी अतिरिक्त उत्साह और उम्मीद से भरे थे।

बबन शर्मा थानेदार बजरंग बिहारी तिवारी के कायल हो गए। मन में किन्तु-परन्तु

के बावजूद बजरंग बिहारी तिवारी से तर्क-वितर्क करना उचित न लगा। दोपहर होते न होते थाने के मुख्य गेट के सामने 'जय बजरंग समाज' के सदस्य धरना पर बैठ गए। संस्था के अध्यक्ष श्रीनारायण हरि ने अपने सम्बोधन में घोषणा की, "हिन्दुओं के इस देश में...हमारे आराध्य महाबली बजरंग बली छब्बीस वर्षों से थाने में कैद हैं। यह हमारे लिए शर्म की बात है। परन्तु अब हम जाग गए हैं। हमारा समाज जाग गया है। जैसे हमने अयोध्या में रामलला को मुक्त कराया वैसे ही हम बजरंग बली को भी मुक्त कराएँगे। इसके लिए हमने आज से धरना कार्यक्रम शुरू किया है। यदि बजरंग बली की शीघ्र मुक्ति नहीं हुई तो हम अपना आंदोलन और तेज कर देंगे।"

अध्यक्ष श्रीनारायण हरि के इस भाषण के साथ ही 'बोल बजरंग बली की जय' का सामवेत घोष पूरे वातावरण में गूँज गया। थाने के अन्दर और बाहर हलचल तेज हो गई थी। थानेदार बजरंग बिहारी तिवारी ने अपने मातहतों को स्पष्ट समझा दिया था, "बजरंग बली के इन भक्तों के धरना में कोई गड़बड़ी न होने पाए।"

जरमन सिंह ने पूछ लिया, "और सर इन भक्तों ने कोई खुराफात की तब?"

बजरंग बिहारी तिवारी को ऐसे कठिन प्रश्न की उम्मीद न थी। फिर भी जवाब तो देना ही था; बोले, "दरोगा जी, हम यहीं हैं...जैसी परिस्थिति होगी...मैं निर्णय लूँगा।"

यह जवाब जरमन सिंह समेत सभी मातहतों के लिए था कि वह उन सभी के बॉस हैं और यह बात उन्हें याद रखनी चाहिए।

ठीक उसी वक्त मोबाइल की बेल बजने लगी। जब तक बजरंग बिहारी तिवारी जेब से मोबाइल निकालते रिंग बन्द हो गई। उन्होंने मोबइल स्क्रीन देखा...कप्तान साहब की कॉल थी। कॉल बैक करने को हुए कि कप्तान साहब की कॉल दुबारा आ गई। उन्होंने कॉल रिसीव करने के साथ ही सैल्यूट दागा, "जयहिन्द, सर!"

मोबाइल पर उधर की बात सुनते हुए बजरंग बिहारी तिवारी अपने कक्ष में चले गए। कप्तान साहब धरना की जानकारी ले रहे थे। बजरंग बिहारी तिवारी अपनी तैयारी और अब तक के हालात का अपडेट देते हुए बोले, "सर, अभी तक तो सब ठीक है...हमारी कोशिश होगी कि शान्तिपूर्वक धरना निबट जाए।"

"इलेक्शन आनेवाला है...हो सकता है मामला लम्बा खिंचे।" उधर से कप्तान साहब ने आशंका व्यक्त की।

"देखते हैं सर, क्या होता है। लॉ एंड ऑर्डर न बिगड़े यह मेरी कोशिश होगी।"

"हाँ, और फोर्स की जरूरत हो तो अगल-बगल के थानों से बुला लीजिएगा।"

"सर!" बजरंग बिहारी तिवारी ने जोरदार आवाज में कहा, "जयहिन्द सर!"

कप्तान साहब से बात समाप्त होने के बाद बजरंग बिहारी तिवारी स्वयं हालात का जायजा लेने के लिए धरना स्थल तक पहुँचे। उन्हें देखते ही धरनार्थियों में हलचल तेज हो गई। श्रीनारायण हरि ने जोरदार ढंग से नारा बुलन्द किया, "बजरंग बली...बजरंग बली।"

भीड़ ने जवाब दिया, "तोड़ दे दुश्मन की नली!"

"बजरंग बली हम आएँगे...कारा से मुक्त कराएँगे!"

बजरंग बिहारी तिवारी इन नारों को मन-ही-मन दुहराते हुए प्रफुल्लित थे। वह 'जय बजरंग समाज' के अध्यक्ष श्रीनारायण हरि के पास आ खड़े हुए। बबन शर्मा और कई सिपाही स्वतः बजरंग बिहारी तिवारी के इर्द-गिर्द जमा हो गए।

"क्या चाहते हैं आप लोग?" बजरंग बिहारी तिवारी ने श्रीनारायण हरि से पूछा।

"बजरंग बली की प्रतिमा की कारागार से मुक्ति।" श्रीनारायण हरि ने दो टूक उत्तर दिया।

"पैंसठ लाख की जमानत राशि जमा कराकर प्रतिमा मुक्त करा लीजिए।" उसी दोटूक लहजे में बजरंग बिहारी तिवारी ने प्रस्ताव दिया।

क्षण भर को श्रीनारायण हरि सकपकाए पर वह पके हुए समाज संचालक थे, ऐंठ कर बोले, "यह हिन्दू धर्म के विरुद्ध साजिश है। हम इस साजिश को चलने नहीं देंगे।"

"अध्यक्ष महोदय, यह साजिश नहीं...कोर्ट का आदेश है।"

"कोर्ट भी हिन्दू विरोधी है। हम ऐसे आदेश को नहीं मानते।" श्रीनारायण हरि अपने असली रंग में आने लगे थे। उनके लहजे में ढिठाई थी।

"ऐसा कीजिए, आप अपनी, माँग लिखित रूप में दे दीजिए हम ऊपर तक पहुँचा देंगे।" बजरंग बिहारी तिवारी बगैर रुके थाना लौट चले।

शाम होते-होते दूसरे दलों ने इस मुद्दे को लपक लिया। उन्होंने 'जय बजरंग समाज' को आड़े हाथों लेते हुए कहा, "कोर्ट के आदेश का सम्मान करने के बजाय यह हिन्दू समाज की भावना भड़काने की चाल है। हम सरकार को चेतावनी देते हैं कि ऐसे समाज विरोधी तत्त्वों के खिलाफ कड़ी कार्रवाई करे, नहीं तो हम भी जवाब देने को बाध्य होंगे।"

बजरंग बली की मुक्ति का मामला गरमाने लगा था। धरना-प्रदर्शन और आरोप-प्रत्यारोप के तीन दिन गुजर चुके थे। इससे पहले कि हालात और बिगड़ें कप्तान साहब स्वयं देहुली थाना आ पहुँचे। पूरे थाने को जैसे बिजली का करंट छू गया...मुस्तैदी...सतर्कता...अनुशासन...सब कुछ चाकचौबन्द। कप्तान साहब के गाड़ी से उतरते ही उन्हें सैल्यूट मारने की होड़ लग गई। बजरंग बिहारी तिवारी उनको लेकर अपने ऑफिस की ओर बढ़े। उधर थाने के सामने धरना दे रहे लोगों ने तेज-तेज नारे लगाने शुरू कर दिए। अचानक जैसे मुर्दा हो रही उनकी उम्मीदों में साँस लौट आई थी।

"बजरंग बली हम आएँगे...कारा से तुम्हें छुड़ाएँगे।"

"तिवारी, इन बजरंगियों से तुमने कोई बात की?" कप्तान साहब ने छूटते ही सवाल किया।

बजरंग बिहारी तिवारी को कप्तान साहब का लहजा नागवार गुजरा। मन मार लेने के अलावा कोई उपाय भी नहीं था।

"सर, बात की, लेकिन वे मानने को तैयार नहीं हो रहे।" बजरंग बिहारी तिवारी का आत्मविश्वास हिला हुआ था।

"यू नो, ये सब राजनीति हो रही है। इसके पीछे ठेकेदार प्रभुनाथ सिंह है।"

कप्तान साहब के इस रहस्योद्घाटन से बजरंग बिहारी तिवारी के चेहरे पर हवाइयाँ उड़ने लगीं। हलक सूखता जान पड़ा। मन-ही-मन उन्होंने बजरंग बली का नाम जपा—जो सुमिरै हनुमत बलबीरा...नाशे रोग हरे सब पीरा।

"प्रभुनाथ सिंह चुनाव लड़ना चाहता है। टिकट के लिए माहौल बना रहा है।" कप्तान साहब ने एक और खुलासा किया।

बजरंग बली तिवारी का चेहरा स्याह पड़ चुका था। किसी तरह खुद को सँभालते हुए बोले, "सर, प्रभुनाथ सिंह सक्षम है। जमानत भर के प्रतिमा मुक्त करा सकता था।"

"तिवारी, विवाद...विभाजन...पोलराइजेशन राजनीति की खुराक है...पता नहीं तुम किस दुनिया में रहते हो...ऐसे तो थानेदारी हो गई।" कप्तान साहब जैसे उन्हें धोने पर उतारू थे।

बजरंग बिहारी तिवारी चुप रहे, साहब से कौन जीत सकता है? साहब एकाएक नरम पड़ गए, "इन धरनार्थियों से मैं बात करता हूँ। उनके नेता को बुलाइए।"

बजरंग बिहारी तिवारी तेजी से बाहर निकले और लौटे तो अपने साथ श्रीनारायण हरि और उनके एक साथी को लेकर आए। उनसे परिचय...प्रणाम के बाद कप्तान साहब ने उनसे बैठने का आग्रह किया।

"श्रीनारायण जी, आप लोग बजरंग बली के भक्त हैं, तो पैंसठ लाख जमा कर बजरंग बली की जमानत क्यों नहीं ले लेते?" कप्तान साहब ने सीधा प्रश्न किया।

"यह सरासर ज्यादती है।" श्रीनारायण हरि तन गए।

"यह कोर्ट का आदेश है...बताइए इसमें ज्यादती क्या है?"

"यह आदेश हिन्दुओं के मामले में ही क्यों आता है...कब्रिस्तान...मजार... वक्फ पर कोर्ट क्यों चुप हो जाता है?" श्रीनारायण हरि तल्ख हो आए थे...आवाज ऊँची हो गई थी।

"देखिए, मैं यहाँ हिन्दू-मुसलमान करने नहीं आया हूँ। हमारा काम है कोर्ट के आदेश का पालन सुनिश्चित करना। आप बोलिये, आप क्या चाहते हैं?" कप्तान साहब ने अपनी आँखें श्रीनारायण हरि के चेहरे पर गड़ा दी थीं।

श्रीनारायण हरि ने पहलू बदला। सामने पुलिस कप्तान था और वह उसके सामने ऐन थाने में बैठे थे। एक बार उन्होंने अपने साथी को देखा, उसे पूरी बातचीत से निरपेक्ष देख घबराहट हुई। उन्होंने स्वयं को संयत करते हुए कहा, "हम क्या

चाहेंगे? हम तो बजरंग बली की प्रतिमा की मुक्ति चाहते हैं।"

"ठीक है, फिर आप एक काम करिए....प्रतिमा की सुरक्षा की गारंटी देकर प्रतिमा ले जाइए।"

कप्तान साहब के इस छुपे तीर को देखकर बजरंग बिहारी तिवारी दंग रह गए। साला साहब आखिर साहब ऐसे ही थोड़े होता है!

कप्तान साहब के इस प्रस्ताव से श्रीनारायण हरि को जैसे बिच्छू ने डंक मारा, वह हकला पड़े, "हम सुरक्षा की गारंटी कैसे ले सकते हैं?"

"अजीब आदमी हैं आप? जमानत की राशि भी नहीं दे सकते...सुरक्षा का जिम्मा भी नहीं ले सकते...लेकिन राजनीति चमकाने के लिए भगवान के नाम पर लोगों की भावनाओं से खेल सकते हैं? कहिये तो प्रेस कॉन्फ्रेंस बुलाकर आपको एक्सपोज करूँ और कोर्ट के आदेश की अवमानना के आरोप में गिरफ्तार कर लूँ?" कप्तान साहब का लहजा ही नहीं तेवर भी सख्त थे।

श्रीनारायण हरि और उनके साथ आए शख्स का चेहरा अचानक सफेद पड़ गया था। कप्तान साहब का उनके सामने बैठकर सामना करना मुश्किल हो रहा था। तुर्की ब तुर्की जवाब देनेवाले श्रीनारायण हरि की जुबान तलवे से चिपक गई थी। उनके साथ आया शख्स भुरभुरी आवाज में बोला, "सर थोड़ा समय दीजिए! हम अपने साथियों से बात विचार करके बताते हैं।"

"ठीक है, आपके पास आज भर का समय है। जो भी निर्णय लें इंस्पेक्टर साहब को बता दीजिएगा।" कप्तान साहब के स्वर में कोई नरमी नहीं थी। भाव... भावना...चेहरा सब सपाट था। इस तरह उस कक्ष में एक डर तना हुआ था, जिसकी गिरफ्त लगातार कसती जा रही थी। श्रीनारायण हरि भारी मन और भारी कदमों से घिसटते हुए कक्ष से बाहर निकल गए। थोड़ी देर थाने का निरीक्षण करने के बाद कप्तान साहब भी रवाना हो गए। जाते-जाते बजरंग बिहारी तिवारी को ताकीद कर गए, "तिवारी ठेकेदार प्रभुनाथ सिंह पर कड़ी नजर रखो !"

"सर!" बजरंग बिहारी तिवारी ने एड़ियाँ बजाते हुए सैल्यूट ठोंका।

कप्तान साहब की गाड़ी जब तक आँख से ओझल नहीं हो गई बजरंग बिहारी तिवारी की साँसें अटकी रहीं। इस विदा, भय और भद पिटने के अहसास से उबरते हुए वह जैसे ही मुड़े सामने बबन शर्मा को देखकर झेंप गए। हालाँकि उनके कक्ष में बबन शर्मा उपस्थित नहीं थे, लेकिन उन्हें लगा कि वह बबन शर्मा के समक्ष बेपर्द हो गए हैं। अपनी इस कमतरी को छुपाने के लिए बोले, "शर्मा जी, चाय पिलाइए।"

उस रात के किसी पहर श्रीनारायण हरि और उनके साथियों ने अपना डेरा उठा लिया था। वे इतनी हड़बड़ी में थे कि उन्होंने दिन के उजाले का भी इंतजार नहीं किया। रात की ड्यूटी पर तैनात संतरी ने जरूर नोट किया था कि उस वक्त रात के ढाई बज रहे थे।

डयूटी पर चढ़ते ही बबन शर्मा ने बजरंग बिहारी तिवारी से पूछा, "हुजूर, समस्या तो जस की तस बनी हुई है?"

"क्या मतलब?" बजरंग बिहारी तिवारी ने प्रतिप्रश्न किया।

"बजरंग बली की प्रतिमा का तो कुछ हुआ नहीं?" बबन शर्मा वाकई चिन्तित नजर आए, "खाया-पिया कुछ नहीं, गिलास तोड़ा बारह आना।"

पता नहीं बबन शर्मा व्यंग्य कर रहे थे, दुख जता रहे थे या नियति को कोस रहे थे। दूसरा समय होता तो बजरंग बिहारी तिवारी खुलकर हँस पड़ते, लेकिन इस वक्त उनकी स्थिति भी बबन शर्मा जैसी ही थी, बजरंग बली की प्रतिमा का उद्धार।

बजरंग बली की प्रतिमा अभी भी मालखाने में कैद थी। लेकिन एक तब्दीली जरूर आई थी कि बजरंग बिहारी तिवारी के आदेश से रोज सुबह मालखाना खोला जाता और प्रतिमा की साफ-सफाई की जाती। यह जिम्मा बबन शर्मा को दिया गया था। बबन शर्मा श्रद्धा भाव से सारे कार्य को अंजाम देते और जब तक बजरंग बिहारी तिवारी आकर बजरंग बली को हाथ जोड़कर प्रणाम न कर लेते, मालखाना खुला रहता। इस बीच अन्य सिपाही, दरोगा भी बजरंग बली का दर्शन लाभ पा चुके होते।

बजरंग बिहारी तिवारी जीप से गश्ती कर थाना लौट रहे थे, जब कप्तान साहब ने कॉल कर लोकेशन पूछा और जवाब मिलते ही सवाल दागा, "तिवारी, तुम्हारे इलाके में धानेश्वर धाम बाबा की हनुमत कथा होनेवाली है। तुमने कोई इनफार्मेशन क्यों नहीं दी?"

"स...स...स...र!" बजरंग बिहारी तिवारी की हवा खिसक गई, "ऐसी कोई सूचना तो नहीं है।"

"नॉनसेंस...तिवारी, लगता है थानेदारी तुम्हारे वश की नहीं है।" कप्तान साहब बड़ी बेमुरव्वती से बरस पड़े, "इन्दरपुरा मठ यह आयोजन करा रहा है। मठाधीश परमेश्वर महाराज का आवेदन डीएम साहब के पास आया है। डिटेल पता करके जानकारी दो।"

बजरंग बिहारी तिवारी का मन डूबने लगा। एक के बाद एक फटकार, पता नहीं कप्तान साहब को क्या हो गया? महीना पहुँचाने में तो कोई कमी हुई नहीं? इस आशंका और आशय को जानकर बबन शर्मा हँस पड़े, "हुजूर, गिरगिट का रंग और अफसर की जात एक।"

लम्बी ठंडी साँस छोड़ते हुए बजरंग बिहारी तिवारी ने ड्राइवर को इंदरपुरा चलने का आदेश दिया।

इंदरपुरा मठ के मठाधीश परमेश्वर महाराज जी अपने आसन पर बैठे कुछ आगंतुकों से बातचीत में मशगूल थे। बजरंग बिहारी तिवारी ने उनके पाँव छूकर श्रद्धा निवेदित की और अपने आने का उद्देश्य बताया। परमेश्वर महाराज अपनी

सफेद दाढ़ी दाहिने हाथ की हथेली में भींचकर मुस्कराए, "क्यों, प्रभुनाथ सिंह ने आपको नहीं बताया? वही तो इस आयोजन के कर्ताधर्ता है। मैं तो निमित्त मात्र हूँ।"

"नहीं महाराज, किसी ने कुछ नहीं बताया। मुझे तो कप्तान साहब से सूचना मिली है, तो दौड़ा-दौड़ा आपके पास पहुँचा हूँ। मेरी कोई सेवा हो तो बताएँ, महाराज?" बजरंग बिहारी तिवारी ने हाथ जोड़े।

परमेश्वर महाराज ने अपनी दोनों आँखें मूँद ली थीं जैसे वह बजरंग बिहारी तिवारी के लिए कोई सेवा तजबीज रहे हों, फिर उन्होंने अर्द्ध निमीलित आँखों से उन्हें देखा और बोले, "थानेदार जी, बजरंग बली स्वयं महाबली हैं, वह किसी की सेवा क्या लेंगे? हाँ, आपकी श्रद्धा है तो एक जून के भंडारा का जिम्मा आप ले लीजिए।"

"जैसी आज्ञा, महाराज!" बजरंग बिहारी तिवारी ने हाथ जोड़े-जोड़े अर्ज किया, "महाराज, एक प्रार्थना है।"

परमेश्वर महाराज ने पूरी आँखें खोल दी थीं। ये आँखें बजरंग बिहारी तिवारी पर गड़ी हुई थीं।

"हमारे थाने में बजरंग बली की प्रतिमा पड़ी हुई है। अनुरोध है कि किसी तरह उनके उद्धार की व्यवस्था हो जाती। आप चाहेंगे तो यह काम हो जाएगा।" बजरंग बिहारी तिवारी लगभग गिड़गिड़ा पड़े।

"बाबा धानेश्वर धाम का यह आयोजन होने दीजिए। मैं स्वयं बाबा से इस बारे में बात करूँगा। बाबा स्वयं बजरंग बली के परम भक्त हैं। उनकी कृपा जरूर होगी।" परमेश्वर महाराज के इस आश्वासन से बजरंग बिहारी तिवारी के सीने पर पड़ा बोझ हल्का हो गया। उन्हें इस बात का कतई मलाल नहीं रहा कि कप्तान साहब ने उन्हें कितना जलील किया है। उलटे उनकी ही वजह से परमेश्वर महाराज से मिलने का अवसर मिला और बजरंग बली की प्रतिमा की मुक्ति का मार्ग प्रशस्त हुआ। बजरंग बिहारी तिवारी ने विदा लेने के लिए एक बार फिर परमेश्वर महाराज के पाँव छुए। महाराज ने विदा की अनुमति देते हुए कहा, "एक भंडारा आपके नाम से लिखवा दे रहे हैं।"

बजरंग बली तिवारी 'हाँ' 'ना' कुछ भी नहीं कह पाए। लौटते हुए मन जरूर बुझा हुआ था।

बाहर निकलते ही अब तक चुप रहे बबन शर्मा ने टोका, "हुजूर, हजारोंहजार लोग जुटेंगे। इतना बड़ा भंडारा कैसे होगा?"

जीप पर बैठने के बाद बजरंग बिहारी तिवारी ने बबन शर्मा को समझाया, "बजरंग बली की प्रतिमा थाने से मुक्त हो और उसकी समुचित प्राण प्रतिष्ठा हो, इसके लिए कुछ तो करना ही होगा। इसलिए हम गच लिए।"

"बहुत खर्चा आएगा हुजूर!"

"कितना.. लाख...दो लाख? समझेंगे एक महीना नहीं कमाये...बस। पुण्य का

काम है, बजरंग बली की कृपा रही तो इससे ज्यादा कमा लेंगे।" बजरंग बिहारी तिवारी ने पूरा खाका खींच दिया गोया इस बीच उन्होंने सारा हिसाब-किताब बैठा लिया था।

बबन शर्मा चमत्कृत हो उत्साह में बोले, "संकट कटै मिटै सब पीरा...जो सुमिरै हनुमत बलबीरा। हुजूर, घटत-बढ़त में हम भी हैं ही।"

बजरंग बिहारी तिवारी ने प्रशंसा भरी आँखों से बबन शर्मा का आभार व्यक्त किया।

अगली सुबह अखबारों में धानेश्वर धाम बाबा की हनुमत कथा की खबर प्रमुखता से छपी थी। इसी खबर में दो खबरें इंसर्ट थी। सत्ता पक्ष के एक नेता ने कहा था...यहाँ बाबा-ढाबा का कोई काम नहीं है...उन्हें हिन्दू-मुसलमान नहीं करने दिया जाएगा। दूसरी खबर इंदरपुरा के मठाधीश परमेश्वर महाराज के हवाले से थी...लोग इस आयोजन में बढ़-चढ़ कर हिस्सा ले रहे हैं...ठेकेदार प्रभुनाथ सिंह और देहुली के थानेदार का भरपूर सहयोग मिल रहा है।"

इस खबर की खुशी कुछ घंटे ही रही, जब तक कप्तान साहब की कॉल नहीं आई थी। कप्तान साहब ने कॉल रिसीव करते ही आग उगला, "तिवारी, अक्ल घास चरने गई है क्या? ब्लडी नॉनसेंस, तुम्हारा काम लॉ ऑर्डर देखना है या भंडारा खिलाना?"

बजरंग बिहारी तिवारी को काटो तो खून नहीं। उनका गला सूख गया। कोई जवाब देते न बना। उधर से कप्तान साहब का उबलना जारी था, "तुम गवर्नमेंट सर्वेंट हो। हाउ कैन यू डेयर दिस? इट'स अगेंस्ट सर्विस कोड ऑफ कंडक्ट।"

"सर...वो क्या है कि मैं यह पर्सनल कैपेसिटी में करूँगा।" साहस कर बजरंग बिहारी तिवारी ने सफाई दी।

"तुम कैसे जस्टिफाई कर सकते हो? हू विल बिलीव? यू नो, इस आयोजन को लेकर कितनी पॉलिटिक्स हो रही है?" कप्तान साहब ने थोड़ी नरमी मगर बेहद सख्ती से आदेश दिया, "इस प्रपंच से खुद को दूर रखो। लॉ एंड ऑर्डर सँभालो। पल-पल पर कड़ी नजर रखो।"

कप्तान साहब ने कॉल काट दी थी। बजरंग बिहारी तिवारी कोई और सफाई देना चाहते थे, लेकिन सम्भव न हुआ। मन मसोस कर रह गए। सारा वाकया जानकर बबन शर्मा ने गम्भीर स्वर में कहा, "भंडारा को बहंटियाइए हुजूर, नोकरी बचाना जरूरी है। हम जाके परमेश्वर महाराज को मना कर देंगे, आपको जाने की जरूरत ना है।"

बबन शर्मा ने एकबारगी उन्हें धर्मसंकट से उबार लिया था। उन्होंने प्रशंसा भाव से बबन शर्मा को सराहा, "आप मेरे सच्चे संकटमोचक हैं।"

बाबा धानेश्वर धाम की हनुमत कथा में अपार भीड़ जुटी। कोई कहता तीन लाख तो कोई चार लाख। इतने बड़े जन सैलाब को देखकर वो नेता जो बाबा का विरोध कर रहे थे जैसे बिल में घुस गए थे। बाबा प्रतिदिन तीन घंटे हनुमत कथा कहते। उसके बाद उनका दिव्य दरबार लगता। इस दरबार में भक्तों की पर्ची खुलती। पर्ची में पूर्व से लिखित मनोभावों को पढ़कर भक्त चकित रह जाते। पूरा आयोजन स्थल बाबा के दैवीय चमत्कारों से गूँज उठता। जितने भक्त थे, उससे कहीं ज्यादा उनके दुख थे। इन भक्तों का बाबा पर इतना विश्वास था कि वे उनके कदमों में लोट-लोट जाते। ऐसे ही एक दिन ठेकेदार प्रभुनाथ सिंह ने बाबा के दरबार में हाजिरी लगाई। वह हाथ जोड़कर बाबा की कृपा बरसने की मुद्रा में निहुरे हुए थे। बाबा ने अपने आसन के नीचे से उनके नाम की पर्ची निकाली और उनकी ओर दिखाकर पूछा, "यही है न आपका प्रश्न?"

प्रभुनाथ सिंह ने विह्वल होकर कहा, "हाँ बाबा, यही है मेरे मन में?"

"जाइए आपका काम हो जाएगा...प्रतिदिन हनुमान चालीसा का पाठ कीजिए और हर मंगलवार को बजरंग बली को प्रसाद चढ़ाइए। आपको अपने काम में सफलता मिलेगी। जय बजरंग बली।"

इस हनुमत कथा में बजरंग बिहारी तिवारी गर्मी और उमस के चलते भीड़ में बेसुध होकर पटापट गिर रहे श्रद्धालुओं को मेडिकल कैम्प में पहुँचाते हुए इस अपराध से ग्रस्त थे कि उन्होंने भंडारे में सहयोग के अपने वचन को नहीं निभाया। इसके प्रायश्चित्त के लिए हुए वह कुछ करना चाहते थे लेकिन क्या? बाबा से मिलकर क्षमा याचना? लेकिन बाबा तक उनकी पहुँच आसान नहीं थी। बाबा की सुरक्षा-व्यवस्था कड़ी थी। उनके इर्द-गिर्द कई पर्तों का घेरा था। कई डीएसपी...एएसपी और मजिस्ट्रेट पूरी व्यवस्था में मुस्तैद थे...स्वयं कप्तान साहब और डीआईजी (लॉ एंड ऑर्डर) रात-दिन कमान सँभाले हुए थे। वह तो अपनी टीम के साथ भीड़ को हुर्र-हुर्र करने और ट्रैफिक सँभालने के काम में लगा दिए गए थे। इस बीच एक बार भी कप्तान साहब का न कोई कॉल आई, न कोई फरमान।

बाबा धानेश्वर धाम की तीन दिनों तक चली हनुमत कथा समाप्त हो चुकी थी। इस दौरान भीड़ में दम घुटने से चार लोगों की मृत्यु हुई। उन लाशों का पोस्टमार्टम कराने और उनके परिजनों को सौंपने की जिम्मेदारी बजरंग बिहारी तिवारी की थी। वह भावुक हो रहे थे। मन में बार-बार एक ही सवाल उठ रहा था, "ये लोग क्यों मरे?"

पोस्टमार्टम रिपोर्ट में इस प्रश्न का कोई उत्तर नहीं था और जो उत्तर था, उसे उनका मन मानने को तैयार नहीं था।

इस गहमागहमी से फारिग होते ही बबन शर्मा ने मालखाने का दरवाजा खोलकर बजरंग बली की प्रतिमा की साफ-सफाई की और उनके चरणों में अपना प्रणाम निवेदित किया। रोज की तरह बजरंग बिहारी तिवारी भी अपने कार्यालय कक्ष में विराजने से पहले मालखाने तक आएँगे इस उम्मीद में वह उनके आने की प्रतीक्षा करने लगे। काफी लम्बी प्रतीक्षा के बाद जब बजरंग बिहारी तिवारी अपने क्वार्टर से चलकर मालखाने तक आए तो बबन शर्मा ने गौर किया कि उनकी चाल और चेहरे के भाव में कोई सामंजस्य नहीं था। बजरंग बिहारी तिवारी ने अनमने ढंग से बजरंग बली की प्रतिमा को प्रणाम किया और बबन शर्मा से मुखातिब होकर बोले, "शर्मा जी, मेरा लाइन हाजिर हो गया है, तत्काल प्रभाव से।"

बबन शर्मा अवाक् रह गए, "क्या कह रहे हैं, सर?"

"हाँ शर्मा जी, इंदरपुरा के मठाधीश परमेश्वर महाराज की शिकायत पर मेरे विरुद्ध कार्रवाई हुई है। अफसोस सिर्फ इतना है कि बजरंग बली की प्रतिमा का उद्धार न करवा सका।"

"होइहे वही जो राम रचि राखा।" बबन शर्मा ने ढाढ़स बँधाया।

"कप्तान साहब आपको चार्ज देने को बोले हैं। आइए कार्यालय में चार्ज ले लीजिए!"

बबन शर्मा को सहसा अपने कानों पर विश्वास नहीं हुआ, लेकिन यह सूचना स्वयं थाना प्रभारी बजरंग बिहारी तिवारी दे रहे थे, इसलिए विश्वास न करने का प्रश्न ही नहीं था। उन्होंने मुड़कर बजरंग बली की प्रतिमा को प्रणाम किया और इसे उनकी सेवा का फल मानकर उन्होंने मालखाने का दरवाजा बन्द कर दिया।

धर्मो रक्षति रक्षितः

यह रविवार का दिन था। भोजन करने के बाद वह पुरइत्मीनान हो 'मुगले आजम' देखने के मूड में थे। ड्राइंग रूम में सोफे पर फैलकर अभी टीवी ऑन ही किया था कि पत्नी भी पैताने आकर बैठ गईं। 'मुगले आजम' उन्हें भी पसन्द है। अब तक वह कितनी बार इस फिल्म को देख चुकी हैं, खुद उन्हें भी याद नहीं। लेकिन 'मुगले आजम' के सारे गाने उन्हें याद हैं। वह अक्सर 'प्यार किया तो डरना क्या' गुनगुनाया करती हैं। बच्चे अपने कमरे में इस ऐलान के साथ जा घुसे थे, कि इतनी पुरानी फिल्म हमें नहीं देखनी। उन्हें इस बात से कोफ्त होती है कि बच्चे पुरानी फिल्में, पुराने गाने और पुराने जमाने में कोई रुचि नहीं लेते। लेकिन उनकी पसन्द पर अपनी पसन्द थोपना कभी गवारा नहीं रहा। लिहाजा इस वक्त जबकि 'मुगले आजम' शुरू हो चुकी थी और उसकी नामावलियाँ चल रही थीं। वह फिल्म की गिरफ्त में आए ही आए थे कि अचानक बाहरी दरवाजे पर हुई खट-खट की आवाज से उनका ध्यान भंग हो गया। वह मन-ही-मन भुनभुना उठे। दरवाजे पर बढ़ती थाप से आकुल पत्नी ने उनकी ओर सवालिया निगाह से देखा, "कौन हो सकता है इस वक्त?"

"देखो, कौन है?" उन्होंने पत्नी को दरवाजा खोलने का इशारा किया।

इस बीच दरवाजे पर खट-खट की आवाज कहीं ज्यादा तेज हो आई थी गोया बाहर जो भी हो, उसे दरवाजा खुलने में देरी नागवार गुजर रही थी। पत्नी ने 'की होल' से देखा, बाहर खड़ा शख्स पुलिस वर्दी में था। पत्नी को घबराहट हुई, वह उलटे पाँव उनके पास आई और 'बाहर पुलिस है' कहकर चुप खड़ी हो गई। उसके चेहरे पर तनाव नुमायाँ था। रंग भी उड़ चुका था। वह पत्नी को उसी स्थिति में छोड़कर उठे और दरवाजे की ओर लपके। इस बीच बाहर से बेहद तेज और रौबदाराना आवाज गूँजी, "दरवाजा खोलो, नहीं तो तोड़ देंगे।"

यह ऐसी पुलिसिया धमकी थी, जो वर्दी पहनने के साथ ही उन्हें हासिल हो जाती है। दबंगई उनके मिजाज में शामिल हो जाती है, कानून के नाम पर वे किसी पर भी धौंस जमा सकते हैं। रौब गालिब कर सकते हैं। जाहिरन, खाकी वर्दी उस खौफ का नाम है, जिससे हर कोई बचना चाहता है। फिलहाल, उनके पास बचने

की कोई गुंजाइश नहीं थी, इसलिए खौफजदा ही सही, उन्होंने दरवाजा खोल दिया। चौपट खुले दरवाजे के बीचोबीच खड़े वह, जब तक माजरा समझते, सामने खड़े पुलिस वाले के पीछे से कई जवान किसी जादुई करिश्मे की तरह नमूदार हुए और उन्हें धकियाते हुए सीधे घर के अन्दर घुस गए। जबरन घर में घुस आए इन जवानों के कन्धों पर राइफलें टँगी थीं। हाथों में बेंत की छड़ियाँ थीं। वे किसी छापेमार दस्ते की तरह आक्रामक थे। जवानों की इस हरकत पर हैरान, परेशान वह बेसाख्ता चीख पड़े, "ये क्या है...आप लोग घर में क्यों घुसे आ रहे हैं? आखिर बात क्या है?"

वह पुलिस वाला जो दरवाजे पर खड़ा था अब अन्दर आ गया था, बोला, "हमें खबर मिली है कि इस घर में कोई लड़की छुपाकर रखी गई है!"

सन्न रह गए वह। यह आरोप नहीं, सरेआम उनका मान-मर्दन था। इस अपमानजनक आरोप का प्रतिवाद करने के लिए उन्होंने भीतर उठ रही भय की सनसनी पर काबू पाते हुए संजीदा स्वर में कहा, "शायद आपको पता नहीं कि मैं यूनिवर्सिटी टीचर हूँ और इस मुहल्ले का स्थायी निवासी हूँ। आपने ऐसा सोच भी कैसे लिया?"

पुलिसवाला थोड़ा नरम पड़ा, "सर, किसी के माथे पर थोड़े न लिखा होता है, कि वह शरीफ है या...."

जब तक पुलिसवाले की बात पूरी होती, घर के अन्दर से तलाशी लेकर लौटे जवानों में से एक बोला, "ना सर, कोई लड़की-उड़की ना है। सगरो घर सारा घर छान लिये हम।"

वह पुलिस वाला, जो इन जवानों का सीनियर था, थोड़ा और नरम पड़ा और बोला, "लगता है, गलत सूचना मिली थी।"

पुलिस वाले के स्वर में नरमी और अफसोस के बावजूद पत्नी और अपने कमरे से बाहर निकल आए बच्चों के चेहरों, आँखों और पूरी देह में समाया डर खत्म नहीं हुआ था। उन्होंने अपने डर को झटककर, थोड़े सख्त लहजे में सवाल किया, "बिना पुख्ता जानकारी के आप किसी भी शरीफ आदमी के घर में, ऐसे ही धड़धड़ा कर घुस जाएँगे?"

"ऐसे ही नहीं घुसे, सर। हम सब इंस्पेक्टर रामराज सिंह हैं।" उसने अपना परिचय देते हुए कहा, "हमारा काम ही यही है। कोई गुप्त खबर मिलती है, तो जाँच करनी पड़ती है। न करें और दुर्भाग्य से कोई वारदात हो जाए, तो आप ही जैसे शरीफ लोग हाय-हाय करते हैं, कि पुलिस ने जानकारी के बावजूद समय रहते कोई कार्रवाई नहीं की।"

सब इंस्पेक्टर रामराज सिंह की दलील में दम था, उसने एक ही तीर से कई निशाने साध लिए थे। वह भी अब सम पर आ चुके थे, "वैसे ऐसी बेसिर-पैर (कहना तो 'बेहूदा सूचना' चाहते थे, लेकिन वर्दी का खौफ था) की सूचना दी किसने?"

"ये हमारे नियम के खिलाफ है, सर। हम सूचना देनेवालों की पहचान उजागर नहीं करते," सब इंस्पेक्टर रामराज सिंह के अन्दाज में नियम-कानून के प्रति गहरी प्रतिबद्धता दिखी। उन्होंने उसे प्रशंसा भाव से देखा, "सभी पुलिस वाले ऐसे ही नियम-कानून का अनुपालन करें तो लॉ ऑर्डर की दिक्कत ही ना पैदा हो।"

"आप टीचर हैं, इसीलिए ऐसी आदर्श की बात कर रहे हैं। वैसे क्या पढ़ाते हैं आप?" सब इंस्पेक्टर रामराज सिंह के तंज में उत्सुकता थी।

"साहित्य पढ़ाते हैं...हिन्दी साहित्य," उन्होंने जवाब दिया।

"सर, कॉलेज टाइम में हमको भी कविता लिखने का बड़ा शौक था। लेकिन पुलिस की 'नोकरी' में चोर-डाकू पकड़ते-पकड़ते कविता-वविता सब छूट गई।" सब इंस्पेक्टर के स्वर में सचमुच का अफसोस था, मानो कविता लेखन को 'मिस' कर रहा हो।

जवान बाहर जा चुके थे। पत्नी बच्चों को लेकर उनके कमरे में चली गई थीं, उन्हें अनुमान हो गया था कि स्थिति सामान्य हो चुकी है और डर जैसी कोई बात नहीं। उन्होंने इंस्पेक्टर रामराज सिंह से औपचारिकतावश पूछा, "चाय पिएँगे?"

"नहीं, अभी बहुत काम है, फिर कभी।" सब इंस्पेक्टर रामराज सिंह ने जाते-जाते हिदायत दी, "सर, अपना खयाल रखिएगा। जुग जमाना ठीक नहीं है। कब साला कौन, किसके पीछे पड़ जाए कोई भरोसा नहीं।"

सब इंस्पेक्टर रामराज सिंह बाहर खड़े जवानों को ले कर चला गया, लेकिन उसकी कही बात वहीं सनसना रही थी। उस सनसनी को पीछे छोड़कर, वह दरवाजा बन्द करने के लिए दरवाजे तक आए तो बाहर खड़े कई लोगों को तमाशबीन की तरह बेचैन पाया। उनमें से ही एक ने पूछ लिया, "चच्चा, पुलिस आई थी, कोई बात है क्या?"

"नहीं, कोई बात नहीं है।" उन्होंने टालने के अन्दाज में जवाब दिया और दरवाजा बन्द कर किसी भी पूछताछ की गुंजाइश खत्म कर दी।

पत्नी बच्चों के कमरे से निकलकर ड्राइंग रूम में आ गई थीं। पुलिस के चले जाने के बावजूद, घर का दरवाजा बन्द होने के बावजूद, वह सहज नहीं हो पाई थीं। उनके भीतर कुछ घुमड़ रहा था, द्वंद्व और दुविधा की दरकन उनके चेहरे पर नजर आ रही थी। पत्नी की इस मन:स्थिति को लक्ष्य कर उन्होंने कहा, "पुलिस वालों को गलतफहमी हो गई थी। गलती से यहाँ घुस आए थे।"

पत्नी के चेहरे पर तनाव कुछ और गहरा हो आया था, भय का भाव और ज्यादा स्याह हो गया था। वह उन्हें इस तरह हैरानकुन देख रही थीं गोया वह वस्तुस्थिति को जानबूझकर नजरअन्दाज कर रहे हों। उन्होंने जोर देकर प्रतिवाद किया, "उन्हें कोई गलतफहमी नहीं हुई थी, वे जानबूझकर आए थे!"

"अच्छा, तुम्हें ऐसा लगता है?" उन्होंने पत्नी की बात को हल्के में लेते हुए हवा में उड़ा दिया।

"हाँ, मुझे लगता है, यह सब गोपाल मिश्रा की करतूत है। उसी ने ये खुराफात की है।" पत्नी ने इस साजिश का सुराग पा लेने के दावे के साथ अपनी बात पर जोर दिया।

गोपाल मिश्रा का नाम सुनकर वह चिहुँके। उसके साथ पिछले दिनों हुई हुज्जत की याद हो आई। गोपाल मिश्रा मुहल्ले की ठाकुरबाड़ी में पुजारी है। पहले वह ठाकुर जी की पूजा-पाठ तक सीमित रहता था, कुछ यजमानों के यहाँ कथा-हवन आदि भी कराता था। लेकिन इधर अचानक उसके यहाँ प्रचारकों और धर्म गुरुओं का आना-जाना बढ़ गया था। इसी के साथ धार्मिक आयोजनों की गति और गतिविधियाँ भी बढ़ गई थीं जैसे कोई लॉटरी निकली हो और उसके दिन बहुर गए हों। ठाकुरबाड़ी के बरामदे पर बैठकर दिन भर ताश-जुआ खेलनेवाले मुहल्ले के निठल्लों में भी प्रभु कृपा से धार्मिक चेतना का संचरण हुआ था और वे एकजुट होकर मुहल्ले में आध्यात्मिक वातावरण का सृजन करने में सक्रिय हो आए थे। उन्हीं के साथ मिलकर गोपाल मिश्रा अब आए दिन कोई न कोई धार्मिक आयोजन करता रहता है। कभी सावन की सोमवारी, कभी जगन्नाथ रथ-यात्रा, कभी कृष्ण जन्माष्टमी, कभी दुर्गा पूजा, कभी लक्ष्मी पूजा, कभी कलश यात्रा तो कभी शतचंडीयज्ञ, महायज्ञ। इन आयोजनों के हेतु चन्दे की वसूली के लिए वह मुहल्ले के इन्हीं निठल्लों का झुंड अपने साथ लेकर चलता है। यह झुंड अपनी उपस्थिति से उसे समर्थन का बल देता है, तो दबाव की सामूहिकता बनाता है। इसी चन्दा वसूली के दौरान पिछले महीने उनकी गोपाल मिश्रा के साथ बहस हो गई थी। उन्होंने चन्दा देने से मना करते हुए कहा था, "क्षमा कीजिए, मैं नहीं दे सकता।"

"क्यों, क्यों नहीं दे सकते? आपको क्या कमी है?" गोपाल मिश्रा ने तर्क किया था।

कभी सफेद धोती-कुर्ता और माथे पर चन्दन का एक छोटा-सा टीका लगानेवाले गोपाल मिश्रा का ताना-बाना अब बिल्कुल बदला हुआ था। उसने गेरुआ कुर्ता और गोटे के चमकते किनारे वाली पीली धोती पहन रखी थी।माथे पर रोली का बड़ा लाल टीका दिप-दिप कर रहा था। कन्धे पर सलीके से सज रहा सुनहरा रेशमी गमछा उसकी भव्यता को द्विगुणित कर रहा था। गले में रुद्राक्ष की माला कुर्ते के खुले गले से झाँक रही थी। उसे ऊपर से नीचे तक निहारते हुए उन्होंने टोका था, "पंडित जी, पूजा-पाठ इधर कुछ ज्यादा नहीं हो रही?"

"ज्यादा माने क्या, अपना पूजा-पाठ, उत्सव-पर्व हम लोग नहीं मनाएँगे तो कौन मनाएगा?" गोपाल मिश्रा ने उत्तर देने के बजाय प्रश्न किया था।

"बिल्कुल मनाइए, परन्तु मुहल्ले भर से आए दिन चन्दा वसूली तो मत

कीजिए!" उन्होंने दो टूक प्रतिवाद किया था।

"मुहल्ले में तो किसी को आपत्ति नहीं है, धरम के काम में तो सभी खुशी-खुशी दान देते हैं।" गोपाल मिश्रा ने तुर्की-ब-तुर्की जवाब दिया था।

"सभी खुशी-खुशी दान देते हैं, यह आप कैसे कह सकते हैं?"

"ए महाराज, देना है तो दीजिए, झूठमूठ का पिंगल मत पढ़िए!" गोपाल मिश्रा चिढ़ गया था। उसके स्वर में आक्रामकता आ गई थी।

वह भी तैश में आ गए थे, "जाइए, मुझे नहीं देना।"

"आप जैसे लोगों से ही हिन्दू धरम की हानि हो रही है। मत दीजिए चन्दा, भगवान सब देख रहे हैं, वही आपका भला करेंगे।"

गोपाल मिश्रा जैसे श्राप देने पर उतारू हो गया था।

इस बहसबाजी के बीच गोपाल मिश्रा के साथ आए मुहल्ले के लोग तमाशबीन-से चुप खड़े थे। उनके चुप रहने के पीछे मुहल्लेवासी होने का लिहाज भी था शायद। गोपाल मिश्रा अपमानित-सा पैर पटकता हुआ विदा हो गया था।

उस दिन के उस पूरे वाकये को याद करते हुए उन्होंने पत्नी से पूछा, "तुम कहना क्या चाहती हो, ये सब गोपाल मिश्रा ने कराया है?"

"नहीं तो क्या आज तक कभी ऐसी नौबत आई है? पुलिस पहले कभी घर में घुसी है?" पत्नी अपनी जगह पर कायम थी। उसके तरकश में अपने तर्क थे।

"लेकिन गोपाल मिश्रा ऐसा क्यों करेगा?"

"अपना दबदबा बनाने के लिए!" पत्नी ने अपना मन्तव्य जताया, "उस दिन देखा नहीं था धमकी वाले अन्दाज में कह रहा था, भगवान आपका भला करेंगे।"

उन्हें लगा पत्नी कुछ ज्यादा ही भय के दबाव में हैं, इसीलिए खामख्वाह बिना अर्थ का अर्थ निकाल रही हैं। मन में व्याप्त पूर्वाग्रह के कारण गोपाल मिश्रा को इस घटित का साजिशकर्ता मान रही हैं। जो भी हो पत्नी की बात को आगे न बढ़ाने की सोचकर उन्होंने कोई बहस नहीं की।

छुट्टी का दिन, मुगले आजम देखने का उत्साह सब काफूर हो गया था। अचानक जैसे मौसम में घुटन व्याप गई थी। एक अनामंत्रित तनाव, अनचाहा संताप माहौल को अपनी जकड़ में ले चुका था। वह देर तक वीरेन डंगवाल, मंगलेश डबराल से लेकर आलोक धन्वा तक की कविताओं में घुसकर स्वयं को विश्वास दिलाते रहे कि जो अनपेक्षित अभी गुजरा है उसका कोई छुपा अर्थ नहीं है।

इस घटना को महज संयोग समझकर वह कब का भूल चुके थे। लेकिन उनकी झड़प एक बार फिर गोपाल मिश्रा के साथ हो गई। ठाकुरबाड़ी में कृष्ण जन्माष्टमी मनाई जा रही थी। इस दौरान बजनेवाला ग्रामोफोन उनकी छत की रेलिंग में बाँध दिया गया तो वह एकदम से बिफर पड़े। ग्रामोफोन बाँध रहे लड़के को तुरन्त ग्रामोफोन उतारने की ताकीद की। वह लड़का ग्रामोफोन उतारने के बजाय सीधे

ठाकुरबाड़ी जा पहुँचा। उस लड़के की यह हरकत उन्हें नागवार गुजरी...कुछ-कुछ अपमानजनक भी। वह भीतर ही भीतर खौलते रहे और हर हाल में ग्रामोफोन उतरवाने की जिद पर अड़े रहे।

ग्रामोफोन वाला लड़का अपने साथ गोपाल मिश्रा को लेकर लौटा। उन दोनों के पीछे मुहल्ले के कुछ और लड़के भी आए। उनके करीब आकर गोपाल मिश्रा ने तमतमाये स्वर में पूछा, "क्या बात, भोंपू काहे नहीं लगाने दे रहे हैं?"

"कितना शोर होता है...पढ़ना-लिखना सब मुहाल...लगता है कान फट जाएगा!" उन्होंने दलील दी।

"अब पूजा-पर्व पर इतना तो बर्दाश्त करना ही पड़ेगा।" गोपाल मिश्रा ने कन्धे उचकाए, "दो-तीन दिन में कुछ बिगड़ नहीं जाएगा!"

"सवाल कुछ बनने-बिगड़ने का नहीं है, मेरी सुविधा-असुविधा का है। अगर मुझे इस भोंपू से असुविधा है, तो आप इसे नहीं बजा सकते।" उन्होंने सख्त स्वर में बरजा।

"तिवारी जी, कैसे हिन्दू हैं आप, कि पूजा-पाठ में विघ्न डाल रहे हैं?" इस बार मुहल्ले के एक अन्य लड़के ने हस्तक्षेप किया, "आप ब्राह्मण हैं, आपसे ऐसी उम्मीद नहीं थी।"

"हिन्दू हैं...ब्राह्मण हैं, तो अराजकता फैलाने का लाइसेंस मिल जाता है क्या?" वह एकबारगी भड़क गए मानो उनकी दुखती रग दब गई हो।

"धार्मिक अनुष्ठान अराजकता है? पूजा-पाठ करना अपराध है? कैसी जाहिलों वाली बात करते हैं आप?" गोपाल मिश्रा ने ऊँचे स्वर में उन्हें आड़े हाथों लिया।

वह खुद को जाहिल कहे जाने पर बिफर पड़े, "मिश्रा जी, जबान पर काबू रखिए। जाहिल मैं नहीं आप हैं, जो लोगों को जाहिल बना रहे हैं। यह जहालत ही है जो भोंपू बजाने को धार्मिक अनुष्ठान से जोड़ता है, लेकिन बच्चों की पढ़ाई, बुजुर्गों की बीमारी और आम लोगों के सुकून का खयाल नहीं रखता।"

"आप जैसे धर्म विरोधियों के चलते ही हिन्दू धर्म खतरे में है।" लेकिन हिन्दू चेत गया है, अब हम आप जैसे लोगों की चलने नहीं देंगे।" गोपाल मिश्रा ने धमकी के लहजे में चेतावनी दी।

"जो करना हो, करिए, लेकिन मेरी छत से भोंपू उतारिए!" वह बेतरह चीख पड़े।

"भोंपू तो नहीं उतरेगा।" इस बार मुहल्ले के एक उद्दंड लड़के ने ढिठाई से जवाब दिया।

"ऐसी बात है तो फिर मैं पुलिस को कम्प्लेन करूँगा। देखता हूँ भोंपू कैसे नहीं उतरता है?" वह भी अपनी पर आ गए थे।

"ठीक है...आपको जो करना हो, करिए। भोंपू तो नहीं उतरेगा।" गोपाल मिश्रा पैर पटकता हुआ अपने साथ आए झुंड में जा मिला।

वह कसमसाकर रह गए। पुलिस को कम्प्लेन करने के लिए फोन नम्बर डायल करने को हुए कि पत्नी ने रोक दिया, "धर्म का मामला है...सारे मुहल्ले से नाराजगी मोल लेना ठीक नहीं।"

"इस तरह चुप बैठने से तो इन लोगों का मन बढ़ जाएगा। ये समझेंगे हम डर गए, फिर हर बार हमारी छत पर भोंपू बाँधने लगेंगे।" उन्होंने पत्नी को समझाने की कोशिश की।

"बाद की बाद में देखिएगा। अभी थाना-पुलिस का टंटा मत कीजिए। जुग जमाना ठीक नहीं है।"

पत्नी की इस समझाइश से वह थोड़े मायूस हुए, लेकिन हालात की नजाकत समझना मुश्किल न था। वह देख रहे थे कि इधर धर्म के नाम पर किस्म-किस्म के अनुष्ठानों की बढ़ोतरी होती जा रही है और लोग उसे उत्सवी रंग देकर एकजुटता दिखाने लगे हैं। इस एकजुटता की ओट में लोग आक्रामक होते जा रहे थे।

भोंपू उनके सर पर लगातार तीन दिनों तक बजता रहा। इन तीन दिनों वह खुद पर खीझते रहे। रात-दिन का सुकून जाता रहा। यातना के ये तीन दिन उनकी चेतना में कीलों की तरह चुभते रहे। उन्हें सामान्य होने में हफ्तों लगे।

यह एक चिलचिलाती दोपहर थी, जब बाहरी दरवाजे पर दस्तक हुई। जब तक वह दरवाजा खोलते, दस्तक तेज थाप में बदल गई। इस हरकत ने उनकी छठी इन्द्री को सक्रिय कर दिया। पिछली घटना की याद आते ही वह अन्दर ही अन्दर भुरभुरे हो आए। खुद को साधकर दरवाजा खोला। सामने वही सब इंस्पेक्टर रामराज सिंह खड़ा था। उसकी पुलिसिया अकड़ पूर्ववत थी। उसके साथ आए जवान इस बार उसके पीछे नहीं, सामना-सामनी खड़े थे। उन्होंने दरवाजे के पल्लों को हथेलियों से कसते हुए प्रश्न किया, "कहिए?"

"हमें आपके घर की तलाशी लेनी है।" सब इंस्पेक्टर रामराज सिंह ने सख्त लहजे में जवाब दिया। उसके अन्दाज से कतई नहीं जाहिर था कि पिछली बार आया यह वही पुलिस अफसर है, जो उन्हें सर-सर कहकर सम्बोधित कर रहा था और कविता-कर्म छूट जाने पर अफसोस जता रहा था।

"तलाशी...?" वह अविश्वास के स्वर में लड़खड़ाए, "कैसी तलाशी...किस बात की तलाशी?"

"अन्दर चलिए फिर बताते हैं।"

सब इंस्पेक्टर रामराज सिंह उन्हें लगभग धकेलते हुए अन्दर घुस आया। उसके साथ पुलिस जवान भी अन्दर आ गए। वह पुलिस वालों की इस ज्यादती पर बुरी तरह फट पड़े गोया चोट खाए सम्मान ने फुफकारकर सर उठाया हो, "बिना कारण बताये, आप तलाशी नहीं ले सकते।"

इस बीच ड्राइंग रूम में पत्नी-बच्चे आ खड़े हुए थे। अवाक खड़े थे...उनके चेहरे पर हवाइयाँ उड़ रही थीं।

"कारण भी बताएँगे और तलाशी भी लेंगे।" सब इंस्पेक्टर रामराज सिंह के स्वर में अजनबी कठोरता थी। वह अपने आप पर उतर आया था, "शिकायत मिली है कि आप अपने छात्र-छात्राओं को अश्लील साहित्य पढ़ाते हैं।"

वह हँस पड़े, "मैं जो साहित्य पढ़ाता हूँ, वो अश्लील है या श्लील, ये कौन तय करेगा...आप?"

"तय तो कोर्ट करेगा। मेरा काम तो जाँच कर रिपोर्ट सौंपना है। बेहतर हो कि आप मुझे मेरा काम करने दें।" सब इंस्पेक्टर रामराज सिंह उस टेबल के पास जा खड़ा हुआ था, जिस पर उनकी किताबें रखी हुई थीं।

अब तक उनकी समझ में आ गया था कि यह सारा उपक्रम उन्हें परेशान करने के लिए किया जा रहा है। उन्हें पत्नी की वह आशंका भी सही जान पड़ने लगी कि हो न हो, ये सारा षड्यंत्र गोपाल मिश्रा का है। यह संयोग नहीं था कि जब-जब उनकी गोपाल मिश्रा से तू-तू, मैं-मैं हुई है, पुलिस उनके पास आ धमकी है। वह पत्नी-बच्चों को अन्दर कमरे में जाने को बोलकर, वहीं एक सोफे पर डट गए। ड्राइंगरूम में पुलिसिया रौब गश्त कर रहा था, वह इस रौब के असरअन्दाज होने से हर हाल में बचने की कोशिश कर रहे थे। सब इंस्पेक्टर रामराज सिंह टेबल पर रखी 'विद्यापति पदावली' के पन्ने पलटने लगा था। वह सब इंस्पेक्टर रामराज सिंह की इस हरकत पर मुस्कराए मानो विद्यापति उसके वश की बात न हो और वह बेवजह कवायद कर रहा है। सब इंस्पेक्टर रामराज सिंह ने उनकी मुस्कराहट को लक्ष्य किया, "जब हम यूपीएससी की तैयारी कर रहे थे, तब 'विद्यापति' खूब पढ़े थे।"

वह थोड़ा सतर्क हुए कि यह सब इंस्पेक्टर उतना भी गदम्मड़ नहीं है, जितना वह सोच रहे हैं। अपनी झेंप छुपाने की गरज से पूछा, "यूपीएससी क्लियर नहीं कर पाए?"

"हिन्दी लिटरेचर में गड़बड़ा गए थे।" सब इंस्पेक्टर रामराज सिंह के चेहरे पर पीड़ा कम, खीझ ज्यादा थी।

"आज आप उसी हिन्दी लिटरेचर की जाँच करने आए हैं?" उन्होंने व्यंग्य कसा।

सब इंस्पेक्टर रामराज सिंह काइयेंपन से मुस्कराया। उसके जवान अपने सीनियर के इर्द-गिर्द मुस्तैद खड़े थे। उनके चेहरे पर न ऊब थी, न जल्दबाजी। सब इंस्पेक्टर रामराज सिंह 'विद्यापति पदावली' के एक-एक पन्ने पलट रहा था जैसे उसकी वांछित सामग्री उन पन्नों में ही हो। अचानक वह ठिठका जैसे उसकी तलाश पूरी हो गई हो। उसकी आँखों में बिल्लौरी चमक कौंधी। उस रुके हुए पन्ने पर छपे एक पद पर अपनी तर्जनी रखकर बोला, "ये क्या है...इसे अश्लील साहित्य नहीं, तो क्या कहेंगे?"

"विद्यापति का पद आपको अश्लील लगता है?" वह जैसे सब इंस्पेक्टर रामराज सिंह की अज्ञानता पर हँसे।

"आप पढ़कर स्वयं इसका अर्थ बताइए!" सब इंस्पेक्टर रामराज सिंह ने थोड़ा तीव्र स्वर में आदेश दिया।

उन्होंने विद्यापति पदावली ली और उस पद को गौर से देखा, जिसे सब इंस्पेक्टर रामराज सिंह अश्लील बता रहा था। उस पद को स्वगत पढ़ते हुए वह मुस्कराए जा रहे थे। उनकी गाढ़ी होती मुस्कराहट में सब इंस्पेक्टर रामराज सिंह की अकड़ घुलने लगी थी। उसका रौब उनकी मुस्कराहट की भेंट चढ़ जाए, इससे पहले वह अपनी आवाज के नट बोल्ट कसते हुए बोला, "अर्थ बताइए!"

"नहीं बताया तो?" पता नहीं कैसे एकबारगी उनके भीतर का स्वाभिमान जाग उठा था, "आपका आदेश मानने के लिए बाध्य नहीं हूँ।"

"तो हम आपको खींच कर थाने ले जाएँगे।" सब इंस्पेक्टर रामराज सिंह भी तैश में आ गया था।

जब तक वह कोई जवाब देते, पत्नी जो कमरे के दरवाजे से लगी ये सारा दृश्य देख रही थीं, वहीं से तेज स्वर में बोलीं, "इन लोगों से कानून और अधिकार की बात करना फिजूल है, जो पूछते हैं, बता कर छुट्टी पाइए।"

पत्नी का इस तरह बीच में टपकना उन्हें अच्छा नहीं लगा। वह जो सब इंस्पेक्टर रामराज सिंह पर हावी हो रहे थे, अचानक कमजोर पड़ गए। बगैर किसी प्रतिक्रिया के 'विद्यापति पदावली' के उस पद का अर्थ बताने को तैयार हो गए, जिसे सब इंस्पेक्टर रामराज सिंह अश्लील बता रहा था।

सब इंस्पेक्टर रामराज सिंह विजयी भाव से उनकी ओर देखता हुआ मुस्करा रहा था। यह मुस्कराहट जहरबुझी थी। उन्होंने अर्थ बताना शुरू किया।

"कुच पहले बेर के समान थे, फिर नारंगी जैसे हुए।"

"ये कुच क्या है...इसका मतलब क्या हुआ?" सब इंस्पेक्टर रामराज सिंह ने टोका।

"कुच...अर्थात् स्तन।" उन्होंने निरपेक्ष भाव से अर्थ बताया।

"ठीक है...और आगे?"

वह उक्त पद की अगली पंक्तियों का भाष्य करने लगे, "उसके स्तन दिन पर दिन बढ़ने लगे हैं। कामदेव अंग-अंग को पीड़ा पहुँचाने लगा। ये स्तन बढ़ते-बढ़ते अमरूद जैसे दिखाई देने लगे हैं। फिर इन बढ़ते स्तनों ने आगे और जोर मारा, जिससे वे अब बेल के फल जैसे दिखने लगे हैं। कन्हाई जो रमण के लिए अवसर ढूँढ़ रहा था, उसकी इस सुन्दरी से भेंट हो गई। वह घाट पर नहा रही थी। उसका भीगा हुआ महीन वस्त्र उसके वक्ष से चिपका हुआ था। ऐसी स्थिति में जो भी इस तरुणी को देखता उसके भाग्य जग जाते। उसके लम्बे, गीले, काले बाल उसकी

छाती के इर्द-गिर्द लहरा रहे थे। मानो सोने के दोनों शिवलिंगों को यानी उसके स्तनों को चँवर ने ढक लिया था। विद्यापति कहते हैं, "सुनो कन्हैया! सुन्दर पुरुष ही ऐसी सुन्दरी के साथ रंगरेलियाँ मनाता है।"

उक्त पद का अर्थ पूरा कर वह अभी साँस भी नहीं ले पाए थे, कि सब इंस्पेक्टर रामराज सिंह ने उन्हें रंगे हाथ पकड़ लेने की उतावली में घेरा, "अश्लील और क्या होता है? इसमें साफ-साफ स्तन, वक्ष, कुच का जिक्र किया गया है। स्तनों की बेर, अमरूद, बेल फल आदि से तुलना की जा रही है। खुलेआम रंगरेलियाँ मनाने की बात हो रही है और आप कहते हैं कि इसमें कोई अश्लीलता नहीं है? बताइए, ये अश्लील नहीं तो और अश्लील क्या होता है? यही सब आप जवान लड़के-लड़कियों को पढ़ा रहे हैं...इससे उनका संस्कार खराब होगा कि नहीं? यह तो साहित्य की आड़ में आप लोगों का कुत्सित खेल चल रहा है।"

"ये अश्लील नहीं है...साहित्य में इसे अश्लील नहीं माना जाता है," उन्होंने जोर देकर सब इंस्पेक्टर रामराज सिंह को टोका।

सब इंस्पेक्टर रामराज सिंह ने उनकी पत्नी की ओर मुखातिब होकर अर्ज किया, "मैडम, आपने भी अर्थ सुना, आप बताइए, ये अश्लील है कि नहीं?"

पत्नी को इस साखी-गवाही की कतई उम्मीद नहीं थी। वह संकोच में खड़ी स्तब्ध थीं। पत्नी को इस स्थिति से उबारने के लिए उन्होंने हस्तक्षेप किया, "जो भी हो, यह यूनिवर्सिटी के सिलेबस में शामिल है। आपको जो पूछना हो यूनिवर्सिटी से पूछिए।"

"ठीक है। फिर आप लिखकर दें, कि इस अश्लील साहित्य की जिम्मेदार यूनिवर्सिटी है?"

"बिल्कुल।" उन्हें इस आपत्तिजनक स्थिति से बचने का यही तरीका सूझा।

उन्होंने टेबल पर पड़ा राइटिंग पैड उठाया और लिखा, "हिन्दी साहित्य के छात्रों के पठन-पाठन के लिए 'विद्यापति पदावली' को यूनिवर्सिटी ने अपने सिलेबस में शामिल किया हुआ है। ऐसे में इन पदों को पढ़ाना शिक्षक की जिम्मेदारी है। इन पदों को सिलेबस में शामिल करने की पूर्ण जिम्मेदारी यूनिवर्सिटी की है।"

राइटिंग पैड पर ये मजमून लिखने के साथ ही उन्होंने सर उठाकर सब इंस्पेक्टर रामराज सिंह को निहारा। रामराज सिंह ने सख्त लहजे में कहा, "नीचे अपना हस्ताक्षर कीजिए और पूरा नाम और पता लिखिए।"

उन्होंने सब इंस्पेक्टर रामराज सिंह के निर्देश का पालन किया। सारी औपचारिकता पूरी कर कागज उसकी ओर बढ़ा दिया। उन्हें उम्मीद थी कि वह लिखित पत्र लेकर रुखसत हो जाएगा। लेकिन वह जाने के मूड में नहीं दिख रहा था। अब उन्हें उसकी उपस्थिति कसते फंदे-सी जानलेवा लगने लगी थी। समझ नहीं आ रहा था कि उससे कैसे पीछा छुड़ाएँ? अब तक जो कुछ हुआ था, सब इंस्पेक्टर रामराज सिंह के

मुताबिक हुआ था। उसका रौब, उसकी जिद, उसकी अकड़ उन पर काबिज हो चुकी थी। उन्होंने उसे बेबसी से देखा। वह मुस्कराया तो उनके भीतर दहशत-सी दौड़ गई। ऐसी डराती मुस्कराहट वह पहली बार देख रहे थे। इस मुस्कराहट के असर से बचने के लिए उन्होंने पत्नी की ओर देखा। पत्नी के चेहरे पर भी तनाव था। उनका मन बेचैन हो गया। जी में आया कि सब इंस्पेक्टर रामराज सिंह से चीखकर कहें, "भगवान के लिए जान बख्शो!"

लेकिन यह एक काल्पनिक खयाल था और उन्हें इन पुलिस वालों के सामने अपनी औकात का अन्दाजा था, लिहाजा कसमसाकर रह गईं। सब इंस्पेक्टर रामराज सिंह अपनी उसी मुस्कराहट के साथ बोला, "उस दिन तो आप चाय के लिए पूछ रही थीं, आज नहीं पूछेंगी?"

सब इंस्पेक्टर रामराज सिंह ढीठ ही नहीं, शातिर भी था। उसके व्यवहार में ठंडे चाकू की-सी तेज धार थी। उनकी ओर से कोई जवाब न मिलता देख बोला, "कोई बात नहीं, चाय अगली बार पी लेंगे!"

वह सब इंस्पेक्टर रामराज सिंह के अभद्र व्यवहार और उसके द्वारा लगातार उन्हें लक्ष्य किए जाने से क्षुब्ध थे। फिर भी वह अपने सब्र को थामे रहे।

सब इंस्पेक्टर रामराज अपने लाव-लश्कर के साथ निकल गया था, लेकिन उसकी उपस्थिति ड्राइंग रूम में मौजूद थी। वह अवसन्न थे। पत्नी करीब आईं और उनके कन्धे पर हाथ रखकर उनकी मनःस्थिति को सम्बल दिया, "इन लोगों से जितना बचकर रहा जाय, उतना ही अच्छा।"

उन्होंने आहत भाव से पत्नी को देखा, पत्नी की आँखों में उनके प्रति चिन्ता की तरलता कोरों पर अटकी हुई थी। उन्होंने भीतर से साहस बटोरकर कहा, "डरने से तो काम नहीं चलेगा!"

"तो क्या कीजिएगा, इनसे लड़िएगा?"

"गोपाल मिश्रा ने जैसे पुलिस का सहारा लिया है, हम भी उससे कोई बड़ा सहारा लेंगे।"

पत्नी के चेहरे पर उलझन थी, वह कुछ समझ नहीं पाई थीं। पत्नी को कुछ समझाने के बजाय वह झटके से उठे और बाहर जाते हुए बोले, "थोड़ी देर में आता हूँ।"

पत्नी ने उन्हें रोकना-टोकना चाहा। लपककर दरवाजे तक आईं भी, लेकिन वह काफी दूर जा चुके थे। दरवाजे से लगीं वह उन्हें गली पार करते हुए तब तक देखती रहीं, जब तक वह ओझल नहीं हो गए।

जब वह लौटे दिन की चमक धुँधली पड़ चुकी थी। यह धुँधलाहट उनके चेहरे पर भी चस्पां थी। कुछ जानने-पूछने की जिज्ञासा के बावजूद पत्नी ने उनकी थकान को भाँपकर पूछा, "चाय पिएँगे?"

"दे दो!" उनकी आवाज में पहले-सी टनक नहीं थी।

पत्नी जब तक चाय लातीं वह सोफे पर गुम बैठे रहे। चाय का कप टेबल पर रखते हुए पत्नी ने पूछा, "तबीयत ठीक नहीं क्या?"

"कुछ भी ठीक नहीं, रचना।" उन्होंने ठंडी साँस ली, "मेरे एक छात्र के पिता विधायक हैं। उनसे मदद माँगने गया था। उन्होंने हाथ खड़े कर दिए। कहा, सर, हिन्दू धर्म के उत्सव, अनुष्ठान को हम बढ़ावा नहीं देंगे तो कौन देगा? हम हिन्दुओं को तो ऐसे आयोजनों में बढ़-चढ़कर हिस्सा लेना चाहिए। हमें जिस जनता ने जिताया है, हमें उसकी भावनाओं का तो सम्मान करना ही होगा। आप स्वयं सोचकर देखिए कि तुष्टिकरण के चलते हिन्दुओं के साथ कितना अनर्थ हुआ है। अगर हम अब भी एकजुट न हुए तो गजवा-ए-हिन्द होने से कोई नहीं बचा पाएगा।"

वह कोई कठिन चढ़ाई पार कर रुके। साँसें संयत करते हुए दाहिने हाथ की मुट्ठी भींचकर सामने टेबल पर जोर पर दे मारा, "स्साल्ला...!"

हताशा...गुस्सा...बेबसी...सब कुछ शामिल था उनके इस उपक्रम में। पत्नी तो डर ही गई थी। चाय ठंडी हो रही थी, फिर भी हिम्मत न हुई कि चाय पीने के लिए कहे। उनके बीच चुप्पी गहराती जा रही थी। दीर्घ चुप्पी के बाद उन्होंने ही पहल की, "अजब स्थिति है, ये लोग हिन्दू आस्था की रक्षा डराकर करेंगे। एक हिन्दू के साथ इनका ये व्यवहार है, तो दूसरों के प्रति इनका रवैया क्या होगा?"

"छोड़िए ये बातें...जैसी बहे बयार पीठ वैसी कर लीजे।"

पत्नी की इस समझाइश पर वह तैश में आ गए, "तुम्हारा मतलब गोपाल मिश्रा के आगे आत्मसमर्पण कर दें? उसकी पोंगापंथी को शिरोधार्य कर लें?"

"तो क्या कीजिएगा आप? मुहल्ले से बैर मोल लीजिएगा? पुलिस से अपनी बेइज्जती करवाइएगा...?" पत्नी के स्वर में तुर्शी आ गई थी। गला रुँध गया था। इससे पहले कि धैर्य छूटे, वह वहाँ खड़ी रहने के बजाय तेजी से बच्चों के रूम में चली गईं।

अपने साथ हुए इस दुर्भाग्यपूर्ण वाकये को वह भूल जाना चाहते थे, लेकिन गोपाल मिश्रा की बढ़ती अराजकता और शासन-प्रशासन से उसे मिल रही शह, उनके मन में किसी फाँस-सी गड़ी थी। पत्नी की सलाह पर वह किसी भी झंझट से बचने की सायास कोशिश करते रहे। इसका परिणाम यह हुआ कि ठाकुरबाड़ी पर जुटनेवाले लड़के अब उनके घर के सामने जमावड़ा लगाकर जोर-जोर से शोरगुल करते, ठहाके लगाते या बात-बेबात एक-दूसरे के साथ गाली-गलौज करते रहते। पहले-सा वक्त होता तो वह इन लड़कों की अच्छी खबर लेते। वह टीचर थे और उन्हें गुमान था कि मुहल्ले के लोग उन्हें सम्मान देते हैं। लेकिन अब सारा भ्रम टूट चुका था। वह समझ चुके थे कि धर्म की ओट में जिस श्रेष्ठता को स्थापित करने की कोशिश हो रही है, उसके लिए व्यक्ति की गरिमा, स्वतंत्रता और निजता का

कोई महत्व नहीं है। वह अब मन मारकर चुप रहने लगे थे।

यह रविवार की गुनगुनी शाम थी, जब वह अपनी कुछ ताजा कविताओं को अन्तिम रूप दे रहे थे, दरवाजे पर दस्तक हुई। वह उठे और दरवाजे तक आए। किचन में काम कर रही पत्नी ने आवाज दी, "कौन है?"

उन्होंने दरवाजे से ही जवाब दिया, "पुलिस!"

सामने दरवाजे पर सब इंस्पेक्टर रामराज खड़ा था। कड़क वर्दी में, अक्खड़ धज वाला। आज वह अकेला था, शायद इसीलिए वह थोड़ी शाइस्तगी बरत रहा था, "सोचा चाय पीता चलूँ!"

उन्हें यकीन नहीं हुआ कि सब इंस्पेक्टर रामराज सिंह सचमुच चाय पीने के तकाजे के साथ आ धमकेगा। वह चाहकर भी उसे 'ना' नहीं कह सके। उनकी चुप्पी को धकियाते हुए सब इंस्पेक्टर रामराज सिंह बिना तकल्लुफ अन्दर आया और सीधे सोफे पर पसर गया। उसकी यह हरकत उन्हें नागवार गुजरी, लेकिन कोई आपत्ति नहीं जता सके। जब तक वह सहज होते सब इंस्पेक्टर रामराज सिंह ने तेज आवाज में पत्नी से फरमाइश कर डाली, "भाभी जी, एक कप गरमागरम चाय हो जाए।"

सब इंस्पेक्टर रामराज सिंह के इस 'मान न मान मैं तेरा मेहमान' वाले अन्दाज से वह बुरी तरह आहत हुए। स्वाभिमान ने सर उठाया, लेकिन आवाज की घिग्घी बँध गई। सब इंस्पेक्टर रामराज सिंह की उपस्थिति आतंकित कर रही थी। उसका खौफ उन्हें अपनी गिरफ्त में ले चुका था। वह चुपचाप उसके सामने बैठ गए मानो उसके हुजूर में उनकी पेशी हो।

सब इंस्पेक्टर रामराज सिंह तनकर बैठते हुए उनसे मुखातिब हुआ, "सर, कुछ बिजी तो नहीं थे?"

"न...न...नहीं...कुछ खास नहीं।" उन्होंने सफाई दी, "कुछ कविताएँ लिखी थीं, उन्हीं को फाइनल कर रहा था।"

"अरे वाह..." सब इंस्पेक्टर रामराज सिंह हुलस पड़ा, "सर, कॉलेज टाइम में हमको भी कविता लिखने का बड़ा शौक था।"

वह बस चुप रहे। सब इंस्पेक्टर रामराज उसी हुलस की रौ में बोला, "सर, जब तक चाय आती है, तब तक कुछ सुनाइए न!"

सब इंस्पेक्टर रामराज सिंह के स्वर में आग्रह नहीं, आदेश था। वह भीतर ही भीतर उफन रहे थे। इस उफान को जबरन जब्त किए रहने की कोशिश में वह फुसफुसे हो आए थे।

सब इंस्पेक्टर रामराज लगातार कविता सुनाने का आग्रह किए जा रहा था। आखिरकार वह इनकार नहीं कर सके। नोटपैड उठाकर ले आए। इस बीच पत्नी चाय रख गईं। सब इंस्पेक्टर रामराज सिंह चाय की घूंट सुड़कने के साथ ही बोला, "सुनाइए!"

वह कविता-दर-कविता सुनाते रहे और सब इंस्पेक्टर रामराज सिंह हर कविता को आँख मूँदकर ध्यानमग्न हो सुनता रहा। बच्चों को सम्बोधित इन कविताओं को सुनते हुए वह बच्चों के-से रोमांच से भरा हुआ था। इस काव्य-पाठ की रौ में उन्हें इतनी मोहलत भी न मिली कि वह अपनी चाय पी पाते। चाय ठंडी हो चुकी थी, फिर भी उन्होंने चाय पी डाली। खाली कप टेबल पर रखकर उन्होंने सब इंस्पेक्टर रामराज सिंह की ओर देखा। वह स्तब्ध-सा चुप था गोया उस पर कविताओं का गहरा असर हुआ हो। चुप्पी और प्रतीक्षा के बीच वक्त ठहरा हुआ था। सब इंस्पेक्टर रामराज सिंह ने आँखें खोलकर सीधे उनके चेहरे पर टिका दीं। उन्होंने बेचैनी से पहलू बदला। सब इंस्पेक्टर रामराज ने गम्भीर स्वर में कहा, "सर, ये तो बहुत खतरनाक कविताएँ हैं।"

वह चौंके। कहाँ से इसने खतरा सूँघ लिया? उनके चेहरे पर हवाइयाँ-सी उड़ने लगीं। सब इंस्पेक्टर रामराज सिंह की आँखों से बचने के लिए वह इधर-उधर देखने लगे। सब इंस्पेक्टर रामराज सिंह के मुँह से चाय की मिठास गायब हो चुकी थी, "इन कविताओं में तो आपने बच्चों को भड़काने की बात की है। सत्ता-शासन के खिलाफ बगावत करने के लिए उकसाना तो अपराध है। ऐसे में तो राजद्रोह का मामला बनता है।"

सब इंस्पेक्टर रामराज सिंह सीधे उन्हें ही देख रहा था। वह लाचार भाव से उसे सुनते रहे। वह कह रहा था, "सर, ये तो अच्छा हुआ कि इन कविताओं को मैंने सुना है। इन्हें किसी और को भूलकर भी मत सुनाइएगा।"

सब इंस्पेक्टर रामराज सिंह अप्रत्याशित उनके हितैषी की तरह पेश आ रहा था। लेकिन उसके आरोप और उसकी परिणति की कल्पना डरावनी थी। व्यवस्था विरोधी कविताएँ वह पहले भी लिखते रहे हैं, लेकिन कभी डर नहीं लगा। सब इंस्पेक्टर रामराज सिंह जिस तरह इन कविताओं को खतरनाक बता रहा था, उन पर राजद्रोह का आरोप लगा रहा था, उससे उनके भीतर कँपकँपी-सी छूट गई। वह अवसन्न थे, जब उसने टोका, "देखिए हम तो सत्ता-शासन के सेवक हैं। उसकी नीतियों की रक्षा करना हमारा कर्तव्य है। मेरी सलाह है, आप सत्ता विरोधी कोई कार्य न करें।"

अपनी बात खत्म कर सब इंस्पेक्टर रामराज सिंह उठ खड़ा हुआ। वह भी उसे विदा करने के लिए उठे। सब इंस्पेक्टर रामराज सिंह ने उनकी पत्नी को आवाज लगाते हुए चाय के लिए धन्यवाद दिया। पत्नी किचन में थीं, वह न बाहर आईं, न कोई जवाब दिया। सब इंस्पेक्टर रामराज सिंह विदा लेने से पहले दरवाजे पर ठिठका, "सर, ठाकुरबाड़ी में दुर्गापूजा की तैयारी चल रही है। गोपाल मिश्रा को पाँच हजार चन्दा भिजवा दीजिएगा। धर्म की रक्षा के लिए सबको सहभागी तो होना ही पड़ेगा न!"

सब इंस्पेक्टर रामराज सिंह आदेश सुनाकर रुका नहीं। वह ठस्से से बाहर निकल गया था, लेकिन पीछे आदमककद खौफ छोड़ गया था। वह थोड़ी देर तक विमूढ़-से खड़े रहे, लगा कि उनकी चेतना पर आतंक हावी है। उनकी इस मनोदशा से नावाकिफ पत्नी ने आवाज लगाई, "वहाँ खड़े-खड़े क्या सोच रहे हैं?"

"सुना तुमने, क्या कह रहा था इंस्पेक्टर?" वह हदसे हुए मुड़े।

"हाँ, सुना।" पत्नी ने तल्ख स्वर में जवाब दिया, "वे डरा कर धर्म की रक्षा कराना चाहते हैं, तो ये सम्भव नहीं। हमारे पास फालतू पैसे नहीं हैं कि हम उन्हें इतना चन्दा दें।"

वह पत्नी को सुन रहे थे, उसके इनकार में दृढ़ता थी, उनकी दृढ़ता में चुनौती से मुकाबले का साहस था। उन्होंने भी स्वयं को समेटा, "ठीक कहती हो तुम।"

वह पूरी तरह आश्वस्त तो नहीं हैं, लेकिन अपने ऊपर डर को हावी न होने देने का उनका विश्वास बढ़ गया था। वह अब इस धर्मयुद्ध के लिए तैयार थे।

ब्रेकअप

अगर ये कोई कहानी होती तो इसे शुरू करना और खत्म करना ही नहीं, इसे बयान करना भी ज्यादा दिलचस्प और आसान होता, क्योंकि किस्सागो को ये महारत हासिल होती है कि वह अपने अर्जित कौशल, अपनी जादुई भाषा और कल्पना की उड़ान से सुनने और पढ़नेवालों को सम्मोहित कर ले। लेकिन अफसोस कि, यह जो आप यहाँ पढ़ रहे हैं, यह कोई कहानी नहीं है, लिहाजा इसमें कई किन्तु-परन्तु हैं, कई संकोच हैं, कई आगा-पीछा हैं, और सबसे मुश्किल यह कि इसमें आपके आभिजात्य को नापसन्द किस्म का लगनेवाला अनगढ़पन भी हो सकता है। यानी इसमें कुछ भी तयशुदा नहीं, क्योंकि ये कहानी नहीं है।

बहरहाल, मैं जो कहना चाह रही थी वो ये कि मैं अपने रूम में अभी-अभी लौटी थी और कपड़े चेंज करके रोज की तरह मम्मी को कॉल करने ही वाली थी कि मेरे मोबाइल की घंटी बज उठी। कायदे से, यह कॉल मम्मी की होनी चाहिए थी, क्योंकि इस वक्त या तो मम्मी मुझे कॉल करती हैं या फिर मैं खुद मम्मी को। मेरी ओर से देरी होने पर आमतौर पर मम्मी घंटी घनघना देती हैं, बिल्कुल कान उमेठने के अन्दाज में। लेकिन कॉलर ट्यून से साफ था कि यह कॉल मम्मी की नहीं है। मैंने मम्मी के नम्बर पर 'मम्मी इज कॉलिंग' सेट कर रखा है और इस बजती ट्यून में ऐसा कुछ नहीं था।

फिर यह किसकी कॉल है? रोहन की कॉल तो होनी नहीं चाहिए, क्योंकि उसे पता है कि इस वक्त मैं अपने घर बात करती हूँ और वह स्वयं भी मुझे इस वक्त डिस्टर्ब नहीं करता। अनमने भाव से मैं स्टडी टेबल के पास लपकी। क्षण भर को ठिठकी, कहीं अमन की कॉल हुई तो? आजकल वह भी गुमनाम नम्बरों से फोन करने लगा है। मेरे लाख मना करने के बावजूद, उसकी ये हरकत जारी है।

बेतहाशा हो रही रिंग के बीच अनजान नम्बर दिखा। जी में आया कि कॉल कट कर दूँ। लेकिन खुद को समझा लिया—थोड़ी देर बजने के बाद अपने आप चुप हो जाएगा। धैर्य के साथ कॉल पूरी होने की प्रतीक्षा करती रही। आखिर रिंग बजनी बन्द हुई। लेकिन अभी राहत की साँस भी नहीं ली थी कि मोबाइल फिर बज उठा। इस बार तो खुद को जबरन जब्त किया। यह सिलसिला लगातार जारी

रहा, तो कॉल पिक करके बेरुखी से पूछा, "हू इज देयर?"

दूसरी ओर सन्नाटा छाया रहा। मैं 'हैलो...हैलो' करती रही लेकिन कोई रेस्पांस नहीं मिला तो खुद को काबू रख पाना मुश्किल हो गया। लगभग चीख पड़ी, "क्या हुआ, साँप सूँघ गया? जीभ को लकवा मार गया या होश उड़ गया? बोलते क्यों नहीं?"

कुछ सेकंड की प्रतीक्षा के बाद भी, दूसरी ओर से कोई जवाब नहीं आया तो कॉल कट कर मम्मी का नम्बर लगाने लगी। अभी डायलिंग पूरी भी नहीं हुई थी कि वही नम्बर फिर चमका और रिंग बजने लगी। इस बार तो कॉल रिसीव करके बगैर 'हैलो' बोले, दम साधे दूसरी ओर की प्रतिक्रिया की प्रतीक्षा करने लगी। अचानक किसी वीराने से हहराती हुई एक आवाज उभरी, "शिखा, आय लव यू।"

इस आवाज को सात तालों के पीछे भी पहचान सकती हूँ। यह अमन था। उसकी आवाज का सम-विषम, आरोह-अवरोह सब पहचानती हूँ। एकबारगी मेरे भीतर का गुस्सा नरम पड़ गया मानो सोडावाटर की उफान तली में जा बैठी हो। भीतर से एक आह-सी निकली और बिना कुछ बोले मैंने कॉल कट कर दी। इतनी नामालूम आवाज कि दूसरी ओर पता तक न चले। हालाँकि मेरे अन्दर कुछ कट-सा जरूर गया था।

अमन अब नम्बर बदल-बदल कर कॉल करने लगा है। उसका पुराना नम्बर जब से ब्लॉक किया है, वह इसी तरह अनजान नम्बरों से कॉल करने की कोशिश करता है। लेकिन अनजान नम्बरों से अमन के अलावा भी किसी-किसी के फोन आ ही जाते हैं। कई बार वे जरूरी कॉल भी होते हैं, इसलिए हर अनजान कॉल को इग्नोर करना सम्भव नहीं होता।

ऐसे ही अनजान नम्बरों से अमन के कॉल करने के चलते मैं उससे कई बार अपनी नाराजगी जता चुकी हूँ, "अमन, समझते क्यों नहीं कि मैं तुमसे कोई रिलेशन नहीं रखना चाहती। हमारे रास्ते अलग हो चुके हैं। फॉर गॉडशेक, मुझे तंग मत किया करो!" लेकिन उस पर कोई असर नहीं हुआ। मेरे बार-बार मना करने के बावजूद उसकी यह हरकत जारी है। मेरी परेशानी भाँप कर एक बार रोहन भी अपना धैर्य खो बैठा था, "कहो तो मैं उससे बात करूँ? लगता है लातों का भूत बातों से नहीं माननेवाला।"

मैंने रोहन को मना कर दिया था, "क्या करोगे, लड़ाई? रोहन, तुम एक अच्छे इनसान हो, तुम्हें ये सूट नहीं करता। प्लीज, हमें किसी लफड़े में नहीं पड़ना।"

"लेकिन शिखा!"

मैंने उसकी बात काट दी थी, "नहीं रोहन, तुमको बीच में पड़ने की जरूरत नहीं है। वो खुद समझ जाएगा।"

मेरा अनुमान गलत निकला। ब्रेकअप के आठ महीने हो गए, लेकिन समझने

के बजाय वह कहीं ज्यादा अमान हो चुका है। उसकी हरकतें दिन पर दिन उग्र होती जा रही हैं। उसकी उद्दंडता से आजिज आकर, पिछले दिनों मुझे उसकी शिकायत डीन से करनी पड़ी। डीन ने मामले की जाँचकर उचित कार्रवाई करने का आश्वासन दे रखा है। लेकिन अमन पर इसका उल्टा असर हुआ। उसे इतना भी लिहाज नहीं रहा कि हम एक-दूसरे के खैरख्वाह रहे हैं, हमने एक-दूसरे का भरोसा जिया था, मुटिठयों में गुजरे लम्हे और धड़कनों में दुआओं का सम्बल रखा था। वह सब कुछ भूल गया था। पागलों जैसा बिहेव करने लगा था।

एक दिन रिंकी ने बताया था, "अमन तुमसे बहुत प्यार करता है, शिखा। तुम्हारे बिना नहीं रह सकता। बोलता है, शिखा मेरी और सिर्फ मेरी है।"

वह मेरे लिए अतीत हो चुका था, उसकी किसी बात का मुझ पर कोई असर नहीं होनेवाला था। मैंने उपेक्षा भाव से रिंकी को जवाब दिया था, "रिंकी, ही डजंट डिजर्व। उसे कह देना आ'म नॉट हिज प्रॉपर्टी।"

अमन के इसी डॉमिनेंस एटिट्यूड, मेल शोविनिज्म की हरकतों से आजिज आकर मैंने उससे दूरी बढ़ाई थी। लेकिन दिन पर दिन उसकी बदतमीजियाँ बढ़ती जा रही थीं। उसने कई बार मेरा रास्ता भी रोकने की कोशिश की थी। एक बार तो उसने कैंटीन में जबरन मेरा हाथ पकड़ लिया था। बहकी-बहकी बातें करते हुए उस दिन अच्छा-खासा तमाशा बना दिया था। वो तो रिंकी के बीच में पड़ने से मामला शान्त हुआ था, वरना मैं भी उसके साथ कुछ कर बैठती। तब वाकई मेरा धैर्य जवाब दे गया था।

शुरू में वह सिर्फ लम्बे-लम्बे मैसेज भेजता। उनमें अपने दिल का हाल लिखता। प्रेम की फिलॉसफी बघारता। मुहब्बत के मायने समझाता। एक से एक जजबाती शेर भेजता। इश्किया कोट्स डालता। इनमें रोमानियत होती, उदासी और मायूसी होती। तड़प और उलाहने का इजहार होता। ये मैसेज पढ़ते हुए कभी गुदगुदी होती, कभी कोफ्त। कभी मन व्यथित होता, कभी रोष से भर जाता। उसे सोचते हुए भीतर ही भीतर बहुत कुछ टूटता-फूटता। कितने आँसू, कितनी ही हिचकियाँ कमरे के सन्नाटे में दफ्न हो जातीं। मुझे लगता है, अपने अतीत से बाहर निकलना आसान नहीं होता। समय भले ही अतीत को पीछे छोड़ दे, अतीत हमेशा हमसाया होता है।

एक साल कम नहीं होता। वह धीरे-धीरे मेरे करीब आता गया था। मेरे वजूद पर छाता चला गया था। उसके बिन्दास अन्दाज, केयरिंग नेचर और आकर्षक धज-धजा से इस कदर प्रभावित हुई थी, कि कब उससे प्रेम करने लगी पता ही नहीं चला। बेखयाली का आलम ऐसा कि खयालों में गुनगुनाती, ख्वाबों में मुस्कराती। मौसम कोई भी हो मन में बसंत ठहरा रहता। तब जैसे सम्मोहन में बँधी थीं आँखें। हर ओर वही दिखता जो जादूगर दिखाता। छोटे शहर से आई मैं

चेहरे और मुखौटे में फर्क नहीं जानती थी। हर किसी पर विश्वास कर लेने की सरलता मेरा स्वभाव था।

माँ मेरी इस आदत पर अक्सर टोकती थी, "हर किसी पर आँख मूँदकर विश्वास कर लेना अच्छी बात नहीं है।

"हर किसी पर अविश्वास करना भी तो अच्छी बात नहीं है, माँ।" मैं माँ को निरस्त करना चाहती।

माँ गम्भीर मुद्रा में चेताती, "लड़की जात को इस मामले में सचेत रहना पड़ता है, बेटा। जमाना बहुत खराब है।"

"कितना जमाना देखी हो तुम? मायके से ससुराल, ससुराल से मायका।" उस दिन जब माँ का मजाक बनाया, तो उनकी आँखें पनीली हो आई थीं।

मैं अवाक् अपराधबोध से भर गई थी। माँ को कन्धे से पकड़कर झिंझोड़ा था, "सॉरी, माँ।"

"नहीं, तुम्हारी कोई गलती नहीं है।" माँ की आँखों की नमी कोरों में अटकी हुई थी, "मेरी किस्मत ही ऐसी थी कि देश-दुनिया कुछ नहीं देख पाई।"

"डोंट वरी माँ, मैं दिखाऊँगी तुम्हें दुनिया।" मैंने माँ को भरोसा दिलाया था, "बस, मेरा टाइम आने दो।"

माँ ने ठंडी साँस खींचते हुए उतनी ही ठंडी कामना की थी, "भगवान तुम्हारी इच्छा पूरी करें!"

"भगवान तो बाद में करेगा। पहले तुम मेरी इच्छा पूरी करोगी, पापा को पोटकर।" ऐसे ही किसी दिन छेड़-छाड़ वाले जजबाती लम्हों के बीच मैंने माँ को भरोसे में लिया था। प्रकारांतर से माँ को हर बार की तरह इस बार भी जताया था कि तुम्हारा साथ चाहिए और तुम चाह लोगी तो पापा मुझे बाहर पढ़ने भेजने को राजी हो जाएँगे।

हर बार की तरह माँ ने ठंडी आह भरी थी और मुस्कराकर जवाब टाल दिया था। पता नहीं, वह मुझे आश्वस्त करने से बचतीं या खुद पर विश्वास न होने की कमतरी से डरतीं?

जितना मैं अमन को जानती हूँ, वाकई यकीन करना आसान नहीं होता कि वह ऐसी जुनूनी हरकतें करेगा। लेकिन वह जो कर रहा था, उससे अब मेरा यह विश्वास मजबूत हो गया था कि उससे अलग हो जाने का मेरा फैसला बिल्कुल सही था। इस फैसले पर न मैं एक दिन में पहुँची थी, न यह फैसला किसी वक्ती जज्बात में लिया था। उससे मोहभंग का सिलसिला बहुत पहले ही शुरू हो गया था। थोड़ा-थोड़ा। किस्त-किस्त। नदी का कोई किनारा लहरों के थपेड़ों से जैसे थोड़ा-थोड़ा कटता जाता है और धीरे-धीरे अपने सैलाब में सब कुछ बहा ले जाता है, ऐसा ही कुछ हुआ था। बिल्कुल थोड़ा-थोड़ा।

वह फोन करता और किसी और से बात करने के कारण मेरा फोन बिजी होता तो वह मुँह फुला लेता। मैं बेतहाशा हँसते हुए उसे मना लेती, "सॉरी यार। जरूरी कॉल थी। समझा करो।"

वह तुरत-फुरत नहीं मानता तो मैं कान पकड़कर माफी माँगती और मुँह फुलाकर दूसरी ओर देखने लगती। वह मेरा हाथ अपनी दोनों हथेलियों में थामकर कहता, "शिखा, प्लीज मुझे इग्नोर मत किया करो।"

"अमन, मैं तुम को इग्नोर नहीं करती बिलीव मी, बट दूसरों से बात न करूँ... हाउ इज इट पॉसिबल?"

"ओहो...तो मेरे लिए इतना भी नहीं कर सकतीं ! यही तुम्हारा प्यार है?" वह सवाल करता। मैं उसकी नाराजगी दूर करने के लिए कह देती, "ओके, आई विल ट्राई।"

ऐसे ही मान-मनुहार में बात आई-गई हो जाती। लेकिन धीरे-धीरे उसका दखल बढ़ने लगा था। मम्मी या किसी दोस्त से भी बात कर रही होती, तब भी वह अपेक्षा करता कि मैं उनके कॉल कट करके उससे बात करूँ या उसके कॉल का तुरन्त रेस्पांस करूँ, क्योकि उसे इग्नोरेंस पसन्द नहीं। मैंने जब ऐसा करने से दो टूक मना कर दिया तो उसने निहायत बेकदरी से पूछा, "एक बात बताओ, तुम्हारे लिए मैं इंपॉर्टेंट हूँ या मम्मी?"

मैंने उसे समझाने की कोशिश की, "तुम, तुम हो और मम्मी, मम्मी। दोनों मेरे लिए इंपॉर्टेंट हैं।"

"बट यू नो, मुझे कोई टेकेन फॉर ग्रांटेड ले, ये बर्दाश्त नहीं।"

पहली बार अमन इस लहजे में पेश आया था। उसके इस रूप को देखकर विश्वास करना मुश्किल हो रहा था कि यह वही अमन है, जिसे अब तक देखती-जानती रही हूँ। जब तक मैं सामान्य हो पाती, अपनी ओर से कुछ कह पाती, वह तमतमाया हुआ लाइब्रेरी से बाहर निकल गया था। मैं किताबें समेटकर उसके पीछे भागी थी। लेकिन वह अपनी मोटरसाइकिल पर आँधी-तूफान की तरह हवा हो गया था। मैं अपनी जगह सन्नाटे में खड़ी, अभी-अभी जो कुछ होकर गुजरा था, उस पर यकीन करने की कोशिश करती असमंजस में बुत थी कि सामने से आते रोहन ने पुकारा था, "हाई शिखा!"

जबरन मुस्कराई थी, "हाई!!"

लगा था जैसे मैं मुस्कराने का अभिनय कर रही हूँ। लेकिन क्यों? ये नाटक क्यों करना चाहिए मुझे? ये सवाल जहन में बेतरह कौंधा था और मैं रोहन से नजरें चुराने लगी थी। पता नहीं मेरे चेहरे पर मेरा झूठ छप गया था या रोहन मन पढ़ने में माहिर था। उसने सीधे पूछा, "क्या हुआ? डिस्टर्ब लग रही हो?"

"अरे नहीं, ऐसा नहीं है!" झूठ छिपाने की कोशिश में इस बार हड़बड़ा गई थी,

"वो क्या है कि घर से मम्मी का फोन आया था, इसीलिए थोड़ा मूड ऑफ था।"

पहली बार खुद को छोटा महसूस कर रही थी। खुद में गड़ी जा रही थी।

"क्यों, शादी-ब्याह का मामला है? मम्मी लोगों को हर वक्त यही चिन्ता खाए रहती है।" रोहन ने चुटकी ली थी।

फीकी मुस्कराहट के साथ मैंने बात बदल दी थी, "आप लाइब्रेरी जा रहे हैं?"

"हाँ, तुम रुकोगी या निकल रही हो?"

"मैं निकल रही हूँ।" जवाब के साथ ही तेजी से सीढ़ियाँ उतर गई थी। पता नहीं क्यों रोहन का सामना करने में सहज नहीं हो पा रही थी।

रोहन की बहुत इज्जत करती हूँ। इसलिए नहीं कि वह पढ़ाई के प्रति बहुत सीरियस है, बल्कि इसलिए कि वह अपने सोशल कमिटमेंट और विजन को लेकर बहुत क्लियर है। लड़कियों की भी बहुत इज्जत करता है। संवेदना से भरी कविताएँ लिखता है। अपनी बात साफगोई से रखता है। अमन ने ही बताया था कि रोहन आईएएस की तैयारी कर रहा है। उसकी सिंसियरिटी देखकर मुझे लगता है, वह क्वालिफाई कर जाएगा।

रोहन से परिचय भी अमन ने ही कराया था।

उस दिन मैं और अमन कैंटीन जा रहे थे, जब रोहन कैंटीन से आते हुए ऐन गलियारे में मिल गया था। उसे विश करके अमन ने पूछा था, "हाई कॉमरेड, कैसे हो?" रोहन जवाब दे उससे पहले ही वह मुझसे मुखातिब हो गया था, "शिखा, ये रोहन है। हमारा जीनियस। हार्डकोर कम्युनिस्ट। नॉलेज का विकीपीडिया। क्या फाड़ू पोयम लिखता है यार! एक नम्बर।" फिर अचानक जैसे कुछ याद आया हो, जोर देकर बोला, "और हाँ, ये भी तुम्हारी ही तरफ का है।"

इस परिचय-पुराण से उदासीन मैंने कोई उत्सुकता जाहिर नहीं की थी। लेकिन रोहन ने पूछा था, "बक्सर से हो? बक्सर में कहाँ?"

"पीपरपान्ती।" हिचकिचाहट के साथ इतना ही बोल पाई थी बस। आगे न मैंने कुछ पूछा और न अपने बाबत उसने कुछ बताया। एक लम्हे की जुम्बिश के साथ वह तेजी से लाइब्रेरी की ओर बढ़ गया था।

उस दिन मैंने कैंटीन में अमन से कसकर नाराजगी जतायी थी, "किसी भी ऐरू-गैरू से मिलवाने की क्या जरूरत है?"

"ओये फायर ब्रांड, ज्यादा भाव मत खा...वो तेरे मायके वाला है, इसीलिए मिलवाया, लेकिन तू तो मेरी ही वाट लगा रही है। स्साला भलाई का जमाना ही नहीं रहा।" अमन अपनी ही रौ में बोलता चला गया था।

"तुम नहीं जानते हमारी तरफ वाले कितने कंजर्वेटिव होते हैं। ऐसे लोगों से मैं बच के ही रहना चाहती हूँ।" मैंने अपनी आशंका जाहिर की थी। मेरे चेहरे पर नापसन्दगी चस्पां थी।

मेरी आँखों में आँखें डालकर अमन मुझे कन्विंस करने की कोशिश करने लगा था, "वह कंजर्वेटिव नहीं, प्रोग्रेसिव है...लालसलाम वाला कम्युनिस्ट ।"

"कम्युनिस्ट कंजर्वेटिव नहीं होता, ये तुम कैसे कह सकते हो? कोई गारंटी है क्या?" मैं भड़क गई थी। अमन मेज पर तबला बजाता गुनगुनाने लगा था, "मैं तेनु समझावाँ की। न तेरे बिन लगदा जी।" उसके होंठों पर शैतान मुस्कराहट थी। मैं नकली गुस्सा जताती उसे घूरती रही। कॉफी आने तक हमारे बीच चुप्पी छाई रही। कॉफी से भाप उठ रह थी। उसके इसरार की प्रतीक्षा में मैं भी भाप हुई जा रही थी। उसने कॉफी का कप उठा लिया था। भाप अब उसके चेहरे के पास जमा हो रही थी। मेरा दिल उस पर आने लगा था। लेकिन मैं कतई पिघलने के मूड में नहीं थी। वह संजीदा हो आया था, "सॉरी, यार। आइंदा खयाल रखूँगा।"

रोहन कभी-कभार दिख जाता। कभी लाइब्रेरी में तो कभी कैंटीन में। कभी डिपार्टमेंट के बाहर बरामदे की सीढ़ियों पर। कभी रास्ते में किनारे पर बनी सीमेंट की किसी बेंच पर। ऐसे में उसे सीधे-सीधे इग्नोर कर पाना सम्भव नहीं होता। शायद अशोभनीय भी लगता। वह हल्की मुस्कराहट के साथ 'हैलो' कहता और मैं "कैसे हैं आप?" कहकर आगे बढ़ जाती। कभी-कभार रुककर दो-चार बातें भी हो जातीं। लेकिन अमन को यह रास नहीं आया। उसने अक्सर टोकना शुरू कर दिया था, "उस फट्टू से ज्यादा घुलने-मिलने की जरूरत नहीं है।"

जीनियस से फट्टू हो गया था रोहन। अमन की ईर्ष्या धुआँने लगी थी। मैं फिर भी रोहन से बात करती। अमन को लगता मैं जानबूझकर उसे इग्नोर कर रही हूँ। वह उलाहने देता और वार्निंग भी कि वह रोहन के साथ मेरी दोस्ती को टॉलरेट नहीं करेगा। यह उसकी मुझ पर हावी होने की कोशिश थी। मेरी समझ में आने लगा था कि मै ऐसी तंग गली में चल रही हूँ, जहाँ स्पेस की कोई गुंजाइश नहीं है। ऐसे में जिस्म से ज्यादा मन छिलता। दुख की सीवनें उधड़तीं और सुख सहमा-सा बगलगीर होता।

अमन से जुड़ना भी वैसे ही हुआ था। थोड़ा-थोड़ा। धीरे-धीरे। फर्स्ट ईयर में कहाँ किसी को जानती-पहचानती थी? अपने शहर से आई एक-दो लड़कियों के अलावा यहाँ किसी से कोई राब्ता नहीं था। उन्हीं में थी रिंकी। अमन इसी रिंकी का फुफेरा भाई है। उसके पिता हाईकोर्ट के बड़े वकील हैं। ग्रेजुएशन के बाद उसका भी लॉ करने का इरादा है। उसकी लम्बी-लम्बी बातों और बात बनाने के तरीके पर फिदा मैं अक्सर कहती, "बेटा, तुममें वकीलों वाले सारे गुण हैं। तुम एक दिन पक्के लायर बनोगे।"

"लायर?"आँखें दिखाता अमन। मैं हँसती, "अरे बाबा, लायर और लॉयर में कोई फर्क होता है क्या?"

अमन मेरी ओर झपटता तो मैं छिटककर दूर चली जाती। वह नकली तेवर

दिखाता और मैं हँसकर कहती, "जाओ तुम्हें आशीर्वाद देती हूँ, तुम एक दिन कामयाब लॉयर बनोगे।"

"माँ, अपना आशीर्वाद बनाए रखना।" अमन मेरे सामने दोनों हाथ जोड़कर खड़ा हो जाता।

मैं उसी मूड में दाएँ हाथ को आशीर्वादी मुद्रा में उठाकर कहती, "एवमस्तु... तथास्तु! बालक, तुम्हारी मनोकामना अवश्य पूरी होगी। रिक्वेस्ट ग्रांटेड।"

पहली मुलाकात उसके घर पर हुई थी।

रिंकी के पैरेंट्स उसकी शादी का दबाव बना रहे थे और रिंकी अपनी बुआ के पास मदद के लिए गुहार लगाने गई थी। उसने बताया था, उसकी बुआ की बात कोई नहीं टाल सकता, उसके पापा भी नहीं।"

उस दिन रिंकी को मेरा साथ चाहिए था। उसके इस कठिन समय में उसकी मदद के लिए उसके साथ उसकी बुआ के यहाँ जाने में कोई हर्ज नहीं था। बस इसी खयाल से मैं उसके साथ हो ली थी।

रिंकी की सारी बात सुनने के बाद बुआ ने दुनियादारी, भाई-भाभी की जिम्मेदारी और भाग्य का लेखा वगैरह पर विस्तार से अपनी बात रखते हुए कहा था, "रिंकिया, ई काम हमसे ना होगा, बाबू। शुभ काम में अड़ंगा लगाने का कलंक हम ना ले सकते हैं। "

बुआ की दो टूक सुनकर रिंकी रुआँसी हो गई थी। मैं भी बुआ का मुँह ताकती रही थी। उनके स्निग्ध चेहरे पर अचानक कठोरता आ बिराजी थी। उस क्षण तो मुझे लग रहा था जैसे यह रिंकी की नहीं, मेरी भी बेचारगी हो। तभी उस दृश्य में अचानक अमन नमूदार हुआ था। उसे देखकर मैं सकुचा गई थी। अमन मेरी ओर एक सरसरी निगाह डालते हुए 'हैलो' कहकर सीधे बुआ से मुखातिब हो गया था, "मम्मी, जमाना बदल गया है। रिंकी आज के जमाने की लड़की है। तुम लोग उसके मन के खिलाफ काम करोगे, तो वो कुछ भी कर सकती है। मान लो, उसने सुसाइड कर लिया तो?"

अमन ने ये बात इतने तपाक से कही थी कि बुआ बुरी तरह सिहर गईं। उन्होंने चीखते हुए अमन को डाँटा, "दिमाग खराब हो गया है तेरा। जो मन में आए सो बोलता है।"

बुआ की डाँट का अमन पर कोई असर नहीं हुआ था। उसने लापरवाही से कहा, "देख लो, बाद में पछताना न पड़े!"

अमन की वो पहल, उसकी बेबाकी, उसके अन्दाज का मुझ पर गहरा असर हुआ था। लौटानी पर मैंने रास्ते में रिंकी से कहा था, "अमन ने तेरा काम आसान कर दिया न?"

रिंकी का मन बोझिल था। उसी मन:स्थिति में उसने जवाब दिया था, "फिर भी

अमन को ऐसी बात नहीं कहनी चाहिए थी। बुआ को बहुत दुख हुआ है। मम्मी-पापा तो मुझसे ऐसी उम्मीद भी नहीं कर सकते।"

मैं उजबक-सी रिंकी को देखती रही थी। वह मुझे उसी हाल में छोड़कर अपने पीजी चली गई थी। उसके बाद कई दिनों तक न रिंकी दिखी, न अमन। रिंकी की अनुपस्थिति के बारे में अमन से पूछना चाहती थी और अमन के बारे में रिंकी से। लेकिन दोनों के एक साथ न दिखने से मेरे अन्दर उलझन बढ़ गई। अचानक दोनों कहाँ गायब हो गए। एक सप्ताह बाद अमन कॉलेज में नजर आया तो मैं स्वयं को रोक नहीं पाई। सीधे उसके पास जाकर पूछ लिया "कई दिनों से रिंकी नहीं दिख रही, आपको कुछ पता है, उसके बारे में?"

"मैं भी तो कई दिनों से नहीं था। आपने मेरे बारे में नहीं पूछा?" च्यूइंगम चबाता अमन हँस रहा था।

"वो मेरी दोस्त है।" मैंने आँखें झुकाकर जवाब दिया था।

"हम भी दुश्मन तो नहीं?" अमन ने चुहल की थी।

मैं चुप थी। अमन करीब आया, मेरा दिल धड़का। वह बोला, "रिंकी की एँगेजमेंट हो गई है। मैं भी इसी सिलसिले में उसके घर गया था। वह एक-दो दिनों बाद आ जाएगी।"

मेरी आँखें फैल गईं। अमन मेरे आश्चर्य को लक्ष्य कर हँसा, "क्या हुआ, मैडम, विश्वास नहीं हो रहा? मेरी बहन रिंकी जी बहुत संस्कारी, आज्ञाकारिणी बालिका हैं। माँ-बाप, बुआ-फूफा सबका कहना मानकर वह शादी के लिए राजी हो गई।"

"उसका विरोध, उसकी नाराजगी? वो सब...वो...क्या था?" मेरी आँखों की हैरानी शायद चेहरे तक पसर गई थी।

"सब ड्रामा था! लड़कियाँ सब एक नम्बर की ड्रामेबाज होती हैं।" वह रिंकी के निर्णय से नाराज था, शायद इसी बहाने सारी लड़कियों को टारगेट कर रहा था।

मैंने मजा लेते हुए उसी के अन्दाज में चुटकी ली थी, "लगता है, लड़कियों के बारे में काफी कुछ जानते हैं?"

"म...म...मेरा...मतलब ये नहीं था!"अमन झेंप गया था।

उस दिन के बाद अमन से 'हाय-हैलो' का सिलसिला शुरू हो गया था। कई दिनों बाद भी जब रिंकी नहीं लौटी, तो मैंने उससे फिर दरयाफ्त किया, तो वह बुरी तरह भड़क गया था, "प्लीज, उसके बारे में मुझसे कोई बात मत करो। शी इज गॉन केस।"

अमन रिंकी के निर्णय से आहत था। मेरा बार-बार उसके बारे में पूछना उसे नागवार गुजरा था। मैंने दबी जुबान से 'सॉरी' बोलकर अपनी गलती सुधारी थी, "आइंदा नहीं पूछूँगी, प्लीज!"

अमन से मिलना, बातें करना अच्छा लगने लगा था।

इस बीच, रिंकी लौट आई थी। लेकिन मुझसे कटी-कटी रहती। मैंने भी उसकी परवाह छोड़ दी थी।

अमन ने कब प्यार का इजहार किया, मैंने कब इकरार किया, कुछ याद नहीं। लेकिन हमारे बीच कुछ अनकहा नहीं रह गया था। हम अपनी अन्तरंगताएँ शेयर कर रहे थे। हमारे एकान्त में कलरव था। हमारे शोर में चुप्पी थी। हमारे दिन चमकीले थे। रातें चटख। साथ होते तो साए की तरह। अकेले होते तो साया साथ होता। अमन कहता, "शिखा, वी आर मेड फॉर ईच अदर।"

मैं आँखें मूँदे उसके कहे को महसूस करती और वह मेरी चुप्पी में उतरकर जोर से आवाज लगाता, "शिखा, कहाँ खो गईं?"

लगता अमलतास के पेड़ों पर लदे फूल अचानक झरने लगे हों। आँखें खुलतीं तो इन्हीं पेड़ों के पास खड़ा अमन हाथ पकड़कर चल पड़ता। मैं बेफिक्र ये भी न पूछती, "कहाँ? किधर?"

वो आंधियों से भरी गर्मियों की दोपहर थी। लाइब्रेरी में वातानुकूलन था। किताबों के पन्नों पर पसरी खामोशी थी। इस खामोशी में अमन की कॉल ने खलल डाला। तेज बजती घंटी से सकपकाई मैं लाइब्रेरी में बैठे लोगों को देखने लगी थी। काउंटर पर स्थितप्रज्ञ लाइब्रेरियन ने मेरी ओर घूरकर देखा तो मैंने हड़बड़ाकर कॉल काट दी। दुबारा कॉल आए इससे पहले ही फोन स्विच ऑफ कर दिया था। उस शाम अमन जब लाइब्रेरी गेट पर मिला था तो गुस्से से भरा हुआ था। मैंने उसका तेवर देखते ही 'सॉरी' कहा था। वह बुरी तरह बिफर पड़ा था, "हाउ यू डेयर?"

"व्हाट?"मैंने अवाक उल्टा सवाल किया था, "व्हाट यू मीन?"

"हिन्दी में समझाऊँ?"अमन की भंगिमा हिंस्र हो आई थी।

"अमन, मैं पढ़ रही थी इसलिए कॉल कट करनी पड़ी।" मैं सकपका गई थी, बमुश्किल सफाई दी थी।

"अच्छा! मुझसे ज्यादा आपकी पढ़ाई इंपॉर्टेंट हो गई?"वह आगबबूला हो गया था।

लाइब्रेरी गेट पर आवाजाहियाँ जारी थीं। लोग रुककर देखते, मुस्कराकर आगे बढ़ लेते। मै अपमान से भरी तेजी से उतरती वहाँ से निकल गई थी। अमन न पीछे आया न ही आवाज लगाई। मैंने भी पीछे मुड़कर नहीं देखा।

उस रात बिजली कड़की, बादल गरजे, उमस भरी रात में बारिश के आसार बढ़ गए थे। नींद पीजी की छत से उलटी लटकी हुई थी।

अगले दिन कैंटीन में नाश्ता करते हुए सोचा कि अमन से फिर माफी माँगूँगी। हो सकता है, रात भर में उसका गुस्सा ठंडा पड़ गया हो। लेकिन अमन कैम्पस में आने के बावजूद मुझसे नहीं मिला, मेरी परवाह तक नहीं की। दिन बेहद उजाड़-उदास...निचाट...बेमानी-सा गुजरा। लुटे-पिटे मन और धूसर मौसम में जब राहत

की सूरत नहीं नजर आ रही थी, अचानक रोहन नजर आ गया।

"कहाँ?"

"कहीं नहीं।"

"क्यों, खाली हो?"

"हाँ।"

"कहीं बैठें?"

हाँ, ना कुछ नहीं।

कैंटीन नहीं। कैम्पस के बाहर 'लल्लू जी टी स्टॉल' पर रुका रोहन।

"गर्मी बहुत है। कोल्ड पियें?"

कोल्ड पीते हुए रोहन ने पहली बार गौर किया, "क्या बात है, कुछ बोल नहीं रहीं? मौनव्रत ले रखा है?"

बोलना कठिन लगा तो आँखें आसमान की ओर जा टँगीं।

"आर यू ओके, शिखा?" रोहन परेशान दिखा।

रोहन को सीधे फेस करने से बचने के बावजूद मेरी आवाज में नमी थी, "या!"

लगा कि देर से जब्त रुलाई फूट पड़ेगी। बड़ी मुश्किल से खुद को जज्ब किया।

"शिखा, क्या हुआ। समथिंग रॉन्ग?" रोहन की जिज्ञासा में बेचैनी थी।

रोहन से क्या बताया, क्या छिपाया। रोहन ने क्या सुना, क्या कहा। कुछ याद नहीं। उस शाम साथ चलते-चलते रोहन पीजी गेट तक छोड़ने आया।, जाते-जाते बोल गया, "खाना खा लेना, प्लीज।"

भूख न होने के बावजूद उस रात खाना खाया।

बेड पर जाते ही बादल गरजे। बिजली तड़की। बाहर बूंदों की टप-टप शुरू हो गई थी। भीतर सैलाब उमड़ पड़ा था। रात डूबती-उतराती रही थी।

देर से आई नींद के बावजूद, खिड़की पर दस्तक देती रोशनी के साथ आँखें खुलीं। पहली बार अहसास हुआ कि रोशनी की भी आहट होती है, कि जागने के लिए आवाज नहीं, अहसास की जरूरत होती है। बाहर मौसम साफ था। नीला आसमान, उससे उतरती नर्म धूप और चीं...चीं...चूँ...चूँ करती फुरगुद्दियों को देखना जैसे खुद को देखने की तरह था। बड़ी देर तक यूँ ही खिड़की के पास मुग्धमन खड़ी रही।

ध्यान मोबाइल की आवाज से टूटा। रिंकी की कॉल थी। बेमन से उठाया, "हैलो!"

"अमन से झगड़ा हुआ है क्या?" रिंकी ने सीधा सवाल किया।

"तुमको कैसे पता?" मैं सतर्क हो गई।

"अमन ने बताया। कह रहा था कि तुम बहुत उड़ रही हो।"

"तो?"

"तो यही कि वह कह रहा था कि...।" रिंकी सचमुच कुछ कह नहीं पा रही

थी या कि उसने जानबूझकर बात अधूरी छोड़ दी थी, पता नहीं। मैंने उसे उकसाया, "कमऑन रिंकी, साफ-साफ बोलो, क्या कह रहा था।"

"ये...ये...कि उसे पर काटना आता है।" थोड़ी हिचक के साथ रिंकी बोली थी।

ये सुनते ही मैं तैश में आ गई...पलटकर मैंने तुर्शी से जवाब दे दिया, "रिंकी, पर मेरे हैं, उड़ान भी मेरी है। किसी की मजाल नहीं कि मेरी मर्जी के बगैर मुझे छू भी सके।" ये सब बोलकर मुझे पहली बार खुद पर गर्व हुआ था, मन-ही-मन खुद को शाबाशी दी थी, "वेल डन, शिखा।"

ये अमन से मोहभंग की शुरुआत थी। मैंने खुद को पढ़ाई, कैरियर की प्लानिंग और अपने व्यक्तित्व के निर्माण पर केन्द्रित कर लिया था। मेरा निर्णय दृढ़ था। मैंने अमन से दूरी बढ़ा ली थी। ये सब अमन के अहं को नागवार गुजर रहा था। वह पहले तो आक्रामक रहा। फिर याचक और अब जिद पर उतर आया था। उसकी इन हरकतों से दुखी होकर मैंने एक दिन साफ-साफ कह दिया, "अमन, हमारे विचार एक-दूसरे से नहीं मिलते। हमारे नेचर में भी बहुत फर्क है। बेहतर हो कि हम अलग हो जाएँ।"

अमन को मेरे इस रुख, इस फैसले पर शायद विश्वास नहीं हुआ था। उसे लगा कि मुझ जैसी जज्बाती लड़की, बात-बात पर उसकी मिजाजपुर्सी करनेवाली उसकी गर्लफ्रेंड, अचानक इस कदर निरपेक्ष-निस्पृह कैसे हो सकती है?

उसने छूटते ही आरोप लगाया, "रोहन तुम्हें बरगला रहा है। उसे तो मैं देख लूँगा। "

"मैं बच्ची नहीं हूँ, जो कोई मुझे बरगलाएगा।" मैंने सख्त प्रतिवाद किया, "खामख्वाह उसे ब्लेम मत करो।"

"ओह ओ...!" बुरी तरह चिढ़ गया था वह, "उसके लिए इतना दर्द... इतनी वकालत?"

मैंने बात बढ़ाना उचित नहीं समझा था। सारा गुस्सा पी गई थी।

अमन के इस आरोप पर रोहन ने जरूर उसे समझाया था, "देख अमन, प्यार किसी पर थोपा नहीं जा सकता। तुझे शिखा के फैसले का सम्मान करना चाहिए।"

"तू ज्यादा काबिल मत बन। आय लव शिखा एंड शी इज माइन।"

"नो, नॉट योर्स।" मैंने पलटकर जवाब दिया था, "आय' एम नॉट योर प्रॉपर्टी। "

फिर तो ये पीछा, ये मेसेजेज, ये अनजान नम्बरों से कॉल का जो सिलसिला शुरू हुआ तो वो अब तक जारी है।

"कब से लगा रही हूँ, तेरा फोन नहीं लग रहा, कहाँ बिजी थी?" माँ ने कॉल रिसीव करते ही सीधा उलाहना देना शुरू कर दिया।

"रांग नम्बर था, माँ, एकदम मूड ऑफ कर दिया।" झूठ के साथ गला तर

करने की कोशिश में मैंने बोतल से एक घूंट भरी।

"तू ठीक तो है? तेरे पापा कह रहे थे पता नहीं तू अपने खाने-पीने का खयाल रखती है या नहीं?"

"माँ, क्यों झूठ बोल रही हो? पापा को मेरी इतनी फिक्र कब से होने लगी?" अनायास ही मन भर आया।

बड़ी देर तक माँ की बातें, नसीहतें सुनते हुए हाँ-हूँ करती रही।

देर रात तक पढ़ने की कोशिश करती रही, लेकिन अजीब-सी बेकली से मन उचट जाता। सोने की कोशिश में आँखें भारी थीं, लेकिन नींद गायब। उल्टे-सीधे खयालों का रेला उमड़ा आ रहा था। बेड पर बैठकर बड़ी देर तक अँधेरे को घूरती रही। रात स्याह घनी थी। घनी रातें इतनी भारी होती हैं, ये आज पहली बार जाना।

सुबह अभी पूरी तरह जाग भी नहीं हुई थी, जब मेरे रूम के दरवाजे पर तेज-तेज होती दस्तक से मैं चिहुँककर उठ बैठी। बाहर पीजी मालकिन रीता शर्मा आवाज दे रही थीं। निंदियायी-सी बेमन उठकर दरवाजा खोला। सामने रीता शर्मा के साथ दो लेडी कांस्टेबल देख मैं घबरा गई, नींद उड़ गई, चेहरा फक पड़ गया कि माजरा क्या है?

एक लम्बी-तड़ंगी कांस्टेबल ने निहायत सख्त लहजे में कहा, "चल भई, थाने चलना है। तेरे को बड़े साब ने बुलाया है।"

"था...था...ने? किसलिए?" मैं हकला पड़ी।

"चल तो सही पहले। वहीं सब पता चलेगा! साब ही सारा केस समझाएँगे।" इस बार मोटी-थुलथुल दूसरी कांस्टेबल बोली। उसकी आवाज भी खुरदुरी थी।

मेरी आँखों के आगे अँधेरा छा गया। लगा खड़े-खड़े गिर पड़ूंगी। दरवाजा थामकर खुद को सँभालने की कोशिश।

थाने में थोड़ी देर इन्तजार के बाद आया पुलिस इंस्पेक्टर सीधे उससे मुखातिब हुआ, "अमन सिन्हा को तो जानती हो न? वही...तुम्हारा ब्यॉयफ्रेंड...उसने आज रात सुसाइड कर लिया ये तो मालूम ही होगा?"

अमन...सुसाइड! क्या कह रहा है इंस्पेक्टर? मेरा दिल डूबने लगा। धरती घूमती जान पड़ी। आंसुओं का सैलाब उमड़-घुमड़ होने लगा। भयाक्रांत मैं इंस्पेक्टर के चेहरे पर व्याप्त कठोरता देख काँप गई। अन्दर से दर्द की एक तेज लहर उठी और मैं बेसाख्ता फफक पड़ी।

"तुमको यहाँ पूछताछ के लिए लाया गया है।" आवाज और अन्दाज का रूखापन इंस्पेक्टर की उपस्थिति को कहीं ज्यादा भयावह बना गया।

बेचैनी से पहलू बदलते हुए मैंने इस वक्त खुद को निहायत अकेली और असहाय पाया। अचानक ये क्या हो गया? ये क्या हो रहा है? ये क्या है? अपने

आस-पास से गुजरते पुलिस वालों को देखते हुए, हथकड़ी लगे अपराधियों की विद्रूप हँसी को झेलते हुए लग रहा था कि मैं किसी खौफगाह में बैठी हुई हूँ। मेरे इस खौफ को और ज्यादा गहराया पास आकर खड़ी हुई एक लेडी सब इंस्पेक्टर ने। वह बता रही थी, "अमन को सुसाइड के लिए तुमने उकसाया, ये आरोप उसके पैरेंट्स ने तुम पर लगाया है।"

मेरी घिघ्घी बँध गई। भय मेरे वजूद को अपनी गिरफ्त में कसता जा रहा था। फिर भी मन-ही-मन तय किया कि चाहे जो हो, कमजोर नहीं पड़ना है। ये इनकी कोई चाल भी हो सकती है। फँसाने की कोशिश। एक साथ कई खयाल आए-गए। विपत्ति में दिमाग कितनी तेजी से सोचता है, ये पहली बार जाना। अब जो होगा देखेंगे। लेकिन ये सब इतना आसान न था। किसी तरह साहस जुटाकर अमन को कॉल किया।

घंटेभर के भीतर रोहन और मीडिया वाले एक साथ थाने में दाखिल हुए। रोहन को देखकर मेरी जान में जान लौटी। मेरे पास आकर उसने मेरा कन्धा थपथपाया।

मीडिया वाले इंस्पेक्टर से पूछ रहे थे, "क्या लड़की गिरफ्तार है?"

"नहीं, सिर्फ पूछताछ के लिए लाई गई है।" इंस्पेक्टर ने पेशेवर ढिठाई से जवाब दिया।

एक महिला रिपोर्टर मुझसे मुखातिब हुई, "पुलिस ने आपको टॉर्चर तो नहीं किया?"

इतनी देर तक थाने में बैठे रहना किसी टॉर्चर से कम है क्या, कहना तो चाहा, लेकिन बमुश्किल इनकार में सर हिला पाई। दहशत, हैरानी, लाचारी की गिरफ्त में मैं अपने-आप में कहाँ थी? रोहन ने मेरे कन्धे पर अपना हाथ रखकर हौसला दिया, तो आँखें छलक आईं। इतनी देर तक जब्त सब्र का बाँध टूट गया। टीवी कैमरे ने मुझे क्लोज किया। मैं दुपट्टे से आँखें पोंछने लगी।

महिला रिपोर्टर ने फिर सवाल किया, "अमन ने आपकी वजह से सुसाइड किया?"

मीडियावाले इतने तमाशेबाज क्यों होते हैं? महिला होते हुए भी यह रिपोर्टर ऐसे सवाल कैसे पूछ पा रही है? दुपट्टा मुँह में दबाकर रुलाई रोकने की कोशिश की। रोहन की तरफ देखा। उसने मेरी पीठ थपथपाते हुए मेरा हौसला बढ़ाया, "कमऑन, शिखा ! बोलो, खुलकर अपनी बात रखो।"

मैंने आँखें पोंछीं। गला सूख गया था। थूक निगलकर किसी तरह बोल पाई, "अमन से मेरा ब्रेकअप हो चुका था। मुझे नहीं मालूम उसने सुसाइड क्यों किया।"

"अमन ने फेसबुक पर अपना सुसाइड लाइव किया था।" एक दूसरे रिपोर्टर ने अगला सवाल दागा, "फिर कैसे नहीं पता आपको?"

मैं सिहर गई। आँसू रोक पाना सम्भव नहीं हो रहा था। अमन की आत्महत्या,

मुझ पर इल्जाम और सारा घटनाक्रम इतना अप्रत्याशित था कि जज्बात का सैलाब उमड़ पड़ा। मेरी बँधती हिचकी के सामने रिपोर्टर का माइक सवालिया था। मैंने रोहन की ओर देखा। रोहन ने रिपोर्टर को बताया, "ये अमन को अनफ्रेंड कर चुकी थी।"

वही रिपोर्टर इंस्पेक्टर से पूछ रहा था, "अमन का सुसाइड फेसबुक पर लाइव हो रहा था, तो पुलिस को पता क्यों नहीं चला?"

"इसका जवाब तो साइबर सेल ही दे सकता है!" इंस्पेक्टर ने जान छुड़ाने की गरज से लाचारी जताई।

थाने से निकलतें-निकलते दोपहर हो गई। अब तक खबर जंगल की आग की तरह फैल चुकी थी। पीजी के कॉमनरूम में टीवी पर एंकर जोर-जोर से चिल्ला रही थी, "अमन सिन्हा नाम के युवक ने देर रात सुसाइड कर लिया। अपने सुसाइड को फेसबुक पर लाइव करते हुए उसने कहा था कि वह प्रेम में नाकाम होने की वजह से जीना नहीं चाहता। अमन के पिता हाईकोर्ट के जानेमाने वकील हैं। उन्होंने अपने बेटे के सुसाइड के लिए उसकी प्रेमिका को जिम्मेदार ठहराया है। पुलिस मामले की तफतीश कर रही है। इस आरोप की बाबत कथित प्रेमिका का कहना है कि उसका अमन के साथ ब्रेकअप हो चुका था और वह नहीं जानती कि अमन ने सुसाइड क्यों किया। वह इस मामले में अपने आप को पूरी तरह निर्दोष बताती है।"

पीजी की लड़कियों ने मुझे घेर लिया, बिल्कुल छाप लेने लेने की तरह। उनका वह घेरा अचानक मेरा सुरक्षा कवच बन गया था। कुछ के चेहरे पर मेरे लिए अफसोस, तो कुछ के चेहरे पर आश्चर्य था। कुछ उत्सुकता से भरी थीं, तो कुछ असमंजस में थीं। एक सीनियर लड़की ने मेरे दोनों कन्धों पर अपने दोनों हाथ रखकर हौसला बढ़ाया, "ब्रेवो! शिखा, वी प्राउड ऑफ यू। हम तुम्हारे साथ हैं।"

न सवाल, न जवाब। न लानत-मलामत, न शिकवा-सफाई। गोया जो अफसाना मेरा था, उससे अलग न थी उन सबकी कहानी। जो सच मेरा था, कमोबेश वही सच इन तमाम लड़कियों का भी था। अचानक लगा कि मैं अकेली नहीं हूँ। मैंने सभी के प्रति दिल से आभार जताया, "थैंक्यू, डियर। थैंक्स यू ऑल! आई विल फाइट एंड विन।"

थाने से लौटते हुए सारी राह रोहन समझाता रहा था, "शिखा, खुद को गिल्टी मानना छोड़ो। अपराधबोध से बाहर निकलो। किसी को भी 'ना' कहने का तुम्हारा अधिकार है। तुमने बस वही किया था। तुम अपनी जगह पर सही थीं और आज भी सही हो।"

रोहन की बातों से मेरे अन्दर जमा गुबार धीरे-धीरे छँटने लगा था। दुख और द्वंद्व की जकड़ ढीली पड़ने लगी थी। पीजी गेट के सामने रुककर उसने एक बार फिर हौसला बढ़ाया था, "जाओ, फ्रेश होकर फाइटर बनने की तैयारी करो। मैं किसी वकील से बात करके शाम को मिलता हूँ।"

रोहन चला गया था। मैं सोचने लगी थी कौन है ये रोहन? अ फ्रेंड इन नीड इज अ फ्रेंड इनडीड?

मम्मी की कॉल आ रही थी। 'मम्मी इज कॉलिंग' की टेर से मेरे होश डड़ गए। सुबह से ही जिन अप्रत्याशित और हौलनाक स्थितियों से गुजरती रही हूँ, उसमें किसी को कुछ बता पाने का होश ही कहाँ था। तब तो जैसे मम्मी-पापा, घर-समाज का बोध ही लोप हो गया था। और अब जब इस कॉल से वो बोध लौटा है तो फोन उठाते हुए हाथ काँप रहा है। गला अवरुद्ध हो गया है। बड़ी कठिनाई से बोल फूटे, "माँ!"

रुलाई गले में अटकी हुई थी। साँस सीने में थम गई थी। उधर से माँ की तड़पती आवाज गूँजी, "बेटा, ये कैसा समाचार है? टीवी पर तुम्हारा नाम आ रहा है? अमन ने आत्महत्या कर ली? ये सब क्या है? तुम ठीक तो हो, बेटा?"

माँ की अधीरता...व्यग्रता...उतवालेपन से जाहिर था—वह सब जान चुकी हैं। मुझसे कुछ बोलते न बन पड़ रहा था। अटकी साँसों और अल्फाजों के बीच मैं अपने आंसुओं से लड़ रही थी कि दूसरी ओर से पापा की आवाज उभरी, "फोन मुझे दो, मैं बात करता हूँ।"

मेरी रूह काँप गई। क्या जवाब दूँगी पापा को? किस मुँह से कहूँगी कि मैं आपके विश्वास की रक्षा नहीं कर पाई? अपनी बेटी को अजनबी शहर में न भेजने को तैयार पापा का भरोसा कैसे लौटेगा? मैं सहमी हुई साँसें रोके बैठी थी कि पापा की आवाज आई, "शिखा, सुनो बेटा, हम आ रहे हैं। घबराना मत। बिल्कुल घबराना नहीं है। सुनो, हम सुबह तक पहुँच जाएँगे, तब तक हिम्मत से काम लेना, बेटा, हिम्मत से।"

मेरी रुलाई गले में ही घुटकर रह गई। ये वो पापा तो नहीं थे, जिन्हें मैं जानती रही हूँ! पापा बोले जा रहे थे। मैं सुन रही थी। जी में आ रहा था, पापा यूँ ही बोलते रहें और मैं सुनती रहूँ। यही सुनना तो मेरी चिर आकांक्षा रही है! इस सबसे कठिन समय में मेरे साथ खड़े मेरे पापा, मेरे लिए अब तक कितने अबूझ रहे हैं! उनका ये रूप कभी क्यों नहीं देख पाई? कितना कुछ अदेखा रह जाता है किसी का भी भीतर-बाहर?

दोपहर बाद कुछ और टीवी वाले आ गए। वही सवाल। वही आरोप। पुलिस की भूमिका और मेरा पक्ष। रोहन ने हिदायत दे रखी थी, "हर हाल में अपने स्टैंड पर कायम रहना। हर सवाल का जवाब सोच-समझकर देना। लीगली क्या करना है, वो वकील बताएगा।"

रोहन शाम को आया। साथ में एक महिला वकील भी थी। कई सवाल-जवाब के बाद वकील ने आश्वस्त किया, "शिखा, डोंट वरी। केस में दम नहीं है। सुसाइड का आरोप लगाने से कुछ नहीं होता। साबित भी करना पड़ता है। ये केस तो कोर्ट

में स्टैंड ही नहीं कर पाएगा। वी विल फाइट एंड विन ।"

अब तक मैं खुश हूँ, दुखी हूँ या इस सबसे परे हूँ, कुछ सोच पाना सम्भव नहीं हो पा रहा था। इस दौरान जो कुछ भी घटित-अघटित गुजरा था, इतना अप्रत्याशित, अकल्पनीय था कि मेरी चेतना जैसे कुंद पड़ गई थी। रोना आ रहा था, रो नहीं पा रही थी। अमन के लिए, उसके मम्मी-पापा के लिए भी दिल फटा पड़ रहा था। खासकर अमन की मम्मी का चेहरा आँखों में कौंध रहा था। क्या गुजर रही होगी उन पर? आँसू घुमड़ रहे थे। दुख सीने में जमा हुआ था। जबरन खुद को जज्ब किए हुए थी।

प्राइम टाइम में पैनल डिसकशन के लिए मुझे भी टीवी पर लाइव होना पड़ा। ये सब निहायत तकलीफदेह था। खुद को निर्वसन करने जैसा अश्लील। आरोप-प्रत्यारोप। सफाई। जवाब। कितनी बार गला रुंधा। आँखें गीली हुईं। खुद को कठघरे में पाना, कितना शर्मनाक, कितना अपमानजनक होता है, ये आज पता चला। प्रोग्राम खत्म होने के तुरन्त बाद, रोहन का फोन आया, "शिखा, प्राइम टाइम देख रहा था। वेलडन। तुमने मजबूती से अपना पक्ष रखा।"

"थैंक्यू रोहन, मेरा साथ देने के लिए। तुम्हारी वजह से ही मैं ये सब फेस कर पा रही हूँ। इस मुश्किल समय में जिस तरह तुम मेरे साथ खड़े हो, रियली आय प्राउड ऑफ यू।"

"तुम्हारे पैरेंट्स कब तक आ रहे हैं?" मेरी बात पर बिना कोई प्रतिक्रिया व्यक्त किए उसने सवाल किया।

उसकी यही आदत अच्छी लगती है कि वह अपनी प्रशंसा पर इतराता नहीं है। अहसान जताने जैसा भाव तो कतई नहीं होता। मैंने बताया, "सुबह! सुबह तक पहुँच जाना चाहिए।"

"ओके। आज बहुत तनाव से गुजरी हो। थक गई होगी। आराम करो। कल बात होती है।"

"रोहन, सुनो तो सही। मैं...मैं...।" मैंने हड़बड़ाकर उसे रोकना चाहा। लेकिन उधर से उसने कसकर झिड़की लगाई, "अभी तुमको आराम की जरूरत है। टेक केयर।"

कॉल कट चुकी थी। मैंने लम्बी साँस ली, रोहन तुम जितना मुझे समझ पाए हो, उतना मुझे अमन क्यों नहीं समझ पाया? उसे इतनी-सी बात क्यों नहीं समझ आई कि प्यार बराबरी का रिश्ता है। न कम, न ज्यादा। मानती हूँ, हर लड़का अमन जैसा नहीं होता, लेकिन हर लड़का रोहन जैसा भी कहाँ होता है? ये सच भी तुमसे मिले बगैर कहाँ जान पाती? थैंक्यू रोहन!

रात के गहराते सन्नाटे में मेरे भीतर बैठा अपराधबोध सर उठाने लगा। कहाँ गलती हुई? अमन क्यों नहीं अपने कॉम्प्लेक्स से बाहर निकल पाया? क्या उससे

मेरा ब्रेकअप करना गलत था? मेरे मन, मेरे मान की फिक्र क्यों नहीं की उसने? उसका ईगो, मेरे प्यार से ज्यादा अहम था? कितने ही अनसुलझे सवालों की गिरफ्त में कमरे का स्याह अँधेरा डराने लगा। मेरे तईं आँसू, आह और अफसोस के सिवा कुछ नहीं बचा था।

सुबह-सुबह मम्मी-पापा को सामने पाकर भीतर घुमड़ रहे बादल टूटकर बरस पड़े। हिचकियाँ बँध गईं। मम्मी ढाढ़स बँधाती रहीं। पापा चुप बैठे रहे। जी में आया कि पापा से लिपटकर अपनी गलती की माफी माँगू। लेकिन हिम्मत न हुई। मेरी बहकी हालत देख पापा ने झिड़की लगाई, "शिखा, खुद को सँभालो, बेटा। तुम कमजोर होकर अपनी लड़ाई नहीं लड़ सकतीं।"

ये पापा हैं, मेरे पापा, यकीन नहीं आता! पापा की आँखें लाल थीं, शायद रात भर की यात्रा से या कि मेरे साथ हुए हादसे के असर से। मेरा मन उनके लिए तड़प उठा। पापा पर क्या गुजर रही होगी? अपने आप को कैसे सँभाला होगा उन्होंने? सख्त जान पिता ने कितना मारा होगा अपने अभिमान को? मेरे मन में उनके लिए करुणा उमड़ी पड़ रही थी। मैं सच में उनसे लिपटकर रोना चाह रही थी। उस स्नेह के ताप को महसूस करना चाह रही थी, जो अब तक अदीठ था। लेकिन एक हिचक थी, पिता-पुत्री के बीच तयशुदा अनुशासन था, मैं चाहकर भी ऐसा नहीं कर सकती थी।

पापा पूछ रहे थे। मैं बता रही थी। एक-एक डिटेल। एक-एक वाकया। इस तफसील में न उन्होंने अमन और मेरे बीच के रिश्ते पर कोई सवाल किया, न कोई सफाई माँगी।

"रोहन कौन है?" अलबत्ता यह प्रश्न मम्मी ने जरूर किया।

रोहन के बारे में सब कुछ बताया। अमन से ब्रेकअप के बाद जिस तरह रोहन ने उसे नैतिक सपोर्ट दिया था, अपनी आइडेंटिटी को पहचानने के लिए प्रेरित किया था और सेल्फ रेस्पेक्ट के प्रति सचेत किया था, वो सब बताया। इस कठिन समय में जिस दृढ़ता के साथ उसने मेरा साथ दिया, मानसिक और भावनात्मक मजबूती दी, उस सबका जिक्र करते हुए मैं भावुक हो गई थी। मम्मी ने खींचकर मुझे बांहों में भर लिया। पापा उठकर खिड़की के पास चले गए थे।

रोहन को कॉल करके मम्मी-पापा के आने की खबर दे दी थी। वह आया। पापा-मम्मी को प्रणाम कर चुप खड़ा हो गया तो मैंने रोहन को बताया, "रोहन, मम्मी-पापा तुम्हारा ही इन्तजार कर रहे थे।"

पापा ने रोहन से वकील, अब तक हुई कार्रवाई और आगे क्या करना है जैसी बातें कीं। उसके प्रति कृतज्ञता प्रकट करते हुए बोले, "रोहन, तुम्हारे बारे में शिखा ने बताया। तुमसे मिलकर यह भरोसा बढ़ता है, कि वाकई दुनिया अच्छे लोगों से खाली नहीं है!"

रोहन झेंप से दोहरा हो गया। उसके झेंपने में ऐसी मासूमियत थी कि मैं क्षण-भर को सारा संताप भूल गई। इस क्षण जैसे तपते सहरा में बादल का कोई टुकड़ा उमड़ा और उम्मीद की सूखी नदी जी उठी। उद्दाम कामना से भरी। अन्त:सलिला होना इसी को कहते हैं शायद! मुग्ध मन मैं रोहन को अपलक देखती रही। रोहन सकुचाया-सा बेहद धीमे स्वर में बोला, "शिखा, जरा बाहर आओ। कुछ बात करनी है।"

रोहन अपना बैग उठाकर बाहर निकल गया। मैंने चोर नजरों से पापा-मम्मी की ओर देखा। वे निरपेक्ष भाव दरवाजे की ओर देख रहे थे। मैं तेजी से रोहन के पीछे भागी। रोहन गेट के पास प्रतीक्षारत खड़ा था। मैं ठिठकी। प्यार उमड़ आया उस पर। एक हल्की-सी स्मिति लिए उत्सुकता से भरी उसके करीब पहुँची। दबे स्वर में पूछा, "रोहन, क्या हुआ? बाहर क्यों बुलाया? कुछ खास बात है क्या? "

रोहन मेरी ओर देखने के बजाय बाहर सड़क की ओर देख रहा था। लगा, जैसे जानबूझकर नजरें चुरा रहा हो। मैंने पहली बार महसूस किया कि रोहन की बॉडी लैंग्वेज में एक अजीब-सी असहजता है। उसका बेबाक व्यक्तित्व कुछ संकोच, कुछ अनमनेपन से शिथिल नजर आ रहा है। वह थका था या मुझे लेकर फिक्रमन्द, कुछ कह नहीं सकती। थोड़े आवेग, थोड़ी आशंका के बीच मैंने कसकर उसका हाथ थाम लिया।

उसकी नजरें मेरी ओर लौटीं। उसके इस देखने में अन्तरंगता जैसी कोई स्निग्धता नहीं थी। शायद मुझे भ्रम-सा हुआ। मैंने घबराकर उसे झिंझोड़ा, "रोहन, तुम कुछ कहनेवाले थे!"

"शिखा, आय डोंट नो, मैं जो कहने जा रहा हूँ, पता नहीं तुम उसे कैसे लोगी, बट यार, आयएम सॉरी। एंड होप अदरवाइज नहीं लोगी।" अपनी बात सीधे-सीधे कह देनेवाला रोहन इतना घुमा-फिरा क्यों रहा है? मेरा माथा ठनका। मैं खामोश, कुछ अवांछित सुनने की आशंका से खुद में सिमट गई। मेरा हाथ स्वत: रोहन के हाथ से अलग हो गया।

रोहन बोल रहा था। लेकिन यह रोहन की आवाज नहीं थी। सच कहूँ तो यह रोहन था ही नहीं। मेरे इर्द-गिर्द एक आंधी हहरा रही थी और मैं उस अंधड़ में अपना वजूद घिरा पा रही थी, "शिखा, तुम्हारे बारे में मीडिया में इतना कुछ उल्टा-सीधा चल रहा है, कि तुम्हारी इमेज पर सवाल उठने लगे हैं। मुझे आश्चर्य है कि तुम्हारे बारे में मुझसे ज्यादा मीडिया को जानकारी है। तरह-तरह की कहानियाँ...अमन और तुम्हारे क्लिप्स देखकर मेरे घर वाले, मेरे जान-पहचान वाले तुम्हारे बारे में ऐसे-ऐसे कमेंट कर रहे हैं, कि मुझे सफाई देते नहीं बन रही। आफ्टर ऑल शिखा, इमेज भी कोई चीज होती है।"

किसी अंधे मुहाने पर खड़ी मैं फटी आँखों से रोहन को देखती रही। वह चुप हो गया था। उसकी देह-मुद्रा में कोई अफसोस नहीं था। वह तो जैसे, यह सब

कहने की तैयारी से ही आया था। लेकिन मैं अब भी यकीन नहीं कर पा रही थी। मुझे अब भी लग रहा था जैसे वह कहेगा, "फिर भी मैं तुम्हारे साथ हूँ, शिखा!" पर नहीं, वह तो अपने पीछे एक सनसनाता खालीपन, एक अनवरत अबूझपन, एक अनचाही तृष्णा छोड़कर चलता बना। मेरे सामने पीजी का बड़ा-सा गेट जैसे गहरी उदासी में डूब गया था। रहवासियों के सुख-दुख, खुशी-गम से वाबस्ता होते हैं दरो-दीवार भी, यह आज पहली बार महसूस हो रहा था। मेरे कंठ में रुलाई बेसाख्ता आकर अटक गई। भागी हुई उस विशाल गेट से बाहर आई, जिससे होकर रोहन अभी-अभी रुखसत हुआ था। सामने सपाट सड़क थी और तमाम अजनबियों की आवाजाही थी, उनमें ही समाहित हो चुकी थी उसकी काया।

तसव्वुरे जानाँ

फ्लाइट सुबह सात बजे की थी। कैब पाँच बजे आ गई।

ड्राइवर ने जब कॉल करके अपने पहुँचने की सूचना दी, वह लगभग तैयार थी। बस आखिरी बार अटैची में रखे सामानों की फेहरिस्त एक-एक कर याद करने की मुद्रा में सोचा, फिर कुछ छूट रहा हो, ऐसा जब याद नहीं आया तो सिर को हल्का झटका देती रूम से बाहर निकल आई। हालाँकि एक बार को इच्छा हुई कि पति को जगाकर अपने जाने की सूचना दे दे। लेकिन चुपचाप निकल जाने का रोमांच खत्म नहीं करना चाहती थी लिहाजा बेआवाज दरवाजा बन्द कर लिफ्ट की ओर बढ़ गई।

बिल्डिंग उनींदी थी। वाचमैन अपने रेस्टरूम में जम्हाइयाँ ले रहा था। उस पर नजर पड़ते ही भागा हुआ बाहर आया और गुडमॉर्निंग बोलकर गेट खोलने लगा। कैब गेट के ऐन सामने खड़ी थी, ड्राइवर ने आगे बढ़कर अटैची ले ली। मुड़कर देखा, पीछे बिल्डिंग में कोई जुम्बिश नहीं थी, होंठों पर एक बेरंग मुस्कान तिर गई। ड्राइवर अटैची डिक्की में रखकर उसके बैठने का इन्तजार करने लगा, वाचमैन दाहिना हाथ माथे से लगाकर सलामी दे रहा था। बिना किसी प्रतिक्रिया के वह कैब की पिछली सीट पर जा बैठी। यह सब कुछ बेहद खामोश और रोबोटिक था। कैब चली तो लम्बी साँस फेफड़ों में भरते हुए खिड़की के पार देखा, सामने जमीन से आसमान तक कोई शफ्फाक धुली चादर सूखने के लिए अलगनी पर फैली थी, हवा के हल्के झोंकों से उसमें बल पड़ते और वलय बनती। यह दृश्य अनिर्वचनीय था। उसे याद नहीं, ऐसा मंजर कब देखा था? ताजा हवा, नरम सुबह, भीतर तक उमगती उजास...दिन, महीना, साल कुछ भी याद नहीं आया।

गोवा के लिए यह एकमात्र डायरेक्ट फ्लाइट थी। अगर सब कुछ ठीक रहा तो वह दस बजे तक गोवा पहुँच जाएगी। इतनी जल्द...दिल धक कर गया...महज तीन घंटे बाद वे...आमने-सामने होंगे। वे यानी रागिनी और अधीर। किसी नवयौवना-सी रक्ताभ हो आई वह। एक चिर-प्रतीक्षित मुलाकात की कल्पना से ही उसके मन में हजारहा इन्द्रधनुष झिलमिला उठे। हवा सीटियाँ बजा रही थी, कैब सड़क किनारे दूर तक चले गए सिलसिलेवार अमलतास के वृक्षों पर खिले पीले फूलों के शामियाने से गुजर रही थी। इन पुलकभरे पलों में मन-प्राण निर्बंध उड़ा जा रहा था। पति को

अपने प्रस्थान की सूचना देना भी याद न रहा।

बोर्डिंग पास, सेक्योरिटी चेक और चेक इन की अफरा-तफरी से उबरने के बाद प्रतीक्षा लाउंज में बैठकर व्हाट्सएप मैसेज किया—"आप सोये थे, इसलिए डिस्टर्ब नहीं किया। गोवा जा रही हूँ। पहुँचकर फोन करूँगी।"

क्यों जा रही, कब लौटेगी...कुछ नहीं।

मेसेज सेंड करके थोड़ी देर तक स्क्रीन देखती रही, मेसेज वाकई जा चुका है, यह इत्मीनान हो जाने के बाद गर्दन घुमाकर उस बड़े से हॉल का जायजा लिया। दूर-दूर तक कोई पहचाना चेहरा नजर नहीं आया। अजीब-सा लगा, अजनबी ज्यादा हो गए हैं या अपने कम! किसी की नजर में न आने की सोच, देह में फुरफुरी-सी हिलोर गई। अड़तालीस साल की वह अट्ठारह साल की किसी युवती की तरह अपने-आप में सिमट गई। ऐसा तो पहली बार तब हुआ था, जब कॉलेज में अधीर को उसे छुप-छुप कर देखते हुए पाया था। केमिस्ट्री लैब में एक दिन अचानक दोनों की आँखें टकराई थीं और वह घबराकर इधर-उधर देखने लगी थी। उस दिन उसका प्रैक्टिकल खराब हो गया था। सिन्हा सर ने डाँट भी लगाई थी, "इतना आसान एक्सपेरिमेंट नहीं हुआ तुमसे। व्हाट इज रांग विद यू?"

चेहरा फक पड़ गया था। सिन्हा सर से आँखें नहीं मिला पाई थी। अपराधबोध ने जकड़ लिया था। रुआँसी-सी हॉल में नजर दौड़ाई, तब अधीर कहीं नहीं था। वही नहीं, उसके ग्रुप के सारे लड़के जा चुके थे। वे कब आएँगे, कब चुपके से निकल जाएँगे, उनके सिवा कोई नहीं जानता। सिन्हा सर भी नहीं। शायद वह भी उन्हें जान-बूझकर इग्नोर करते हैं। नहीं, वे बदमाश लड़के नहीं थे। बस मस्तमौला, अपनी मर्जी के मालिक। कुछ लड़कियाँ उन्हें बड़े घरों के बिगड़े दिल शहजादे मानतीं। कुछ उन्हें रात-भर पढ़ने और दिन-भर मस्ती करनेवाले कहतीं। इस ग्रुप और उनकी हरकतों में उसकी कोई रुचि नहीं थी। लैब में जो कुछ भी हुआ था, वह सब अप्रत्याशित था और तत्काल समझ में नहीं आया था कि उसे हुआ क्या था कि वह बेतरह असहज हो गई थी, कि दिल-दिमाग ने काम करना बन्द कर दिया था, कि वह सुध-बुध खो बैठी थी? उस दिन की उस शाम शहर की जलती-बुझती रोशनियों में कोई जादू-सा जाग रहा था। सितारों की टिमटिम में लुकाछिपी की अद्भुत लय थी। खुद से खुद को छुपाने का यह खेल नया था। वह उस खेल में खुद भी शामिल हो गई थी।

अगले दिन जानबूझ कर सहेलियों के झुंड में शामिल रही। सर झुकाए कॉमन रूम से क्लास रूम तक की आवाजाही में अधीर और उसके ग्रुप से बचती रही। लेकिन शाम को लैब में नजर बचाकर अधीर को देखने का मोह संवरण नहीं कर पाई। कनखियों से अधीर की तलाश धुकधुकी से भरी थी। पकड़े जाने की आशंका और धूल झोंकने का यह रोमांच एक नये प्रैक्टिकल का आगाज था। लैब की आखिरी

रो में अधीर एक टेस्ट ट्यूब से दूसरे टेस्ट ट्यूब में कोई केमिकल मिला रहा था। नीचे वाले टेस्ट ट्यूब में केमिकल उबाल खा रहा था। उससे बेखबर अधीर की बेखयाली से मायूस वह अपने एक्सपेरिमेंट में जुट गई थी, लेकिन मन प्रैक्टिकल में नहीं रमा। सिन्हा सर कब पीछे आकर खड़े हो गए, पता ही नहीं चला, वह तो उनकी आवाज सुनकर चिहुँकी। सिन्हा सर पूछ रहे थे, "क्या बात रागिनी, अभी तक फिनिश नहीं हुआ? "

घबराकर सिन्हा सर की ओर घूमी ही थी कि अधीर को अपनी ओर एकटक देखता पाकर हकला गई, "सर, तबीयत ठीक नहीं लग रही।"

"क्या हुआ तबीयत को? दवा क्यों नहीं लेतीं? देख रहा हूँ कल से परेशान हो?" एक साथ कई सवाल। क्या जवाब दे कि दो खामोश आँखों की हलचल में उसका चैन गुम है? कि उसे खुद ही खुद की खबर नहीं! सबसे भली चुप। सर झुकाए गूंगी बनी रही।

उस रात वह खुद से बतियाती रही। रागिनी, तुम यहाँ प्यार करने और सपने देखने नहीं आई हो। ये फैंटेसियाँ तुम्हारे लिए नहीं हैं। ऐसा सोचना तक गुनाह है। तुम मम्मी-पापा के भरोसे से घात नहीं कर सकती। कितनी मुश्किल से पटना में पढ़ने की परमिशन मिली है, भूल गईं? याद है पापा ने क्या कहा था, "लड़की जात को दूसरे शहर मैं नहीं भेजनेवाला। यहाँ साइंस नहीं है तो आर्ट्स ले लो। मतलब तो ग्रेजुएशन करने से है।"

सवाल आर्ट्स और साइंस का नहीं था, सवाल अपनी रुचि का था, जिसमें मन न लगे उसे पढ़ना न पढ़ना सब बराबर। पापा की जिद और उसके जुनून के बीच माँ ने राह निकाली थी, "देख बेटा, अपनी इज्जत अपने हाथ। कोई ऐसा काम नहीं करना, जिससे हम सबका सिर नीचा हो।"

सिर नीचे झुकाए चलने की आदत नहीं, विवशता थी, सभी लडकियाँ यही करतीं। हाँ, एक-दो बिन्दास जरूर थीं। कभी-कभार किसी लड़के से उलझ पड़तीं। पलटकर उसे जवाब दे देतीं, "सैंडिल देखी है मेरी?" लेकिन ज्यादातर लड़कियाँ ऐसी नहीं थीं। वे लडकों से भिड़ने, तुर्की-ब-तुर्की बहस करने से बचतीं। उनके घरों से उन्हें हिदायत थी—सीधे घर से कॉलेज, कॉलेज से घर। कुछ गड़बड़ हुई तो पढ़ाई बन्द। कितनी कठोर शर्त थी, इकतरफा। किसी की भी गलती हो, सजा लड़की को! तालीम के लिए भी वह जंग कितनी कठिन, कितनी दुर्भेध्य थी। आज उसकी बेटी, अमरीका में है। अपने साउथ इंडियन पति के साथ। समय कहाँ से कहाँ आ गया?

साढ़े छ: बजे थे। बोर्डिंग में अभी आधा घंटा और शेष था। यह प्रतीक्षा की घड़ी बड़ी भारी गुजरती है।

अधीर अचानक गायब हो गया था। कई दिनों तक नजर नहीं आया तो उसे

लगने लगा कि उसके इर्द-गिर्द कुछ रिक्त-रिक्त-सा है...निर्वात की स्थिति में पा रही थी खुद को। कॉलेज, क्लास, कॉमनरूम, प्रैक्टिकल लैब सब वही थे, हलचलें वही थीं, फिर भी कुछ कमी-सी थी, भीतर बेकली-सी होती हुई। अधीर के ग्रुप के पास से गुजरती तो कदम जानबूझकर धीमे पड़ जाते। कान उनकी बातें, सरगोशियाँ सुनने की सायास कोशिश करते। क्या था यह सब? खुद पर हँसती, हैरान होती और खुद को चेताती, रागिनी पढ़ाई पर ध्यान दो! फालतू में दिमाग मत खराब करो! फेल हुईं तो हमेशा के लिए घर बैठ जाओगी!! जिन्दगी भर फेल का फल अलग भुगतती रहोगी!!! जब तक अधीर नहीं लौटा, वह अधीर होती रही थी।

इस अवश करती कशिश से उबरने में वक्त लगा था। धीरे-धीरे ही सही, वह पढ़ाई और परीक्षाओं की तैयारी में लग गई थी। तब दिन-रात का भी होश कहाँ था। लेकिन उन्हीं दिनों अचानक वह घटित हो गया था, जिसकी उसने कल्पना तक न की थी। केमिस्ट्री प्रैक्टिकल एक्जाम में उसके पार्टनर के तौर पर अधीर का नाम आते ही उसका दिल धाड़-धाड़ बजने लगा था। भीतर का शोर बाहर आए इससे पहले ही कोई अनजाना भय अपना पंजा कस चुका था। यह कैसी तो बेबसी थी कि खुद के लिए खुश होने तक पर पहरा था। उसके चेहरे पर हवाइयाँ उड़ने लगी थीं। वह उद्वेलित मन:स्थिति में सीधे सिन्हा सर के पास जा पहुँची थी। बगैर भूमिका सीधे अपनी आपत्ति दर्ज की थी, "सर, मेरा पार्टनर बदल दिया जाय।"

"क्यों? तुम्हें दिक्कत क्या है?" चश्मे से झाँकती आँखों का सामना करते नहीं बना था। सिन्हा सर के चेहरे पर सख्त सपाटपन चस्पाँ था। निरुत्तर रह गई थी। शायद उसके मनोभाव भाँपकर सिन्हा सर थोड़ा नरम पड़े थे, "ये अरेंजमेंट एक्सटर्नल का है। इसमें हम कुछ नहीं कर सकते।"

केमिस्ट्री प्रैक्टिकल के दौरान उत्तेजना करंट-सी सनसनाती रही। केमिकल रिएक्ट करते रहे और एलिमेंट्स रंग-गन्ध-रूप बदलते रहे। मन अम्ल, क्षार, लवण होता रहा और वे अपना-अपना गुण-धर्म निभाते रहे। बर्नर से लेकर बीकर तक, रिएक्शन से लेकर रिज़ल्ट तक उनकी केमिस्ट्री अपरिभाष्य थी। मौन में संवाद था। संवाद में अपेक्षाएँ थीं। वह दिन अबोला सही, अर्थहीन नहीं था। जाते-जाते दोनों ने बस एक-दूसरे को विश किया था—बेस्ट ऑफ लक!

परीक्षाएँ खत्म हो गई थीं। वह घर लौट आई थी। उसी दौरान शादी की चर्चा ने जोर पकड़ लिया था। दुख, नाराजगी और क्षोभ से भरी वह माँ से उलझ गई थी, "नरक में ठेलने की तैयारी क्यों कर रही हो?"

"ऐसा कुबोल मत बोल, बेटा। शादी-ब्याह तो लड़की का सुहाग होता है। जितनी जल्दी यह कारज निबट जाए, उतना अच्छा।" माँ वही कह रही थीं, जो उनकी माँ ने उनसे कहा होगा। वह गर्व से भरी थीं।

"थोड़े दिन टाल नहीं सकतीं?"

"लड़का इंजीनियरिंग कर रहा है, इसलिए कम में बात पट गई। नौकरी लगते ही रेट हाई हो जाएगा।" सस्ता सौदा पट जाने के उत्साह से माँ छलकी पड़ रही थीं।

उसका दिल डूबता लगा था। आखिरी उम्मीद में माँ से लिपट गई थी, "अभी और पढ़ना चाहती हूँ...कुछ बनना चाहती हूँ। थोड़े दिन रुक जाओ, प्लीज।"

कैसी तो करुण गुहार थी वह। माँ की आँखों में ठहरा पानी कोरों में डबडबा आया था, "तेरी इसी पढ़ाई के लिए मेरी कितनी फजीहत हुई है, मैं ही जानती हूँ। मुझे नहीं लगता तेरे पापा मानेंगे।"

माँ की लाख मिन्नत के बावजूद पापा नहीं माने थे, "शादी के बाद जो करना हो करे। हम तो इतना अच्छा घर-वर हाथ से नहीं जाने दे सकते।"

एंगेजमेंट वाले दिन अँगूठी के साथ ही दिनेश ने भरोसा भी दिया था, "पढ़ाई... नौकरी, जो चाहे करना। नो प्रॉब्लम।"

उस दिन, उस वक्त तो दिनेश किसी फरिश्ते से कम नहीं लगे थे। मन पर पड़ा बोझ, दिमाग में उबलता आक्रोश और आँखों में थमकी हुई उदासी चीरती कोई किरन फूट पड़ी थी। कलाइयों में खनकती चूड़ियों को सौभाग्य मानकर उसने अपना भविष्य वरण कर लिया था।

महीने-भर बाद जिस दिन रिजल्ट लेने कॉलेज पहुँची थी, वैसी ही हलचलें थीं जैसी वह छोड़ गई थी। कैम्पस में लड़के-लड़कियाँ जैसे रंगबिरंगी पतंगें। उड़ती-फिरतीं। इठलाती-बलखाती। जी में आया कि अपनी बाँहें फैलाकर उड़ने लगे, कि चीखकर आवाज लगाए, "देखो मैं आ गई!"

बोर्डिंग के लिए गेट नम्बर सात पर पहुँचने की पुकार शुरू हो चुकी थी। घड़ी पर नजर डाली—पौने सात। तेजी से गेट नम्बर सात की ओर बढ़ी। अब तक लाइन लम्बी हो चुकी थी। खुद में मुस्कराई, "रागिनी तू हमेशा पीछे रह जाती है।"

सहेलियाँ रिजल्ट ले चुकी थीं। एडमिन ब्लॉक से उसे निकलते देख एक लड़की ने टोका था, "क्या रागिनी, हमेशा लेट कर देती है तू।"

वह मुस्कराकर रह गई थी। ऐन तभी एडमिन ब्लॉक के कॉरिडोर में अधीर उसकी ही ओर आता दिखा था। वह जरा-सी सकुचाई...आँखों में राग के रंग उभरे। सामना से बचना सम्भव नहीं था। अधीर ने पास आकर छूटते ही किलककर कहा, "कांग्रेच्युलेशंस।"

"सेम टु यू।" वह हौले से मुस्कराई। मन के कोने में किसी सुरीली धुन ने सरगोशी की थी।

"आगे क्या करने का इरादा है?" अधीर पूछ रहा था।

"शादी।" संकोच से भरी वह अपनी कलाई की चूड़ियों को ऊपर-नीचे घुमाने लगी थी।

अधीर की आँखें उसकी कलाइयों में भरी रंगीन चूड़ियों पर ठहर गई थीं। उसका

चेहरा एकबारगी राख हो गया था। उसकी आँखें सीलिंग से जा लगी थीं। कोई नमी-सी थी जिसका गीलापन उस क्षण को छूकर गुजर गया था। एडमिन ब्लॉक की बुर्ज से एक कबूतर फड़फड़ा कर उड़ा था...एक उम्मीद हाथ से फिसल चुकी थी। वह उस लम्बे कॉरिडोर के दूसरे छोर की ओर जाता हुआ घिसट रहा था। अफसोस का बोझ कितना भारी होता है, यह पहली बार महसूस हुआ था। वह उसे तब तक देखती रही थी, जब तक उसका साया नजर आता रहा था।

विंडो वाली सीट उसकी थी। उसके बगल की दोनों सीटें एक नवविवाहित जोड़े की थीं। लड़की की कलाइयाँ लाह की मैरुन चूड़ियों से भरी थीं। लड़का ब्लू सूट और मैचिंग टाई में अपने दूल्हेपन से अभी तक बाहर नहीं आया था। दोनों ने बैठते ही रोमांस शुरू कर दिया था। वह गुदगुदी से भरी, उन्हें जान-बूझकर नजरअन्दाज करती, विंडो से बाहर देखने लगी थी। बाहर धुनी हुई कपास उड़ी जा रही थी। उदे बादलों की अठखेलियों में खो गई थी वह।

आँखें 'पीपुल यू मे नो' पर अटकी हुई थीं। यह अधीर था। यह फोटो उसी की थी। उसे एक नजर में ही पहचान गई थी। हालाँकि वह वैसा ही नहीं था, जैसा कॉलेज के दिनों में दिखता था, लेकिन फिर भी पहचानाना मुश्किल नहीं था। चेहरा बहुत नहीं बदला था, बस थोड़ा मैच्योर और आत्मविश्वास से भरा लग रहा था। वह काफी देर तक यकीनी और नायकीनी के बीच ठिठकी रही थी। दिल के धड़कनों की आवाज तेज हो गई थी। उसी उत्तेजना में उसका प्रोफाइल खोलकर देखा था—अधीर रंजन। किसी बड़ी कम्पनी में एक्जिक्यूटिव मैनेजर। ढेरों डिग्रियाँ, रिहाइश, कॉलेज का नाम। अवार्ड, पुरस्कार, उपलब्धियाँ। कई तसवीरें। हँसते-मुस्कराते। भीड़ में। अकेले। भाषण देते, अवार्ड लेते। एक कामयाब अधिकारी का ब्योरा था यह। छब्बीस वर्षों बाद अचानक अधीर का यहाँ दिखना किसी चमत्कार की तरह था। इससे पहले कि पलक झपके फ्रेंड रिक्वेस्ट भेज दिया था।

अगले दिन मैसेंजर बॉक्स में अधीर का जवाब पढ़ते हुए दिल जोर-जोर धड़क रहा था—"रागिनी, सरप्राइज टु सी यू हेयर। व्हाट अ मिरैकल! अनबिलीवेबल। वेलकम डियर।"

पागल! अधीर का मैसेज पढ़कर हँस पड़ी थी। कॉलेज के दिनों में बोलती नहीं फूटती थी, आज किस बेतकल्लुफी से लिखा है—डियर! क्या बात है? काफी तरक्की की है जनाब ने। अपनी इस खामखयाली पर खुद ही चिहुँक गई थी—वक्त ने कितना कुछ बदल दिया है! इस बेतकल्लुफी में यकीनन अधीर का 'मित्र भाव' निहित था। उसी मैसेंजर बॉक्स में अधीर से पूछा था, "कहाँ हो? क्या चल रहा है? हाउ'ज लाइफ गोइंग ऑन?"

अधीर ऑनलाइन था। पहले एक इमोजी आया जुड़ा हुआ हाथ, फिर 'दिल्ली में हूँ' और अन्त में 'नौकरी'। मैसेंजर में बातें ऐसे ही होती हैं। थोड़ा कहा, ज्यादा

समझना टाइप। 'हाउ'ज लाइफ गोइंग ऑन' का अधीर ने कोई जवाब नहीं दिया था। उल्टे उसी ने सवाल किया था, "कैसी हो? कहाँ हो? क्या कर रही हो?" उसने भी उसी संक्षिप्तता में जवाब दिया था। मैसेंजर पर ज्यादा बातें मुमकिन नहीं थीं। अधीर ने छूटते ही फोन नम्बर माँगा था। बगैर झिझके उसने अपना नम्बर देदिया था।

दो दिनों बाद अधीर का फोन आया। इन दो दिनों के दौरान वह दिनभर मिस कॉल चेक करती रही और खुद का ही मजाक उड़ाती रही, क्या बात है, रगिनी, इस उम्र में ऐसी बेताबी!

अधीर बोल रहा था, "रागिनी, एक्सट्रीमली सॉरी फॉर कॉलिंग यू लेट।" वह माफी माँग रहा था। क्यों? उसने तो उससे कोई शिकायत नहीं की? लेकिन अच्छा लगा, अधीर के मन में उसके प्रति राग-भाव तो है। वह बता रहा था, "एक फॉरेन डेलिगेशन के साथ एँगेज रहा। तुमसे इत्मीनान से बात करने के खयाल से कॉल करना टलता गया।"

"शुक्र है, तुम्हें फुरसत तो मिली।" वह हँस पड़ी थी, "तुम्हारी बीवी शिकायत नहीं करती?"

"तुम हँसती भी हो?" उसकी आवाज में हैरानी थी। वह उसके सवाल को टाल गया था, "वो भी इतनी खनक के साथ?"

इस बार फूटती हुई हँसी को होंठों में दाब लिया था। उधर से अधीर की आवाज आ रही थी, "दरअसल, कॉलेज के दिनों में कभी तुम्हारी हँसी नहीं सुनी थी न, इसीलिए।"

"अधीर, वक्त बहुत गुजर चुका है। शायद अट्ठाईस साल से ज्यादा।"

"ये तो है। अब हम लोग पचास के लपेटे में हैं।" अधीर की बेलौस हँसी कानों में घुली, "बच्चे जवान हो गए।"

"कितने बच्चे हैं तुम्हारे? क्या कर रहे हैं वे?"

"दो। एक बेटी, एक बेटा। बेटी बेंगलुरु में सॉफ्टवेयर इंजीनियर है, बेटा मुंबई में अपनी इन्वेस्टमेंट कम्पनी चला रहा है...और तुम्हारे बच्चे?"

"मेरी एक बेटी है, यूएस में डॉक्टर।"

"और तुम?"

"मैं एक फर्मास्क्युटिकल कम्पनी में चीफ केमिस्ट हूँ।"

"वाउ!" अधीर की आवाज में आह्लाद था। अगले ही पल उसने उत्सुकता से पूछा, "और तुम्हारे हसबैंड?"

"वो इरीगेशन में चीफ इंजीनियर हैं।"

"फिर तो खूब कमाई हो रही होगी?" लहजा मजाकिया था।

"इतने ह्यूमरस तो तुम थे नहीं?" उसने छेड़ा था।

"तब तुम मुझे कितना जान पाई थीं?" इस बार अधीर की आवाज थोड़ी मद्धिम

थी। ठंडी-सी आह सीने में अटकी हुई-सी।

अब एक-दो दिन पर अधीर का फोन आ जाता। कभी वह भी कॉल कर लेती। एक दिन अधीर ने अपने फेसबुक स्टेटस में लिखा—अतीत चाहे कितना भी दुखद हो, उसकी यादें हमेशा सुखद होती हैं।

उसने बेसाख्ता अपनी टिप्पणी दी—काश, अतीत व्यतीत न होता!

उसी रात अधीर का फोन आया था, "रागिनी, तुम ठीक तो हो?"

"क्यों ऐसा क्यों पूछ रहे हो?"

"बस, अचानक तुम्हारी बहुत याद आ रही थी, इसीलिए!"

"सच!" बेहद मासूम किस्म की उछास दिल से निकली थी, दिमाग ने कोई टोक-टाक नहीं की थी। बालकनी तक उतर आए तारों की ओर हाथ बढ़ाते हुए बोली थी, "ठीक हूँ अधीर, तुम बताओ तुम कैसे हो?"

समय का सिरा पकड़ना आसान नहीं होता। स्मृतियों के धागे इतने उलझे होते हैं कि ओर-छोर पता नहीं चलता। वे दिन, महीने, साल के किस्से सुनते-सुनाते रहे। उस रात 'कुछ तुम कहो, कुछ हम कहें' चलता रहा। वे कब कॉलेज के दिनों में जा पहुँचे थे, याद नहीं। उस रात पहली बार ठंडी राख में कुछ गरम-सी तासीर महसूस हुई थी। उस रात के बाद उसने जानबूझकर अधीर को एवॉयड करने की कोशिश की थी। आखिरकार अधीर ने मैसेंजर बॉक्स में लिखा था—तुम्हारी सीमाएँ हैं जानता हूँ। भूलचूक लेनी-देनी।

मैसेज पढ़कर वह धक्क रह गई थी। कुछ अव्यक्त-अमूल्य खो देने की हूक से दिल बैठता-सा लगा था। बदहवासी के इसी आलम में अधीर को कॉल लगाया था। उधर मोबाइल की रिंगटोन बज रही थी—वो जब याद आए, बहुत याद आए... गमे जिन्दगी के अँधेरे में हमने, चरागे मुहब्बत जलाए-बुझाये...रिंगटोन बजे जा रही थी। वह अधीर हुई जा रही थी। एक-एक क्षण भारी गुजर रहा था। दूसरी ओर रिंगटोन का बजना बन्द हो चुका था। एक बार को इच्छा हुई कि छोड़ दे, लेकिन किसी अदृश्य आसक्ति के वशीभूत कॉल दुबारा मिलाया। ये झिझक और लगाव के सीमान्त का क्षण था-साफ छुपते भी नहीं, सामने आते भी नहीं। इस बार उधर से आवाज आई, "सर मीटिंग में हैं। थोड़ी देर बाद बात होगी।"

यह कौन थी? सेक्रेटरी, कलीग...क्या जरूरत थी अधीर का मोबाइल इसे उठाने की? ये अधीर भी न...! उसकी पत्नी कैसे झेलती होगी उसे? लेकिन अधीर की पत्नी के लिए उसे इतनी चिन्ता क्यों? उसकी पत्नी के बहाने यह धुआँ उसके अन्दर क्यों उठ रहा? घबराकर कॉल कट कर दिया। देर शाम अधीर का कॉल आया। बेमन से रिसीव किया, "हैलो!"

"सॉरी रागिनी, अरजेंट मीटिंग में था। बस, अभी फ्री हुआ हूँ।" अधीर की आवाज में मनुहार जैसा कुछ था, "नाराज हो?"

"कम ऑन, अधीर। मैं क्यों नाराज होने लगी?" झूठ ही तो बोल रही थी। जबरन हँस पड़ी थी।

"यू नो, मेरा ट्रांसफर हो गया है। अगले महीने अमरीका जा रहा हूँ।"

सन्न रह गई थी वह। जड़वत चुप। उसका रेस्पॉन्स न पाकर अधीर ने बेसब्री से टोका था, "रागिनी...रागिनी, आर यू गेटिंग मी?"

यूँ अचानक अधीर से फिर बिछड़ने की कल्पनामात्र से ही मन भीग गया था। जी में आया कि कहे, "अधीर, अब क्यों पूछ रहे हो, कि कैसी हूँ?" लेकिन प्रकटत: निहायत हौले से इसरार किया, "अधीर, रुक नहीं सकते?"

यह कैसी अपेक्षा थी? यह कैसा मोह? क्या सोचेगा अधीर? इस उम्र में, एक शादीशुदा स्त्री का किसी गैर मर्द से ऐसा आग्रह...? लेकिन उसने गलत क्या किया...? अधीर ही तो था उसका पहला क्रश! फर्स्ट साइट लव!! वक्त ने अवसर दिया होता तो अधीर को ही तो चुना होता! फिर इस अपेक्षा में अपराध क्या? अधीर ने क्या जवाब दिया, याद नहीं। चेती तो उधर से आवाज आ रही थी, "हैलो... हैलो! रागिनी...हैलो!"

आवेग से भरी उस मन:स्थिति में उसने कॉल कट कर दिया था। बॉलकनी तेज साँसों से भर गई थी। अनायास आँखें उस गमले पर जा टिकीं, जिसके अन्दर एक पौधे में दो हरी पत्तियाँ निकल आई थीं।

दिनेश आवाज लगा रहे थे, "रागिनी, कब से पुकार रहा हूँ। सुनाई नहीं दे रहा क्या?"

खुद में ही बुदबुदाई थी, "वाकई कुछ नहीं सुनाई दे रहा, दिनेश!" जोर से जवाब दियाथा, "यहाँ बालकनी में हूँ।"

"मेरा पासबुक नहीं मिल रहा, कब से ढूँढ़ रहा हूँ।" दिनेश झुँझलाए हुए थे।

लपककर बेडरूम में गई। वार्डरोब से पासबुक निकालकर देते हुए मुस्कराई थी, "सामने रखी चीज भी दिखाई नहीं देती आपको?" आश्चर्यजनक रूप से उसके अन्दर न खीज थी, न कोफ्त।

दिनेश झेंपे। झेंप छिपाने की गरज से सफाई दी थी, "दरअसल, इनकम टैक्स के लिए अपडेट करवाना है।"

"कभी-कभी खुद को भी अपडेट कर लिया कीजिए।" उसकी इस चुहल पर दिनेश मुस्कराकर रह गए थे।

"आज तुमको ऑफिस नहीं जाना क्या? अभी तक तैयार नहीं हुईं?"

"आप बाहर निकलो तब तो तैयार होऊँ!"

पासबुक चेक करते हुए दिनेश बेडरूम से बाहर निकले तो उसने पीछे से याद दिलाई, "बीपी वाली दवा ली?" दिनेश के 'हाँ' में सिर हिलाते ही फिर दरयाफ्त किया, "और मेटफॉर्मिन?"

दिनेश पलटे, "डायबिटीज वाली? वो खत्म हो गई है, लेती आना।"

"पहले बताना चाहिए था न! दवा को लेकर आपकी यही लापरवाही ठीक नहीं लगती।"

दिनेश जा चुके थे। दरवाजा बन्द कर वह तैयार होने लगी थी।

ऑफिस पहुँचने तक अधीर के पाँच मिसकॉल आ चुके थे। मोबाइल बैग में रखे रहने से देख नहीं पाई थी और अब अफसोस हो रहा था। तुरन्त रिंग बैक किया। अधीर ने कॉल पिक कर ली थी मानो इन्तजार में ही बैठा हो, "हैलो! रागिनी, नाराज हो?"

"कैन वी मीट, अधीर?" बगैर भूमिका, बगैर किन्तु-परन्तु, सीधे-सीधे पूछ बैठी थी। उसकी साँसें उफन रही थीं।

"आर यू श्योर?" अधीर के स्वर में अविश्वास था।

"व्हाय आस्क्ड सो?"

"नो...नथिंग...।" अकबकाया अधीर पूछ रहा था, "कब...कहाँ?"

"ये तुम तय करो!"

"तुम्हारे शहर में!"

"नहीं।"

"तो फिर गोवा।"

"तुम्हारे शहर में क्यों नहीं?"

"वैसे ही जैसे तुम्हारे शहर में नहीं।"

बेसाख्ता फूट पड़ी खिलखिलाहट खनकती हुई दूर तक चली गई थी। मोबाइल में मुँह सटाकर फुसफुसाई थी, "सभी मेरी ओर घूर रहे हैं। फोन रखती हूँ।"

प्लेन लैंडिंग की सूचना हो चुकी थी। नवविवाहित जोड़े की बातें खत्म होने को नहीं आ रही थीं। पूरी राह उनकी बतकही और लड़की की चूड़ियों की खनखन जारी रही। बीच-बीच में लड़का उसकी मेहँदी रची हथेलियों को अपनी हथेली में कसता और अपनी ओर खींच लेता। लड़की उससे थोड़ा और चिपक जाती।

धरती की ओर जाते प्लेन की गति में जिस्म जैसे असामान से गिरते उल्का पिंड-सा सनसना रहा था। समय हवा में कलाबाजियाँ कर रहा था। वजूद अदृश्य की मुट्ठी में भिंचा हुआ था। जमीन को छूते ही प्लेन रनवे पर फिसलता गतिहीन होता गया। यात्री गतिमान हुए। अचानक उसका दिल जोर से धड़का, भीतर कहीं राही मासूम रजा की गजल बज उठी—अजनबी शहर के अजनबी रास्ते, मेरी तन्हाई पर मुस्कराते रहे। मैं बहुत देर तक यूँ ही चलता रहा, तुम बहुत देर तक याद आते रहे।

नमकीन हवा और फेनिल धूप में मदिरफेनी-सा गोवा शबाब पर था। इस पुरलुत्फ समाँ को आँखों में भरे वह तेज कदमों से लगेज बेल्ट की ओर लपकी।

लोगों की लाइन लग चुकी थी। एक कोने में खड़ी अपनी अटैची की प्रतीक्षा में मन-ही-मन होटल का नाम दुहराती रही—गोवा इन। अचानक पीछे से किसी ने आवाज दी, "रागिनी।"

मुड़कर देखा। सामने अधीर था। फोटो में चश्मा नहीं था। लेकिन चश्मे के बावजूद वह हूबहू वही था। एकदम किलक पड़ी, "अधीर...तुम?"

"हाँ रागिनी, सोचा तुम्हारी यहीं प्रतीक्षा करूँ।"

क्लीन शेव्ड। सजे-सँवरे बाल। होंठों पर ठिठकी मुस्कराहट। चमक भरी आँखें। सफेद शर्ट, नीली जींस में साहबी आभा से लकदक था अधीर।

एक हलकी स्मित के साथ उसने अपना हाथ अधीर की ओर बढ़ाया तो अधीर ने भी उसी बेतकल्लुफी से अपना हाथ बढ़ाकर हाथ मिलाया। वह बोली, "लम्बा इन्तजार करना पड़ा न!"

"हाँ, छब्बीस साल लम्बा।" अधीर के अन्दाज में चुहल जैसा था।

"फिर भी पहल मैंने ही की।" उसने उलाहना दिया।

"कॉलेज में तो मैंने ही की थी।" अधीर ने आगे बढ़कर उसकी अटैची उसी ट्रॉली पर लाद ली, जिस पर उसकी अटैची रखी हुई थी, "तुमने तो छब्बीस साल बाद रेस्पॉन्स किया।"

उसके पैर ठिठके...थमी और फिर करीब आकर बोली, "कितना कुछ अनकहा रह गया था न?"

"वो सब अब कह-सुन लेंगे।" गेट की ओर बढ़ते अधीर ने कहा, "आओ, चलें!"

होटल का रूम सी-फेसिंग था। खिड़की के सामने ठाठें मारता समुद्र इतना पास कि, आवेगपूर्ण उल्लास से भरी वह, बन्द पल्लों को खोलकर खड़ी हो गई। ठंडी हवा का झोंका बदन से टकराया, पछाड़ खाती लहरों की पुकार से रोम-रोम झंकृत हो गया। समुद्र को आक्षितिज अपलक निहारती रही वह, फिर दोनों बाँहें फैला दीं जैसे समुद्र को अंक में भर लेना चाहती हो।

डोरबेल बजी तो तंद्रा से निकलकर दरवाजे की ओर लपकी।

सामने अधीर था।

"कॉफी पियें?" उसने पूछा।

"हाँ...हाँ...क्यों नहीं। आओ...अन्दर आओ।" वह दरवाजे के सामने से हटी।

"रागिनी, इफ यू डोंट माइंड, मेरे रूम में आओ। कॉफी का ऑर्डर दे रखा है।"

अधीर के पीछे-पीछे उसके रूम में दाखिल होते ही उसने छेड़ा, "अधीर, दो रूम बुक करने की क्या जरूरत थी?"

अधीर कुछ बोलता, उससे पहले ही वह खिलखिला पड़ी, "आने-जाने का झंझट तो न होता!"

अधीर मुस्कराया। उसके बिल्कुल पास आकर आँखों में आँखें डालकर बोला, "यह तुम हो, यकीन नहीं आता!"

वह खिड़की से आती तेज हवा के मुकाबिल थी। उड़ते आँचल को सँभालते हुए बोली, "अधीर, अपनी हर नायकीनी को यकीन में बदलने के लिए ही तो हम यहाँ आए हैं।"

दोनों के बीच टेबल पर रखी कॉफी से भाप उठ रही थी। उसने पहलू बदलते हुए टोका, "अधीर, चुप क्यों हो...कुछ तो बोलो।"

"कॉलेज के दिनों में तो तुम बहुत डरपोक थीं। अब डर नहीं लगता?"

"नहीं।" उसने संक्षिप्त-सा उत्तर देकर कॉफी की ओर इशारा किया, "ठंडी हो रही है।"

अधीर ने एक बड़ा घूँट भरकर जैसे ही अपना कप टेबल पर रखा, उसने वह कप उठाया और अपने होंठों के करीब लाकर बोली, "व्हाट अ रोमैंटिक मोमेंट न! हम उन दिनों डेट कर रहे होते तो एक-दूसरे की छोड़ी कॉफी पी लेते, नहीं?"

अपनी बात खत्म करते ही वह खिलखिलाकर हँस पड़ी और जूठा कप वापस टेबल पर रख दिया। बात-बात में उसका यूँ हँस पड़ना, अपनी कही बात को गम्भीरता से न लेने का संकेत था या अवचेतन में अटकी कोई कामना, अधीर के लिए समझना मुश्किल था। वह बोल रही थी, "यू नो अधीर, हमारे जमाने में किसी ने बताया ही नहीं कभी, कि डर के आगे जीत है।"

उसकी हँसी कोई सिंफनी थी, जो अनवरत बजे जा रही थी।

बाहर समुद्र का शोर तेज हो गया था। लहरें हहराने लगी थीं। अधीर उठा और आगे बढ़कर खिड़की बन्द कर दी। वहीं खिड़की से लगकर उससे मुखातिब हुआ, "वाकई उस वक्त हम सब डरे हुए लोग थे। डर ही हमारी नियति था।"

वक्त का छूटा सिरा पकड़ने की कोशिश में वे दोनों वही नहीं रह गए थे, जो यहाँ आने से पहले थे। उम्र बहुत पीछे जा चुकी थी और वे एक-दूसरे के साथ चलते हुए देश-काल से परे एक ऐसे वर्तमान में थे, जो कभी वे चाहते थे। वह उनका अरजा हुआ समय था।

उस दिन वे दिनभर धूप-छाँही की तरह साथ चलते रहे ।

शाम उतरने को थी जब वे डोना पॉला बीच पर थे। समुद्र का जल मद्धिम लय में तरंगित था। इन तरंगों को छूकर आती मन्द हवा उसके बालों में उलझी जा रही थी और वह उन्हें समेटने में हलकान। उसे यूँ परेशान देख अधीर ने टोका, "उड़ने दो। लुकिंग लाइक अ क्लाउडी ब्यूटी।"

वह सीमेंटेड बेंच से उठकर अधीर के करीब आ गई। पूछा, "तुम्हें पता है, डोना पॉला ने अपने प्रेम के लिए खुद को यहीं विसर्जित किया था?"

उसकी आँखों में उदासी का साया था, आत्मा में कोई करुण पुकार अटकी

हुई-सी। समुद्र में डूबती डोना पॉला को न बचा पाने का अफसोस मथ रहा था जैसे।

"हाँ!" डोना ने यहीं छलांग लगाई थी।" अधीर की आँखें डोना पॉला और उसके प्रेमी के स्टेच्यू पर जा टिकी थीं। शाम का साया दो उदास मूर्तियों से लिपटा हुआ था। उसने डूबती आवाज में सवाल किया, "रागिनी, लोक स्मृति में असफल प्रेम की कहानियाँ ही क्यों जीवित रहती हैं?"

वह जवाब देने की मन:स्थिति में नहीं थी। चुपचाप रेलिंग के सहारे खड़ी समुद्र को देखती रही। सूरज विदा ले रहा था, किरनें जल समाधि में जा चुकी थीं। चाँदनी धीरे-धीरे स्निग्ध आभा बिखेरने लगी थी। वे अपने मौन में ही लौट पड़े थे। डोना पॉला की कहानी उनके साथ चल रही थी, कभी भी अचानक खत्म हो जाने के लिए। वह एकाएक घबरा गई। घबराहट में बोल पड़ी, "अधीर, ये कहानियाँ पराजित प्रेम का सबक होती हैं, शायद।"

अधीर ने उसका हाथ थाम लिया। दोनों की हथेलियाँ गुँथ गई थीं।

"हाँ शायद!" वह रुककर बोला, फिर रागिनी की दोनों आँखों में झाँकने लगा, "पता है, इस डोना पॉला में ही मांडवी और जुआरी नदियाँ भी मिलती हैं।"

वह अधीर के थोड़ा और निकट आ गई। उसकी आँखों में नदियों का संगम मचल रहा था। अधीर ने उसे खींचकर अपने पहलू में समेट लिया।

आज गोवा से लौटे कई दिन हो चुके हैं। जिन्दगी अपने ढर्रे पर चल रही है। दिनेश किसी डैम के निरीक्षण के लिए सुदूर किसी गाँव गए हैं। उसे इस बात की फिक्र हो रही है कि दिनेश अपनी डायबिटीज की दवा ले जाना भूल गए। फिलहाल उन्हें फोन करके ताकीद कर दी है कि वह मीठे से परहेज करें और टेंशन तो बिल्कुल न लें। इस बीच अमरीका से बेटी का फोन आया था और उसने गोवा ट्रिप के बारे में पूछा था, "कैसा रहा, मॉम?"

"ऑफिशियल मीटिंग ऐज यूजुअल।" यह बताते हुए वह रोमांचित थी कि उसके पास भी अपना गोपन है और उसे छुपाने का आनन्द उसे उल्लसित किए हुए है। अपराधबोध? नहीं, कतई नहीं। यही प्रश्न उस रात अधीर ने किया था, "रागिनी, तुम्हें कभी ऐसा नहीं लगा कि यह सब मान्य नैतिकता के विरुद्ध है? इसके लिए तुम्हारे अन्दर कोई अपराधबोध नहीं?"

रात रोमानी थी। क्रूजिंग पर डांस और खाना। खुले आसमान पर तारों का चन्दोवा और खुले डेक पर कोंकणी संगीत की तेज धुन। चारों ओर हिलोरें लेता समुद्र। जादू-सा जाग रहा था। वह अधीर के साथ नाचती रही थी। उसे पहली बार महसूस हुआ था कि नाचना जैसे अपने भीतर के अवगुंठन से मुक्त हो जाना है। वह स्वयं को पुनराविष्कृत कर रही थी। उसकी इस पूरी यात्रा की अन्त:प्रेरणा भी तो यही थी। वे देर रात तक रेत की चाँदी पर नंगे पाँव चलते रहे थे। नारियल की

शाखों से झिरती चाँदनी स्पर्शती रही थी। यह रात उनके एकान्त का उत्सव थी।

होटल लौटने तक रात आधी से ज्यादा ढल चुकी थी। अधीर कपड़े चेंज कर उसके रूम में आ गया था। वह भी गुलाबी नाइटी में खिली-खिली-सी थी। उसे देखते ही बोल पड़ी, "तुम्हारे साथ दिन कैसे गुजर गया, पता ही नहीं चला।"

"रागिनी।" अधीर के स्वर में आभार-सा था, "थैंक्स फॉर नाइस कम्पनी।"

"अधीर, फॉर गॉड शेक, नो थैंक्स प्लीज!" वह खुद में भरी हुई थी।

"तुम्हारे बाल अभी भी काले हैं और उतने ही घने हैं। क्या लगाती हो?"

"आँवला। शुरू से वही लगाती आ रही हूँ।" उसने अपने लम्बे घने बालों को सहलाते हुए पूछा, "तुम चश्मा कब से लगाने लगे?"

"क्यों, बूढ़ा दिखता हूँ क्या?" अधीर अपनी ही बात पर हँस पड़ा।

"नहीं, बूढ़े नहीं, बट मैच्योर लगते हो!" वह शरारती मुस्कान बिखेरती बोली, "वक्त ने कितना कुछ बदल दिया है न?"

"लेकिन हम तो आज भी उसी वक्त में ठहरे हुए हैं। तसव्वुरे जानाँ किए हुए।" अधीर की आवाज कहीं दूर से आती जान पड़ रही थी। वह खिड़की के पास जा खड़ी हुई। आँखें अँधेरे में कुछ तलाशती दूर तक चली गईं। शायद कोई लाइटहाउस...शायद कोई मस्तूल। ठीक उसी वक्त अधीर ने वह सवाल किया था, "यूँ मुझसे मिलने को लेकर तुम्हें कोई अपराधबोध नहीं? आफ्टर ऑल ये सब मान्य नैतिकता के विरुद्ध तो है?"

वह पलटी थी। अधीर एकटक उसी की ओर देख रहा था। इस देखने में आशंका नहीं, जिज्ञासा थी। स्थिरमना वह पछाड़ खाती लहरों-सी उमड़ पड़ी थी, "अधीर मेरे पैरेंट्स ने मेरे साथ जो किया, मेरी मर्जी के खिलाफ मेरी शादी, मेरी आजादी का हनन, वो क्या मेरे साथ किया गया अपराध नहीं था? अगर मैं अपनी मर्जी का करूँ तो अपराध...उसे जो मेरा पहला क्रश था, उसके साथ अपनी कामना को मूर्त करूँ तो अनैतिक?"

अधीर ने उसके चेहरे पर बिखर आई लट को उँगलियों के स्पर्श से पीछे किया, रुई के फाहे-सी छुअन थी यह। उसकी आँखें मुँद गई थीं।

"तुम्हें नहीं लगता कि यह दिनेश के साथ धोखा है?"

"दिनेश मेरा प्यार नहीं, जिम्मेदारी हैं, अधीर। मैं अपनी जिम्मेदारी के प्रति ईमानदार हूँ।" खिड़की के पार समुद्र में उठता ज्वार-भाटा शान्त पड़ चुका था। वह जितनी खिड़की के इस पार थी, उतनी ही उस पार थी। उसका स्वर भी ठहरे जल-सा शान्त था, "अधीर, हर किसी का अपना अतीत होता है। उस अतीत के एकान्त में उसकी छूटी हुई हसरतें, अघटित की सम्भावनाएँ और घटित के अफसोस होते हैं। कोई उन्हें नहीं भुला पाता। ताउम्र...ताजिन्दगी...वो साथ होते हैं...वर्तमान के एकान्त में भी...तुम मेरे वर्तमान के एकान्त की वो ही कामना हो। जब तुम्हारा मेरे एकान्त

में होना कोई नहीं रोक सकता तो नैतिक और अनैतिक का प्रश्न ही बेमानी है।"

अधीर ने उसके कन्धे पर आश्वस्तिभरा हाथ रखा, उसने अपना सर अधीर के कन्धे पर टिका दिया।

रात जल्द बीत गई या सुबह जल्द आ गई, किसे ख़बर!

विदा होते हुए एयरपोर्ट पर वे दोनों गले मिले...मुस्कराकर एक-दूसरे की छवियाँ आँखों में सँजोईं और बगैर कुछ बोले अपने-अपने हिस्से की उदासियाँ लिये अपने-अपने डिपार्चर गेट की ओर बढ़ गए। जाते हुए किसी ने किसी को मुड़कर नहीं देखा। सहसा, पीछे से अधीर की पुकारती आवाज आई, "रागिनी!"

वह मुड़ी। अधीर को तेजी से अपनी ओर आते देखकर आँखें प्रश्नवाचक हो गईं, माथे पर बल पड़ गए। अधीर पास आकर रुका। फिर ठहरे स्वर में बोला, "रागिनी, तुम मेरी पत्नी के बारे में जानना चाहती थीं न?"

अब जबकि वह कुछ भी नहीं जानना चाहती थी, अधीर के इस प्रश्न पर मुस्कराकर रह गई। अधीर को जैसे एकबारगी कहानी का कोई बिसरा पात्र याद आ गया था, वह एक उच्छ्वास में बोल गया, "शी इज नो मोर...शादी के चार साल बाद ही एक एक्सीडेंट में उसकी डेथ हो गई।"

यह इस कहानी का दुखान्त था।

गुजरती भीड़ और समय के बीच सनाके में खड़ी वह अधीर को अपने डिपार्चर गेट की ओर जाते देखती रही। लगा कि अधीर के कन्धे बोझ से झुके हुए हैं। इससे पहले कि अधीर पलटकर उसे देखे, वह अपने गेट की ओर मुड़ गई।

वह इस दुख को साथ लिए लौटी थी। कई बार सोचा कि अधीर को फोन करे और उसकी पत्नी के प्रति शोक व्यक्त करे। लेकिन हर बार खुद को रोक लिया। वह अधीर के एकान्त गोपन में दखल नहीं दे सकती थी। वह उसका वर्जित प्रदेश है।

कलंक-मुक्ति

जितनी लड़कियाँ, उतनी ही कहानियाँ। हर कहानी जुदा, हर किरदार जुदा। कोई मुख्तसर, कोई तवील। धोखा, छल, फरेब, यातना, प्रताड़ना, धिक्कार, दुत्कार की अन्धी लम्बी सुरंग से गुजर कर यहाँ तक पहुँची इन लड़कियों के साथ लगी चली आई हैं ये तमाम कहानियाँ। इन कहानियों में नई कहानी आकर जुड़ी है शम्पा शर्मा की।

शम्पा शर्मा उम्र अट्ठारह साल, पिता का नाम स्वर्गीय राजेन्द्र शर्मा, ग्राम तरइन, थाना भँवरा, जिला कुछ भी हो सकता है। रंग गोरा, हाइट पाँच फुट पाँच इंच, ठुड्डी पर तिल बराबर तिल। शम्पा शर्मा की बाबत ऐसी अनेक सूचनाएँ दर्ज हैं इस रिमांड होम के रजिस्टर में। जो दर्ज नहीं है, वह यह कि शम्पा शर्मा के खूबसूरत चेहरे पर अनंत पीड़ा पसरी हुई है, कि उसकी आँखों में डरावना सन्नाटा थपेड़े खा रहा है, कि उसके होंठों का रंग नीला पड़ गया है, कि उसके जिस्म पर जितने जख्म थे, उससे ज्यादा लहूलुहान उसका मन था। वह एक साथ, जिस्म, मन और शम्पा शर्मा थी।

शम्पा शर्मा को यहाँ पुलिस लेकर आई थी। ले क्या आई थी जैसे किसी लावारिस जानवर को बाड़े में धकेल दिया गया हो। वार्डन के साथ कानूनी लिखा-पढ़ी के बाद एक महिला सिपाही ने कहा था, "ले भई, सँभाल छोरी को।"

उस सिपाही की आवाज में हिकारत थी, 'बला टली' की उफनाती साँस थी। जाते-जाते उसने शम्पा शर्मा को नसीहत दी थी, "बहुत सख्त है वार्डन मैडम, भागने की कोशिश ना करियो!"

"उसकी शामत आई होगी जो ऐसी जुर्रत करेगी।" वार्डन मैडम कविता सिन्हा ने ऐसे घूरा था मानो टेढ़ी आँख से ही सीधा कर देने की महारत हासिल हो। शम्पा शर्मा पर उनकी तरेरी आँखों का कोई असर नहीं हुआ था। उलटे उसने अपनी आँखें कविता सिन्हा की आँखों में पिरो दी थीं। कविता सिन्हा ताब सह न पाई थी। रजिस्टर बन्द करते हुए पूरी शक्ति से चीख पड़ी थी, "रेशमा...!"

रेशमा रिमांड होम की सुरक्षा-सेविका थी। दौड़कर आई और दरवाजे में खड़ी होकर बोली, "जी मैम।"

"ये लड़की अभी आई है। इसे रूम नम्बर फाइव में ले जाओ।"

'रूम नम्बर फाइव' शम्पा शर्मा के दिमाग में ठक्क से बजा था और वह रेशमा के पीछे चल पड़ी थी। वार्डन ऑफिस और रूम नम्बर फाइव के बीच चार रूम, एक हॉल और एक किचेन जितनी लम्बी दूरी थी। ऊँची चहारदिवारी के कई हिस्सों से झाँकती ईंटों में कहीं-कहीं बने गड्ढे इस बात के सबूत थे कि दीवार फांदकर लड़कियों के भागने की कोशिश में उनके पंजों से घिस-घिस कर ये निशान बने होंगे। पता नहीं, कोई लड़की फरार होने में कामयाब हुई या नहीं, गोकि दीवार फाँदकर भागने की कोशिश में कइयों के पकड़े जाने की खबर अखबारों में जरूर छपती रही हैं। झड़ते प्लास्टर और बदरंग होती रिमांड होम की यह बिल्डिंग यूँ भी रक्षा-गृह कम यातनागृह ज्यादा लग रही थी।

शम्पा शर्मा इस अजनबी और अजूबे संसार में प्रवेश करते हुए जितनी सहमी हुई थी, उतनी ही चकित थी कि उसके साथ किसी अपराधी जैसा सलूक क्यों किया जा रहा है? उसने कोई अपराध नहीं किया था, फिर भी वह इस यातनागृह में भेज दी गई थी। पुलिसवालों से लेकर यहाँ की वार्डन तक का व्यवहार भी ऐसा था जैसे वह कोई अपराधिनी हो। जिस तरह वह अब तक जिन्दा लाश और मुर्दा चेतना के बीच हिचकोले खा रही थी, उसमें उसका होना अपने नियंत्रण में नहीं था। वह इसी आलम में यहाँ आ पहुँची थी और अब वह अपनी ही देह में सिकुड़ी जा रही थी उन लड़कियों की घूरती आँखों का सामना करते हुए। सारी आँखें, चेहरे, भाव-विभाव अदेखे...अनजाने। वह इन अजनबियों के बीच अकबकाई हुई थी, तो चकित वो लड़कियाँ भी थीं एक अजनबी लड़की को अपने बीच देख कर। वे एक नवागंतुक के प्रति उत्सुकता से भरी हुई थीं। अपने रूम के दरवाजे से झाँकते हुए या कि बरामदे में बैठकर एक-दूसरे के सर से जुएँ निकालते हुए, उचक-उचक कर देखती हर लड़की की आँखों में कोई न कोई सवाल था। बाथरूम से लौटी एक लड़की उसके सामने आकर खड़ी हो गई थी, "धंधा करते पकड़ी गई?" इस लड़की की आँखों में उत्सुकता की चमक और जिज्ञासा की लपक थी, "कैसे फँस गई तू?"

शम्पा शर्मा क्या जवाब दे? अपनी नियति पर चिटक कर रह गई। रेशमा ने पलटकर झिड़की दी, "रोमा, उसे तंग नहीं करने का।"

"रोमा।" यह नाम शम्पा शर्मा के मन में घुलता हुआ रूम नम्बर फाइव तक आया था।

रूम नम्बर फाइव के दरवाजे में खड़ी होकर रेशमा ने हिदायत दी थी, "ये तेरा रूम। सबके साथ एडजस्ट करने का।"

रेशमा ने रूम के अन्दर मौजूद लड़कियों को शम्पा शर्मा की बाबत कुछ नहीं बताया था। शायद बताने की जरूरत न समझी हो। शम्पा शर्मा से भी उन लड़कियों के बारे में कुछ नहीं कहा था। यह एक निहायत अकल्पनीय आचरण था...एक निर्मम व्यवहार...गैरजिम्मेदाराना रवैया...व्यवस्था का चरित्र। रेशमा ने शायद इसे

ही एडजस्ट करने को कहा था। रेशमा की आँखें शम्पा शर्मा के चेहरे पर टिकी थीं। शम्पा ने गर्दन हिलाकर हामी भरी थी।

रूम नम्बर फाइव में पाँच लड़कियाँ पहले से थीं। शम्पा शर्मा छठी थी। शम्पा शर्मा को देखकर माला ने मुँह बनाया, "लो, पहले ही ठेलमठेली थी अब एक और आ गई।"

"नरकों में ठेलाठेली।" यह छोटे कद की तीखी मिर्च सोनी थी। चेहरे से चिड़चिड़ी गोया हर वक्त लड़ने पर आमादा।

"ओ...आओ..." दीवार से पीठ टिकाए रत्ना ने स्वागत के लहजे में उसकी हिमायत की, "इसमें इस बेचारी का क्या कसूर...वार्डन ही साली बदमाश है।"

"ओय-होय क्या बात है...बदमाश है...तभी तेरा उससे याराना है।" यह तीखे नाक-नक्श वाली रूपा थी। थोड़ी मुँहफट, थोड़ी घठाई।

रूपा के इस उलाहने से रत्ना का चेहरा सुर्ख हो आया था। उसने पाँव फैलाते हुए पूछा, "क्या नाम है तेरा?"

"शम्पा...शम्पा शर्मा।" बड़ी कठिनाई से बता पाई। इन अजनबी लड़कियों के साथ उसका संकोच आड़े खड़ा था।

दस बाई दस फुट के इस कमरे में तीन चौकियाँ एक-दूसरे से सटी पड़ी थीं। तीनों चौकियों पर पाँच लड़कियाँ पहले से काबिज थीं, छठी उसे भी इन्हीं चौकियों पर एडजस्ट करना था। आपस में जुड़ी इन चौकियों पर बिस्तर, चादर, कमीज, शलवार, जिस तरह एक-दूसरे से गुत्थमगुत्था थीं, उससे यह अन्दाज लगा पाना मुश्किल था, कि कौन सा सामान किसका है। तकिया, तौलिया, दुपट्टे की तरह इन रहवासिनों के दुख-सुख भी साझा थे। वे अलग-अलग संज्ञाएँ थीं, अलग-अलग कथाएँ, लेकिन इन कपड़ों में किसके आँसू जज्ब हैं, किसकी आहें फना हैं अलगाना सम्भव नहीं था। रूम की दीवारों से झड़ती चूनाकली की पपड़ियाँ बिस्तरों पर चिन्दी-चिन्दी बिखरी हुई थीं। सीलिंग से प्लास्टर के लटके टुकड़े किसी झटके की प्रतीक्षा में थे...अटके थे तो सिर्फ इन रहवासिनों की अच्छी किस्मत से।

'अच्छी किस्मत' के नाम पर सारी लड़कियाँ खूब जोर-जोर से हँसी थीं। इस हँसी में किस्मत को चिढ़ाने की अदा पैबस्त थी।

"अच्छी किस्मत होती तो ये नरक भोग रहे होते?" ये तंज माला ने किया था और एक बार फिर सारी लड़कियाँ हँस पड़ी थीं। शम्पा शर्मा को हँसी नहीं आई थी, वह तो जैसे हँसना ही भूल गई थी। माला ने उसका हाथ पकड़कर अपनी तरफ खींचा था, "हम भी अपनी हँसियाँ भूल चुकी थीं...जीने के लिए ये हँसियाँ खोजी हैं हमने।"

रत्ना जो दीवार से पीठ टिकाए बैठी थी, बोली, "हँसना पड़ता है...शम्पा शर्मा। आँसुओं के सैलाब में पतवार होती है हँसी।"

शम्पा शर्मा को इस हँसी, आँसू, सैलाब और पतवार की पार्श्व-कथा जल्द ही समझ आ गई थी। सच कहती हैं ये लड़कियाँ, अच्छी किस्मत होती तो उन्हें यहाँ क्यों शरण लेना पड़ता? एक नरक से दूसरे नरक की यह यात्रा क्यों करनी पड़ती? रूम की तमाम लड़कियों के साथ एडजस्ट करते हुए शम्पा शर्मा को थोड़ा वक्त लगा था, परन्तु जल्द ही उसे अहसास हो गया था कि जिस तरह वह नियति की मारी यहाँ आने को विवश हुई है, उसी तरह हर लड़की अपनी नियति की शिकार है। ज्यादातर लड़कियाँ अपनों की छल और बेरुखी की मारी थीं।

ऐसी ही कहानी थी माला की। बिना माँ-बाप की माला को उसकी मौसी ने जगत के हाथों बेच दिया था, पूरे पचास हजार में। तब सिर्फ सोलह साल की थी वह। एक दिन अचानक इसरी बाजार में खरीदारी कर मौसी ने उसे नई साड़ी, ब्लाउज, पेटीकोट, सैंडिल, चप्पल, लिपस्टिक, पाउडर, कंघी, बिन्दी, चूड़ी, बाली, सिंगार-पटार से लाद दिया था। वह समझी थी कोई देवता सहायक हुए हैं शायद, कि ये नेमत उसे बिन माँगे मिल गई है। खुश हुई थी जैसे अभावों के दामन में कुबेर ने खजाना उड़ेल दिया हो। मौसी उसकी खुशी पर निहाल हुई जा रही थी। पहली बार मौसी का दुलार उस पर उमड़ा पड़ रहा था। बार-बार उसे खुद से लिपटाती और लाड़ से चूमती। सब कुछ अप्रत्याशित था। माँ-बाप की मौत के बाद जिस प्यार-दुलार के लिए छछन कर रह गई थी, वह एकाएक पाकर उड़ने लगी थी। बिना पंख भी उड़ा जा सकता है, यह चमत्कार उस दिन उसके साथ हुआ था। वह उड़ती हुई मानेश्वर मन्दिर आ पहुँची थी। उसी मन्दिर के कोने में मौसी ने उसे तैयार किया था। तैयार होते हुए वह खुश तो थी, कि नई साड़ी-ब्लाउज में उसका तन सजीला हो आया था, कि नये कपड़े की गन्ध की खुमारी अन्दर तक उतरती चली गई थी। नहीं पता था, उसकी इस खुशी के साथ उसका दुर्भाग्य बगलगीर था। मौसी ने मन्दिर की बेदी पर पहुँच कर बताया था, "आज तेरा ब्याह है। बड़ी मुश्किल से एक लड़का मिला है।"

वह मौसी को भौचक ताकती रह गई थी। ऐसे ब्याह होता है कहीं...अचानक... गुड्डे-गुड़िया के खेल की तरह? मौसी ने सीने से लगाकर सच की सीवनें उधेड़ दी थीं, "गरीब लड़की का बेड़ा पार लग जाय यही बहुत...तेरी माँ ने जो जिम्मेदारी सौंपी उससे मुक्ति मिल जाय बस...।"

उसे मौसी की उलाहना, प्रताड़ना से मुक्ति का मार्ग नजर आया था यह ब्याह। लेकिन पचास साल का जगत जब दूल्हा बनकर सामने आया था तो उसकी घिग्घी बँध गई थी। जी में आया था, विवाह बेदी से उठकर भाग जाए, पर मौसी का डर और इन नये कपड़ों, गहनों के मोह ने उसे बाँधकर रख दिया था। वह पगहे में बँधी गाय की तरह जगत के पीछे-पीछे चल पड़ी थी। कहाँ? कुछ नहीं पता था। रेलवे स्टेशन पर पहुँचकर जगत ने बताया था, "हरियाणे जा रही तू। वहीं तेरी ससुराल है।"

ससुराल के नाम पर उसका गला भर आया था...जगत को पहली बार भर निगाह देखा था...गेहुँए रंग की धूप तपाई देह, लम्बी तीखी मूंछ, चेहरे पर पकी उम्र की ठसक। कहीं से भी दूल्हा नहीं लग रहा था वह। ट्रेन में सवार होने से पहले उसने प्रतिकार किया था, "नहीं, मैं नहीं आ रही तेरे साथ।"

"कैसे नईं आएगी तू...पूरे पचास हजार दिए तेरी मौसी को...अब मेरा हक है तुझ पर।" जगत सौदा खरीद लेने के गुमान से भरा था। उसके स्वर में फटकार थी। रुलाई फूट गई थी। सिसकी सीने में बाँधे चुपचाप ट्रेन में सवार हुई थी। ट्रेन की सीट पर गुड़ीमुड़ी बैठी सुबकती रही थी। अपना देश छूटने...जैसी भी थी मौसी से बिछड़ने की कसक सीने में घुमड़ती हुई आँखों में उमड़ आई थी।

किसी बड़े स्टेशन पर रुकी थी ट्रेन। पुलिस पार्टी जाँच करती हुई डब्बे में घुसी थी। जगत पुलिस वालों को देखते ही खिसक गया था। वह तलाशती आँखों से जगत की राह देखती रही थी। पुलिस वालों ने पूछा था, "कौन है तेरे साथ?"

"जगत।"

"कौन है वो?"

पति...आदमी...मरद...क्या कहे? कहते न बना...होंठ भींच कर रह गए।

"कहाँ है वो?" एक पुलिस वाले ने घुड़की दी।

वह हकबकाई-सी अपने-आप में सिमट गई थी। पुलिस का डर देह में समा गया था। अपने-आप में सिकुड़ गई थी। जगत का दूर-दूर तक पता नहीं था। एक पुलिस वाला बोला, "ये नाबालिग लगती है...कोई जबरदस्ती ले जा रहा इसे।"

"ऐसा ही लगता है सर।" थोड़ा बुजुर्ग पुलिसवाला बोला, "हमको तो जबरिया ब्याह लगता है।"

आस-पास के यात्री इर्द-गिर्द सिमट आए थे। उन्हीं में से कोई बोला था, "इसके साथ एक अधेड़ आदमी था पुलिस वालों को देखकर खिसक गया।"

ट्रेन चलने को हुई। पुलिस वालों ने उसे अपने साथ उतार लिया था।

"तुम मौसी के पास क्यों नहीं चली गईं?" शम्पा शर्मा ने जिज्ञासा व्यक्त की।

"उसे तो मालूम भी नहीं कि मैं यहाँ हूँ। क्या फायदा...वो अपने साथ ले भी जाती कि नहीं...पहले ही बेचकर छुट्टी पा चुकी थी।"

शम्पा शर्मा को तो माँ-भाई सभी ने घर ले जाने से इनकार कर दिया था। माँ ने खुद मजिस्ट्रेट से गुहार लगाई थी, "हुजूर, शम्पा को हम अपने घर नहीं ले जा सकते।"

मजिस्ट्रेट ने आश्चर्य से पूछा था, "क्यों...क्यों नहीं ले जा सकतीं अपने साथ अपनी बेटी को?"

"गाँव वालों ने मना किया है, हुजूर...दबंगों ने धमकी दी है...लड़की गाँव में आई तो पूरे परिवार को गाँव से बाहर निकाल देंगे।" माँ ने अपनी विवशता जताई थी।

गाँव वालों के डर से माँ ने शम्पा शर्मा को घर ले जाने से मना कर दिया था और वह रिमांड होम भेज दी गई थी। माला को तो कोई घर ले जानेवाला नहीं था... लेकिन रत्ना? रत्ना के घर वालों को तो पता ही नहीं कि वो कहाँ है?

"क्यों...क्यों तुम्हारे घर वालों को तुम्हारा अता-पता नहीं?" रत्ना की बात सुनकर शम्पा शर्मा चिहुँकी थी।

"शम्पा, यहाँ जितनी लड़कियाँ हैं इनका कोई पता-ठिकाना होता तो ये यहाँ लावारिस क्यों पड़ी होतीं? जिनका अता-पता है भी, उनके तो घर वालों ने ही उनके हाल पर छोड़ दिया है।" रत्ना की आँखों में उसका अतीत झाँकने लगा था।

"क्यों...क्यों घर वालों ने छोड़ दिया है इन लड़कियों को?"

"इसलिए कि इन लड़कियों ने अपने घरवालों की इज्जत खराब कर दी है... कि उनके घर वाले किसी के सामने मुँह दिखाने के काबिल नहीं रहे...इनकी वजह से ही वे समाज के सामने सर उठाकर नहीं रह सकते...कि इन लड़कियों ने कुल-खानदान के नाम पर कालिख पोत दी है।"

शम्पा शर्मा ने रत्ना की आँखों में आँखें डालकर पूछा, "तुम्हारे साथ क्या हुआ था?"

रत्ना ने अपनी गर्दन घुमाई...पीछे मुड़कर देखा...यह अपनी छूट आई जिन्दगी की ओर देखने का उपक्रम था शायद।

"प्यार...प्यार के चक्कर में सब कुछ खो बैठी मैं।"

शम्पा सिहर गई...प्यार...प्यार में तो उसने भी सब कुछ खो दिया है...तो क्या उसकी और रत्ना की कहानी एक है....? क्या है रत्ना की कहानी?

"नहीं...नहीं...मैं कुछ याद नहीं रखना चाहती...मैं प्यार की खामखयाली से बाहर आ चुकी हूँ...." रत्ना अपने अतीत से....उसकी तल्ख यादों से सायास पीछा छुड़ाने की कोशिश कर रही थी। लेकिन यह कभी मुमकिन नहीं हुआ। शम्पा शर्मा के आग्रह के सामने तो जैसे वह पिघल ही गई...तरल...अश्रुनद में हिचकोले खाता मन...मन के किसी कोने में दुबका प्यार।

परमा को टूटकर चाहा था उसने। उसकी साँसों में...रगों में...उसके वजूद में समाता चला गया था परमा। पता नहीं कैसा जादू था परमा की शख्सियत में.... पता नहीं कैसा नशा था उसकी मौजूदगी में....वह खो गई थी उसमें...छुप-छुप कर मिलने से मिलने की कशिश बढ़ती गई थी...कभी किसी निचाट सन्नाटे में परमा से मिलती तो वह साये की तरह चिपक जाता...गिरफ्त से छूटती तो गिरफ्त कसती जाती...मिलने की चाहत बार-बार खींचती और वह जब भी मिलती हमेशा-हमेशा के लिए इस मिलन को स्थाई कर देने की चाहत से भरी हुई होती। ऐसी ही चाहत के वशीभूत परमा से जिद की थी, "चलो यहाँ से कहीं दूर चलें।"

"लेकिन कहाँ?"

"कहीं भी...जहाँ हम और तुम हों और हमारा प्यार हो?"

"..."

"क्या हुआ...तेरा मन नहीं करता?"

"ऐसी बात नहीं...मन तो बहुत करता है...लेकिन डर लगता है।"

"तू डरता है...प्यार करनेवाले किसी से नहीं डरते।"

"ऐसी बात नहीं...मैं तुझे बहुत प्यार करता हूँ।"

"फिर चल भाग चलें।"

भाग चले थे दोनों...कहाँ जाना...पता नहीं था...उसे तो बस इस बात की खुशी थी कि परमा उसके साथ है, कि वह परमा के साथ है। लेकिन परमा अचानक उसका साथ छोड़कर गायब हो गया था। कहाँ? कहाँ गया वो? पटना रेलवे स्टेशन की एक बेंच पर बिठाकर बोला था, "कोई ठिकाना पता करता हूँ...बुआ रहती है यहाँ...शायद उसके यहाँ रहने को मिल जाए।"

सिर हिलाकर हामी भरी थी उसने...भरोसा था परमा पर...अपने परमा पर। लेकिन आँखें पथरा गई थीं...नहीं लौटा था परमा...आस टूटने लगी थी...खुद को अकेली और असहाय पाकर पहली बार उसका कलेजा काँपा था। आँखों के आगे धुँधलका घिर आया था। वह बदहवास-सी स्टेशन से बाहर आई थी। शाम उतर रही थी...रंग-बिरंगी रोशनियों की मायावी झिलमिल में हक्की-बक्की खड़ी रह गई थी वह...लोग ही लोग थे...दौड़ते-भागते...किसी को किसी की सुधि नहीं...वह किसे पुकारती...किसे आवाज देती...दो लड़के अचानक आ सटे थे।

"कितना लेगी?"

"क्या...?" उसका गला सूख गया था। नहीं समझ पाई थी उन लड़कों का आशय।

"एक रात का कितना लेती है?" ये लड़का थोड़ा ढीठ था। बेशर्म हँसी उसके चेहरे पर थी।

वह रुआँसी हो आई थी...क्या समझ लिया इन लड़कों ने? वह तेजी से भागी थी...वे लड़के उसी तेजी से पीछे आए थे, "ज्यादा नखरे मत दिखा...रेट बोल रेट।"

वह भागकर उन औरतों के पास जा खड़ी हुई थी, जो एक दीवार के सहारे लगकर खड़ी थीं...नहीं जानती थी उन औरतों के बारे में...उनके साथ अपनी सुरक्षा के लिए खड़ी हुई थी...वही अभिशाप बन गया था। पुलिस के छापे में पकड़ी गई थी वह।

"धंधे में नई आई तू?" उसकी घबराहट...उसकी मासूमियत में कुछ सच्चापन था, जिससे पुलिस वाली ने पूछा था।

"नहीं...मैं घर से भागकर आई...अपने परमा के साथ।"

"कहाँ गया वो...छोड़कर भाग गया?" पुलिसवाली ने जैसे उसका चेहरा पढ़ लिया था।

कुछ कहते न बना था...गले में रुलाई अटकी थी...जुबान तालू से चिपक गई थी।

"नहीं लौटेगा वो...छोड़ गया तेरे को...धोखा दे गया नामुराद।" पुलिसवाली के स्वर में हिकारत थी।

अगले दिन कानूनी प्रक्रिया के बाद रिमांड होम भेज दी गई थी वह।

"अपने घर क्यों नहीं लौट गईं तुम?" शिल्पा शर्मा की उत्सुकता में कौतूहल था।

"किस मुँह से लौटती? माँ-बाप की नाक कटा चुकी थी...सबकी नजरों में गिर चुकी थी...नहीं शम्पा, हिम्मत नहीं हुई मेरी। मेरे घरवालों को आज तक नहीं पता कि मैं कहाँ हूँ।"

"इच्छा नहीं होती घर जाने की?" शम्पा शर्मा ने नाजुक तार छेड़ दिया था।

रत्ना की आँखें भर आई थीं। वह छत की ओर देखने लगी थी। शम्पा शर्मा सकपका गई थी...रत्ना की चुप्पी ने उसे सकते में डाल दिया था।

वह रात का आखिरी पहर था, जब सारी लड़कियाँ नींद में डूबी बेखबर सोई थीं... रिमांड होम की बिल्डिंग का उनींदापन सन्नाटे में डूबा था...गाढ़ी नींद और अलसाई भोर की इस संधि बेला में अचानक कोई खटका-सा हुआ था और भगदड़ सी मच गई थी। कई लड़कियाँ जैसे सिर्फ साए हों, वो पलक झपकते अपनी-अपनी नींदगाहों में जा घुसी थीं। सिक्योरिटी गार्ड ने सीटियाँ बजाते हुए पूरे रिमांड होम को सर पर उठा लिया था। लड़कियाँ जाग गई थीं...सेविकाएँ, कर्मचारी सभी आ जुटे थे। वार्डन ने पूछा था, "क्या हुआ बहादुर?"

"लड़कियाँ भाग रही थीं, मैडम। टैम रहते देख लिया मैं।" सिक्योरिटी गार्ड ने अपनी मुस्तैदी का मुजाहिरा किया।

"सारे कमरों की तलाशी लो...देखो, कोई फरार तो नहीं?" फुफकारती वार्डन ने फरमान जारी किया।

"क्यों भागती हैं ये लड़कियाँ?" शम्पा शर्मा ने पूछा।

"कैद...कैद में कौन रहना चाहता है? मुक्ति की चाह में भागती हैं ये।" रूपा ने जवाब दिया, "ये रक्षा गृह नहीं...यातना गृह है...धंधा कराती है वार्डन।"

शम्पा शर्मा की आँखें फट गई थीं। डर देह से होकर आत्मा में फैल गया था। एकदम गुम हो गई थी वह। उसकी उदासी...डर...चुप्पी को रूपा ने लक्ष्य किया। बड़ी बहन की तरह बाँहों में समेट लिया, "शम्पा, हम यहाँ अपनी खुशी से तो आए नहीं...हमारा कोई नहीं रहा या हम किसी के नहीं रहे...नियति हमारी यही कि हम कहीं के नहीं रहे...हमारा गुनाह यही कि औरत होने की सजा भुगत रहे हम।"

सही कहती है रूपा। बहनापे में बँधी शम्पा शर्मा बड़ी देर तक चुपचाप उसकी बाँहों में सिमटी रही। रूपा उसके बालों में उँगलियाँ फेरती कंघी करने लगी थी।

"बाल काफी उलझ गए हैं।"

"जिन्दगी ही उलझ गई है, रूपा।" शम्पा शर्मा की आवाज खोई हुई थी खुद से गाफिल।

रूपा ने कोई प्रतिक्रिया नहीं दी, कोई आश्वासन नहीं दे सकती। यहाँ आई हर लड़की की जिन्दगी उलझी हुई है...सुलझने की कोई सूरत कहाँ दिखती है? खुद उसकी जिन्दगी भी तो किसी नामालूम सफर पर है।

रूपा की चुप्पी के बीच शम्पा शर्मा की गीली आवाज ने दस्तक दी, "मुहब्बत में ये दिन देखने पड़ेंगे, कभी सोचा न था।"

शम्पा शर्मा सिसक पड़ी थी। दिनों से दबा दुख करवट लेने लगा था। उसके बालों में रेंग रही रूपा की उँगलियाँ ठिठक गई थीं। वह पलटकर रूपा की आँखों में देखने लगी। रूपा की आँखों में जिज्ञासा थी...सहानुभूति नहीं...सहज उत्सुकता थी उनमें।

"रमेश से मुहब्बत कर बैठी थी...अब जानती हूँ मुहब्बत के नाम पर छली गई। लेकिन तब तो उसके प्यार में डूबती-उतराती बही जा रही थी...बिना कूल-किनारे की नदी हो गई थी मैं। दोनों एक ही बस से कोचिंग जाते...एक ही बस से लौटते...आँखों-आँखों में बातें होतीं...ये देखादेखी कब 'हाय-हेलो' में बदली पता नहीं। नोट्स के लेन-देन से हम एक-दूसरे के करीब आते गए। प्यार के किसी लम्हे में जाने-अनजाने कभी रूठती तो रमेश जान दे देने की धमकी देता, "शम्पा, तुम्हारे बिना जी नहीं सकूँगा मैं।"

"मेरी शादी किसी और से हो गई तो?" मैं उसकी थाह लेती।

वह तड़प उठता। उसके चेहरे पर मायूसियाँ पछाड़ खा रही होतीं, "शम्पा, ऐसा मत बोलो...तुम मेरे सिवा किसी और की नहीं हो सकतीं।"

"तुम्हारे घर वाले मानेंगे?"

"तुमने अपने घर वालों से पूछकर प्यार किया?"

"मैं 'न' में सर हिलाती और रमेश खिलखिला पड़ता, "प्यार किया तो डरना क्या?"

रमेश के मासूम चेहरे पर उसके लिए प्यार उमड़ रहा होता और वह उसकी आँखों में उतरती जाती। एक दिन माँ ने बरजा था, "मत जा उस रस्ते, जिसकी कोई मंजिल नहीं।"

माँ से ज्यादा उसे रमेश पर भरोसा था। रमेश वादा करता, "साथ जिएँगे... साथ मरेंगे।"

तब जीना तो जीना, मरने की कल्पना भी कितनी रोमानी लगती। लगता प्यार में मर जाना भी प्यार का ही हासिल है। फीकी हँसी होंठों पर रेंग गई। शम्पा शर्मा

ने रूपा के कन्धे पर सिर टेक दिया था। रूपा उसका सर सहलाती रही।

"उस दिन रमेश का जन्मदिन था। मैंने उसे सुर्ख गुलाब दिया था। उसने उस गुलाब को अपने होंठों पर यूँ फेरा था जैसे मेरे होंठों को चूम रहा हो। मैं शर्मा गई थी। उसने सरगोशी में पूछा था, "मेरा बर्थडे गिफ्ट?" उसकी आँखों में याचना थी। मैंने गहरे प्यार के इजहार में पलकें मूँद ली थीं। वह दिन रमेश को देखते...महसूस करते बीता था। कोचिंग से छूटते ही रमेश पास आया था, "मेरे दोस्त ट्रीट दे रहे हैं...तुम भी आ रही हो।"

"म...म...मैं कैसे...देर हो जाएगी घर पहुँचने में।" मेरा असमंजस आड़े आ गया था, विरोध कमजोर-सा था।

"मेरे लिए इतना भी नहीं कर सकतीं?" रमेश ठुनका था।

"तुम्हारे लिए तो जान भी दे सकती हूँ।" मैं डट गई थी।

ऐन इसी वक्त रमेश के दोस्त पास आ गए थे। ये अमन और दीपक थे। कभी-कभार रमेश के साथ दिखते थे। उनके पीछे एक इनोवा आकर रुकी थी। इनोवा चलानेवाले लड़के को नहीं पहचानती थी। लेकिन वह उन तीनों का दोस्त था। सभी इनोवा में सवार हो गए थे। रमेश ने मेरा हाथ पकड़कर इनोवा में अपने साथ बैठा लिया था। थोड़ी घबराहट...अधिक शर्म के मारे मैं अपने-आप में सिमटी हुई थी। रमेश ने मुझे खींचकर अपने से सटा लिया था। सँभलकर बैठते हुए मैंने उसे आँखें दिखाईं तो उसने फुसफुसाकर कहा था, "आई लव यू।"

"कहाँ जा रहे हम?" मैंने रमेश से पूछा था, लेकिन जवाब अमन ने दिया था, "यहीं पास में जिम्मी का फार्म हाउस है।"

जिम्मी उस लड़के का नाम था, जो इनोवा चला रहा था। उसने पीछे मुड़कर देखा तो मैं घबरा गई थी। पता नहीं, उसके चेहरे पर क्या था कि मेरा जी धक्क कर गया था। उसी धुकधुकी के बीच विरोध जताया था, "रमेश, मुझे नहीं जाना।"

"क्यों?" रमेश के स्वर में रुखाई थी।

"मुझे कुछ ठीक नहीं लग रहा।" मेरा मन आशंका से भर आया था।

रमेश के जवाब देने से पहले इनोवा फार्म हाउस में घुस चुकी थी। नितांत वीराने में ऊँची चहारदीवारियों से घिरे इस फॉर्म हाउस के बीचोबीच एक बड़े-से कॉटेज के सामने इनोवा रुकी थी। एकबारगी मेरा दिल धड़क गया था। लेकिन मुझे अपने रमेश पर विश्वास था।

"लो भाई आ गए।" दीपक ने इनोवा से उतरते हुए कहा था, "जिम्मी, तैयारी पूरी है न?"

इनोवा से बाहर आए जिम्मी ने जवाब दिया था, "बिल्कुल तैयारी पूरी है। रमेश बॉस अपने इस बर्थडे को याद रखेगा।"

सिसकी फूट पड़ी थी। अचानक शम्पा शर्मा हिचक-हिचक कर रोने लगी थी। आँसू और आह की जुगलबन्दी से कलेजा चाक हो आया। रूपा चुप थी। रत्ना, माला, सोनी सिलाई क्लास करने गई थीं। इसी बीच कमरे में रत्ना दाखिल हुई। माहौल गमगीन देख इशारे से पूछा, "क्या हुआ?"

रूपा ने इशारे से कहा, चुप रहो! रत्ना चुपचाप अपने स्थान पर बैठ गई। शम्पा शर्मा को रत्ना की उपस्थिति का आभास हुआ। सर उठाकर देखा। रत्ना उसी की ओर देख रही थी।

"पहले रमेश...फिर जिम्मी...अमन और दीपक। एक-एक कर सबने मेरे जिस्म को नोचा। मैं चीखती रही और वे अट्टहास करते रहे। मेरा विश्वास...मेरा भरोसा...मेरा प्यार...एक ही झटके में भयावह दुःस्वप्न में बदल गया था। मैं किसी गहरी अँधेरी सुरंग में गिरती जा रही थी...हर ओर अँधेरा था...इतना घुप्प और ठंडा कि जिस्म सुन्न पड़ता जा रहा था। लहू में लिथड़ी आत्मा कराह रही थी...चेतना डूबती जा रही थी। वे मेरे जिस्म पर बारी-बारी चढ़ते और उतरते...मेरी चीख गूँजती हुई मुझ तक लौट आती...मेरा विरोध उनके अट्टहासों में दम तोड़ देता...रमेश ने अपने प्रेम और भरोसे की ओट लेकर मुझे वहशियों के हवाले कर दिया था। मेरी रोती-बिलखती हालत और उनके चंगुल से निकल भागने की फड़फड़ाहट का भी उस पर कोई असर नहीं हुआ।

"रमेश...ये तुमने अच्छा नहीं किया!" अपनी डूबती चेतना के अन्तिम क्षणों में मैंने उसे कोसा था।

लहूलुहान जिस्म और जिस्म में कहीं अटकी रह गई जान को बेजान समझ वे मुझे हाईवे किनारे फेंक गए थे। किसने पुलिस को खबर दी, पुलिस कब आई, कुछ पता नहीं। मेरी चेतना लौटी तो मैं अस्पताल में थी...एक लावारिस की मानिंद। मुझे होश में आया देख सिस्टर ने पुलिस को खबर दी। पुलिस आई। एक लेडी सब इंस्पेक्टर रंजना ने मेरा बयान लिया। नाम, पता, घरवालों की बाबत, घटना की जानकारी...कब, क्या, कैसे?

सब बताया मैंने। रमेश, अमन, दीपक, जिम्मी सबका नाम लिया। पुलिस ने ही मेरे घरवालों को खबर दी। माँ आई...भाई...भाभी सभी आए...मेरा हाल देखकर उनके होश उड़ गए। माँ तो बड़ी देर तक गुमसुम रही। अपनी बेटी का ये हाल उसकी कल्पना से बहुत परे था। उसकी आँखों से आँसू बगटुट टपके जा रहे थे। मेरी चेतना लौटती-डूबती जैसे पगलाई भँवर में गोते खा रही हो।

कई दिनों की चिकित्सकीय देखभाल के बाद उठने-बैठने और बोलने के काबिल हुई थी। इस बीच खुद को धिक्कारती। अपने-आप पर तरस खाती और जीने की इच्छा से लड़ती रही। सब इंस्पेक्टर रंजना रोज आती, बयान लेने की कोशिश करती, लेकिन मेरी हालत और मनःस्थिति देख कर लौट जाती। जिस दिन

मैं बयान देने के काबिल हुई, उस दिन सब इंस्पेक्टर रंजना ने सारा वाकया धैर्य से सुना...एक-एक डिटेल बारीकी से दर्ज किया। हाँ, उस वक्त मैं एक बार फिर उसी त्रासदी से गुजरी। दर्द के दरिया में जख्मी रूह थपेड़े खाती रही।

"शम्पा, रोने से कुछ नहीं होनेवाला।" सब इंस्पेक्टर रंजना ने समझाया, "वे अपराधी हैं, उन्हें सजा दिलवाकर ही तुम्हें न्याय मिल सकता है।

एफआईआर दर्ज करने के बाद रंजना ने मेरा मेडिकल कराया और धारा 164 के तहत मजिस्ट्रेट के सामने बयान दर्ज कराया। यह सब कुछ हर बार अपने जख्म नोचने की तरह था। सब इंस्पेक्टर रंजना मेरे टूटते हौसले को सम्बल देती, "शम्पा, वे दरिन्दे हैं, उन्हें उनकी जगह दिखाना जरूरी है। तुम साथ नहीं दोगी तो हमारी सारी मेहनत बेकार चली जाएगी।"

"मैं बहुत टूट गई हूँ...ऐसी कलंकित जिन्दगी का क्या मतलब?" मैं सचमुच चटखी हुई थी।

"कलंकित जिन्दगी? इसमें तुम्हारा क्या गुनाह है? तुम पढ़ी-लिखी हो...फिर ऐसी बात कैसे कर सकती हो?" सब इंस्पेक्टर रंजना थोड़ी अलग टाइप पुलिसवाली थी। पता नहीं यह उसका पहला केस था, जिससे उत्साहित थी या वह सचमुच स्त्री दुख के प्रति अतिरिक्त संवेदनशील थी।

सब इंस्पेक्टर रंजना के संरक्षण में मजिस्ट्रेट के सामने पेशी हुई। उसी पेशी में माँ ने मजिस्ट्रेट से गुहार लगाई, "हम शम्पा को अपने घर नहीं ले जा सकते। गाँव वालों ने बहिष्कार की धमकी दी है।"

मजिस्ट्रेट ने रिमांड होम भेजने का आदेश दे दिया था।

लड़कियों के भागने की खबर अखबारों में छप गई थी। रात के आखिरी पहर के सन्नाटे में भी यह खबर कानोंकान गश्त करती पत्रकारों तक जा पहुँची थी। इस खबर के बहाने कुछ अखबारों ने रिमांड होम की कुंडली खोलकर रख दी थी। लड़कियों के स्वास्थ्य की नियमित जाँच नहीं होती। घटिया भोजन से लड़कियों में बढ़ा कुपोषण, यौन शोषण का भी शिकार हैं लड़कियाँ....देर रात आती हैं लक्जरी गाड़ियाँ...रिमांड होम की वार्डन पर नेताओं का वरदहस्त। इन खबरों से रिमांड होम में सनसनी फैल गई थी...वार्डन की बेचैनी देख लड़कियों की छाती जुड़ा गई थी।

रत्ना ने फुसकी ली, "सब समाचार सच्चा है...लेकिन साला कुछ होये तब न?"

"बहुत पहुँचवाली है वार्डन...कुछ होनेवाला नहीं है।" रूपा हँसी।

शम्पा शर्मा अब तक रिमांड होम के हालात से परिचित हो चुकी थी। लेकिन अपने साथ हुए हादसे से उबर पाना सम्भव नहीं हो पा रहा था...उस दिन...उस यातना...उस घिन की दुःस्मृतियाँ पोर-पोर में मवाद बनकर टभक रही थीं...जिस्म से हजारों कनगोजर चिपके थे...दिमाग में अंगारे सुलग रहे थे...यहाँ की हर रहवासिन

यातनाओं की असमाप्त कहानी थी...उनकी कहानियाँ, इनने सुनीं, उनने सुनीं, सबने सुनीं, लेकिन ये कभी खत्म नहीं हुईं...कोई इनपे 'द एंड' नहीं लगा सका। एक बार फिर इस रिमांड होम की लड़कियों की दस्तानें सुनने के लिए हाईकोर्ट की ओर से नियुक्त महिला वकीलों की एक टीम आ धमकी। इस टीम ने अलग-अलग ग्रुप में इन लड़कियों से कुछ पूछा, कुछ जाना और इस पूछने-जानने के बीच ही अनकही पीड़ाएँ, अनसुनी दास्तानें, अनदेखी दृश्यावलियाँ कौंधती गईं। युवा वकील अंजलि किशोर शम्पा शर्मा की दास्तान सुनकर दंग रह गई।

"क्या...क्या कह रही हो तुम? तुम्हारे घर वालों को गाँव के दबंगों ने तुम्हें घर न लाने की धमकी दी है? लेकिन क्यों? गैंग रेप की शिकार हुईं तुम...तमाम पीड़ा...परेशानी भुगती तुमने और तुमको ही गाँव में न घुसने देने की सजा?" अंजलि किशोर बिफर पड़ी, "कौन है वो दबंग...क्या है उसे तुमसे परेशानी?"

"वो रमेश का बाप है। गाँव का मुखिया। गाँव पर उसी का दबदबा है...उसी का फरमान चलता है।" शम्पा शर्मा की आवाज गले में रुँध गई थी।

वकील अंजलि किशोर ने शम्पा शर्मा का कन्धा थपथपाकर आश्वास्त किया, "देखते हैं कौन रोकता है तुम्हें?"

हफ्ते भर बाद हाईकोर्ट का आदेश आ गया—शम्पा शर्मा को पूरी सुरक्षा के साथ उसके घर में रहना सुनिश्चित किया जाय। अपने घर रवानगी से पहले रत्ना, रूपा, सोनी सभी ने शम्पा शर्मा के गले मिलकर विदाई दी।

"तुम किस्मतवाली हो...इस नरक से छुटकारा मिला।"

इन लड़कियों के चेहरे पर बुझी राख-सी पुती थी। शम्पा शर्मा की वापसी में वे खुद को ढूँढ़ रही थीं।

जिस दिन शम्पा शर्मा दो सशस्त्र पुलिस जवानों के साथ गाँव में दाखिल हुई, गाँव की आँखें इतनी चौड़ी हो आईं कि उनमें आश्चर्य...खौफ...उत्सुकता और उजाला जैसे तमाम भाव ऊभचूभ नजर आ रहे थे। गलियों में गंदी मुस्कियाँ थीं, दहलीजों पर रसबतियाँ, तो दरवाजों के पीछे चिपकी आँखों में सहानुभूति और संवेदना थी। माँ के सीने में नदी हिलकोरें मार रही थी। शम्पा शर्मा के घर में घुसते ही वह बुक्का फाड़कर रो पड़ी मानो चट्टान तोड़कर निकल आया हो दुख का मलबा। भाभी ने अंकवार में भरा तो शम्पा शर्मा का आहत मन विगलित हो आया। भाभी के सीने से लग हिलक-हिलक कर रोई।

"चुप कराओ उसे, नहीं तो तबीयत खराब हो जाएगी।" यह भाई था हर खौफ से बाहर। अपने दरवाजे पर पुलिस की तैनाती से आश्वस्त।

नहीं...बात सिर्फ इतनी नहीं थी। रमेश की गिरफ्तारी के लिए पुलिस दिन-रात एक किए हुए थी। जरा-सी भी भनक मिलने पर सब इंस्पेक्टर रंजना के नेतृत्व में

पुलिस मुखिया का घर घेर लेती...अन्दर-बाहर धांग मारती...एक-दो बार तो आधी रात को भी छापेमारी हुई...मुखिया के राजनीतिक आकाओं ने भी हाथ उठा लिये थे, "रेप का मामला है...प्रेस...पब्लिक सभी गुस्से में हैं...बेहतर हो कि बेटे को आत्मसमर्पण करा दो।"

बेटे के आत्मसमर्पण के नाम पर रमेश की माँ का कलेजा मुँह को आ लगा था। मुखिया की दबंगई की हवा निकलने लगी थी। पता नहीं किस मुहूर्त में मुखिया को इलहाम हुआ कि उसके बलात्कारी बेटे को शम्पा शर्मा ही बचा सकती है। एक बार...बस एक बार...बेटा इस मुश्किल से निकल जाए तो आगे का क्या... हवा को मुठ्ठी में बाँधना कोई मुश्किल नहीं।

"सुनो, मैं मानता हूँ, मेरे बेटे रमेश से गलती हुई। जवानी के जोश में होश खो बैठा। जो हुआ उसे बदला नहीं जा सकता। लेकिन तुम्हारी बहन शम्पा का जीवन खराब न हो और रमेश का जीवन भी बर्बाद न हो, यह तो हम कर ही सकते हैं।"

मुखिया के रहस्य भरे प्रस्ताव को अनबूझ भाव से सुनता रहा था भाई। कहते कुछ न बना था। मुखिया स्वयं बोला था, "हम चाहते हैं रमेश और शम्पा का ब्याह करा दिया जाए।"

यह अप्रत्याशित था...अचानक धरती डोली थी और भाई के होश को चककरघिन्नी लग गई थी।

उसे अकबकाया देख मुखिया ने टोका था, "क्या कहते हो?"

"मुखिया जी, शम्पा के साथ मुँह काला करनेवाला अकेला रमेश नहीं था, उसके तीन दोस्त भी थे।" भाई के स्वर में निरीह बेबसी थी।

"फिर भी...मैं चाहता हूँ, दोनों बच्चों की भलाई इसी में है।" मुखिया ने जिद की थी...दलील दी थी।

उस रात फिर पुलिस ने मुखिया के घर में छापेमारी की। रमेश नहीं मिला। रवानगी से पहले सब इंस्पेक्टर रंजना ने मुखिया को चेतावनी दी, "बेटे को जल्द हाजिर कीजिए, नहीं तो कुर्की-जब्ती का वारंट ले आऊँगी।"

मुखिया और मुखियाइन दोनों ने हाथ जोड़े, "मैडम, थोड़ा और समय दीजिए। बस, वह खुद हाजिर हो जाएगा।"

"मेरे ऊपर भी प्रेशर है। कप्तान साहब खुद केस मॉनिटर कर रहे हैं। अपोजिशन सरकार को नाकोदम किए हुए है। प्रेस वाले अलग पीछे पड़े हैं।" सब इंस्पेक्टर रंजना ने अपने एसएचओ के लिहाज में नरमी बरती।

"यह मुखिया अपने विधायक जी का खास आदमी है।" एसएचओ ने केस रिव्यू के दौरान इशारतन समझाया था।

सब इंस्पेक्टर रंजना चेतावनी देकर चली गई थी। मुखिया की साँस सांसत में

थी। बेटे के समर्पण या गिरफ्तारी का मतलब था जेल खटना...केस लड़ना और फिर भी सजा पक्की।

शम्पा की गाँव वापसी से जैसे रमेश के बचाव का मार्ग प्रशस्त हो गया था। कल तक शम्पा को गाँव में घुसने न देने की धमकी देनेवाला मुखिया अपना ही थूका चाटने को मजबूर था। सारी अकड़ अन्दर घुस गई थी। पहली बार बीवी के सामने अपनी लाचारी जताई थी, "दइब बाम हो तो गधे को भी बाप बनाना पड़ता है।"

पति की अकड़, दबंगई और दर्प को रेत-सा भरभराते देख उसका कलेजा कट कर रह गया, "इसी को कहते हैं अपने ही जामे से हारना।"

"कल शम्पा के भाई को बुलाकर बात फाइनल करते हैं।" मुखिया ने पत्नी के बहाने खुद को आश्वस्त किया।

द्वार पर सिपाही तैनात थे...घर में शम्पा हलकान थी।

भाई ने मुखिया का प्रस्ताव सबके सामने रख दिया था।

सबको साँप सूँघ गया था...बड़ी देर तक सन्नाटा साँय-साँय करता रहा। सारी आँखें शम्पा शर्मा पर टिकी थीं। उत्सुकता...आशंका...याचना...शम्पा उन आँखों से बचने की कोशिश में स्वयं में सिमट गई थी। प्रेम में सब कुछ हारकर, प्रेमी को इस तरह पाना, यह कैसी परीक्षा है? रूह सदमे में थी...जज्बात सकते में।

"क्या कहती हो, शम्पा?" भाई ने प्रतीक्षा और चुप्पी की दीवार तोड़ी।

चुप्पी इतनी सख्त थी कि नहीं टूटी। शम्पा शर्मा बुत थी...बेजान...बेजुबान।

"तुम्हारे साथ जो कुछ हुआ है, उसके बाद कौन करेगा तुमसे शादी?" भाई के स्वर में सवाल...उलाहना...बेबसी एकमेव थी।

"इतना आसान नहीं है यह फैसला।" भाभी ने भाई को लक्ष्य किया।

"यह एक मौका है कलंक से मुक्ति का...समाज का मुँह बन्द करने का... मुझे यही उपाय उचित जान पड़ता है।" भाई ने माँ को सम्बोधित किया, "तुम क्या कहती हो?"

बेटी का मुँह ताकती माँ, भाई का चेहरा देखकर ठसुआ गई। कोई जवाब नहीं सूझा।

मुखिया के घर की कुर्की-जब्ती का वारंट लेकर दल-बल पहुँची सब इंस्पेक्टर रंजना के लिए शम्पा शर्मा और रमेश की शादी की खबर हैरान करनेवाली थी। विश्वास और अविश्वास के बीच उसका चेहरा बुरी तरह तन गया था। तो मुखिया ने अपने बेटे को बचाने के लिए यह दाँव खेला है? जी में आया कि बिना देरी किए मुखिया के घर की ईंट से ईंट बजा दे। वारंट उसके हाथ में है...फोर्स साथ में है...इससे पहले कि मुखिया को कानून की सरपरस्ती हासिल हो, वह उसका

दम्भ तो चूर कर ही सकती है।

"शादी कर रहे तो क्या? आपका बेटा कानून की नजर में गुनहगार है।" सब इंस्पेक्टर रंजना ने निहायत शुष्क स्वर में दो टूक कहा।

"मैडम, क्या आप नहीं चाहेंगी कि दोनों शादी करें...दोनों का जीवन बन जाए... दोनों को कलंक से मुक्ति मिल जाए?" हाथ जोड़कर निहोरा करती मुखियाइन सब इंस्पेक्टर रंजना के सामने याचना की मुद्रा में खड़ी हो गई थी।

सब इंस्पेक्टर रंजना धर्मसंकट में फँसी गलत...सही...नैतिक...अनैतिक... वैधानिक...अवैधानिक जैसे जाल-जंजाल में उलझ गई थी। क्या करेगी शम्पा शर्मा...एक बेचारी लड़की...पहाड़-सा जीवन...कलंकित वर्तमान...शापित भविष्य।

"मैं कैसे मानूँ कि शम्पा शर्मा भी राजी है?" सब इंस्पेक्टर रंजना के तेवर ढीले पड़े।

मुखिया ने सब इंस्पेक्टर रंजना को मुलायम होते देख सुझाया, "आप चाहें तो उसके भाई से पूछ लें...भाई ही गार्जियन है।"

सब इंस्पेक्टर रंजना को सामने पाकर शम्पा शर्मा का साहस लौटा।

"सभी कह रहे इसी में भलाई है।"

"सभी क्या कह रहे इससे कोई मतलब नहीं, तुम क्या कह रही हो? तुम्हारी जिन्दगी है...तुम्हारा क्या फैसला है?" सब इंस्पेक्टर रंजना ने एक-एक शब्द पर जोर देते हुए पूछा।

इर्द-गिर्द सभी थे...माँ, भाभी, भाई सभी। रंजना की बात नागवार गुजरी थी, इसलिए भाई ने हस्तक्षेप किया, "मैडम, हम जिस समाज में रहते हैं, उसमें दुष्कर्म की शिकार किसी लड़की के लिए कोई जगह नहीं है...उसका कोई खेवनहार नहीं होता।"

"तो?" रंजना की आँखें भाई के चेहरे पर टँक गई थीं।

भाई ने लाचारी के लहजे में जवाब दिया, "यह तो संयोग है कि शम्पा जैसी लड़की का विवाह हो रहा।"

"शम्पा जैसी लड़की...मतलब?" सब इंस्पेक्टर रंजना ने बात काटी, "आप भाई होकर ऐसी बात कर रहे जैसे यही गुनहगार हो? शर्म आनी चाहिए आपको।"

"मैडम, भाई ठीक कह रहे हैं। सचाई यही है।" शम्पा शर्मा ने बात सँभाली।

सब इंस्पेक्टर रंजना ने रुखसत होने से पहले सहानुभूति जताई, "शम्पा, कानूनन यह सही तो नहीं है, लेकिन जीवन से बड़ा कानून नहीं हो सकता...मैं तुम्हारा फैसला जानना चाहती हूँ।"

सवाल शम्पा शर्मा से था। निगाहें शम्पा शर्मा पर थीं। माँ की आँखों में सूखा सन्नाटा था। भाभी की आँखों में नमी थी। भाई की आँखों में गहन प्रतीक्षा थी।

"मैं रमेश से मिलना चाहती हूँ...विवाह का यह फैसला उसके मुँह से सुनना चाहती हूँ।" शम्पा शर्मा ने अपनी सहमति देने के बजाय शर्त रख दी।

दो दिनों बाद आया रमेश का सन्देश। वह शम्पा से मिलने को तैयार है। लेकिन उसकी शर्त थी कि दोनों अकेले में मिलेंगे। अकेले मिलना मुफीद था। दोनों एक-दूसरे से बहुत कुछ कहना चाहते थे। विवाह से पहले अपना मन साफ करना चाहते थे, अगला-पिछला हिसाब दुरुस्त करना चाहते थे। अकेले मिलने में शम्पा शर्मा को भी कोई आपत्ति न थी। खबर गाँव भर में फैल गई। जो कभी नहीं हुआ, वह हो रहा था। अजगुत...अनपेक्षित...अप्रत्याशित। गाँव आँख...नाक...कान हो गया था। नैतिकता के कुछ पहरेदारों ने जरूर मुखिया के फैसले पर उँगली उठाई...लेकिन मुखिया के सामने उनकी कोई बिसात न थी।

आखिरकार एक ढलती साँझ और उभरते चाँद के बीच ठिठका समय शम्पा शर्मा और रमेश के मिलन का गवाह बना। नयका पोखरा के झिलमिल जल में उतराती चाँदनी और शिवालय के कंगूरे में लहराते धर्मध्वज की उपस्थिति में यह शम्पा शर्मा की कलंक-मुक्ति का मुहूरत था। रमेश शर्मा की दंड-मुक्ति का अनुष्ठान।

रात अभी अपने पाँव जमा भी न पाई थी, कि दरख्तों पर मुकीम परिन्दे डैने फड़फड़ाते हुए परवाज भरने लगे थे। यह किसी अनहोनी की सूचना थी...किसी अपशकुन का का संकेत। सहमा हुआ गाँव जब तक कुछ समझ पाता...पुलिस ने गाँव को अपने घेरे में ले लिया था। रमेश की लाश काबू में कर आनन-फानन पोस्टमार्टम के लिए मेडिकल कॉलेज अस्पताल भेज दिया गया था।

रमेश कैसे मरा? किसने मारा? इस रहस्य से परदा उठाते हुए अगले दिन पुलिस कप्तान ने प्रेस को जानकारी दी, "शम्पा शर्मा बलात्कार कांड के मुख्य अभियुक्त रमेश की पुलिस को बहुत दिनों से तलाश थी। कई बार उसकी गिरफ्तारी के लिए पुलिस ने छापेमारी की। लेकिन वह पकड़ा नहीं गया। कल रात उसके अपने गाँव में मौजूद होने की सूचना पर, सब इंस्पेक्टर रंजना के नेतृत्व में फिर छापेमारी की गई। पुलिस ने उसे आत्मसमर्पण के लिए कहा, लेकिन उसने बचकर भाग निकलने की कोशिश में पुलिस पर फायरिंग कर दी। पुलिस ने भी जवाबी फायरिंग की, जिसमें रमेश मारा गया।"

प्रेस कॉन्फ्रेंस में मौजूद सब इंस्पेक्टर रंजना ने होलस्टर में रखी अपनी पिस्टल को थपथपाया जैसे उसके होने की आश्वस्ति कर रही हो।

शम्पा शर्मा की हथेलियों में बारूद की गन्ध अब भी मौजूद थी। लेकिन उस गन्ध को छुड़ाने का वह कोई उपक्रम नहीं कर रही थी।

साँड़

मुख्यमंत्री जी ने शपथ लेने के साथ ही, जो पहली घोषणा की, वह थी 'अपनी सरकार, आपके द्वार'। इस सूक्ति वाक्य का एक आला अफसर ने यह अर्थ निकाला—सरकारी योजनाओं को जन-जन तक पहुँचाना।

लेकिन जैसा कि होता है, लोकतंत्र में मतभिन्नता स्वभाविक रूप से होती है। इसी गुण की वजह से मंत्रिमंडल के एक वरिष्ठ मंत्री ने इसकी व्याख्या यूँ की, "हर मंत्री को 'जनता दरबार' लगाना चाहिए, तकि जनता की समस्याओं का तत्काल समाधान हो सके।" एक वरिष्ठ विधायक ने मुख्यमंत्री जी की इस घोषणा का आशय यूँ निकाला, "सरकार का द्वार जनता के लिए हर वक्त खुला रहेगा।"

विपक्ष जो, अभी-अभी सत्ता से बाहर हुआ था और बड़ी मुश्किल से स्वयं को विपक्ष मानने का कड़वा घूँट पिया था, उसने मुख्यमंत्री की इस घोषणा पर तीखा व्यंग्य किया, "यह ढपोरशंखी घोषणाओं की सरकार है। जनता को गुमराह कर चुनाव जीतनेवाले मुख्यमंत्री जनता को ज्यादा दिन तक बेवकूफ नहीं बना सकते। उनकी हवाई घोषणाओं का सच जनता के सामने जल्दी ही आ जाएगा।"

यह सच है कि अभी-अभी सत्तारूढ़ हुई पार्टी के मुख्यमंत्री चेहरा ने चुनाव के दौरान जितनी घोषणाएँ की थीं, उनकी फेहरिस्त काफी लम्बी थी और पार्टी में ही इतनी सारी घोषणाओं को लेकर सुगबुगाहट भी शुरू हो गई थी कि इन घोषणाओं के चलते लेने के देने न पड़ जाएँ। ऐसे में पार्टी को आश्वस्त करना जरूरी था। मुख्यमंत्री चेहरा ने अपनी ताबड़तोड़ घोषणाओं की बाबत को समझाया था, "घोषणाएँ जनता के टूटे हुए मनोबल को सम्बल देती हैं। वह इन घोषणाओं में अपने भविष्य को देखती है और उनके पूरे होने के स्वप्न संजोती है। अपनी बात को प्रामाणिक बनाने के लिए उन्होंने कवि अवतार सिंह 'पाश' की इन पंक्तियों को जोड़ा था, 'सबसे खतरनाक होता है। सपनो का मर जाना।'

'मुख्यमंत्री चेहरा' चूँकि टीम का कैप्टन था, इसलिए उसकी दलील सर्वसम्मति से मान ली गई थी। हवा का रुख और मतदाताओं का रुझान बता रहा था कि वे पूर्ववर्ती सरकार से बुरी तरह ऊब चुके हैं और वे अपनी इस ऊब से छुटकारा पाना चाहते हैं। हालाँकि उन्हें ठीक-ठीक नहीं पता था कि वे क्यों ऊबे हुए हैं? लेकिन

वे वाकई ऊबे हुए थे। इसे ही 'मुख्यमंत्री चेहरा' और पार्टी ने लक्ष्य कर अपनी चुनावी मुहिम शुरू की थी। यह मुहिम जैसे-जैसे जोर पकड़ती गई, मतदाताओं को इलहाम होने लगा कि उनकी ऊब की वजह क्या थी?

'मुख्यमंत्री चेहरा' ने अपने हर भाषण में बताना शुरू कर दिया था कि अभी तक जो पार्टी राज करती आ रही है, उसमें परिवारवाद और वंशवाद इस कदर हावी है कि वह एक परिवार की 'प्राइवेट लिमिटेड कम्पनी' होकर रह गई हैं। उसका हर नेता भ्रष्टाचार में आकंठ डूबा हुआ है, कि ठेका, परमिट, रियल इस्टेट पर वर्चस्व के खेल में सरकार में माफियाओं की पैठ हो गई है, कि इस सरकार के संरक्षण में पल रहे माफियाओं की वजह से अपराध बढ़े हैं और आम आदमी का जीना मुहाल हो गया है, कि इस सरकार की गलत नीतियों के चलते राज्य का विकास ठप हो गया है और युवा पीढ़ी अपराध और आत्महत्या की ओर ढकेली जा रही है।

ऐसे तमाम सच से जैसे-जैसे साक्षात्कार होता जा रहा था, मतदाताओं को 'मुख्यमंत्री चेहरा' और मनभावन घोषणओं वाली पार्टी मनमाफिक लगने लगी थी। आखिरकार, उसने किसी पीनक के वशीभूत थोक के थोक वोट देकर इसे सत्ता की बागडोर सौंप दी थी।

और अब, जबकि 'मुख्यमंत्री चेहरा' ने बाकायदे मुख्यमंत्री पद की शपथ ले ली थी और अपनी पहली ही घोषणा में 'आपकी सरकार, आपके द्वारा' का मंत्र फूँक दिया था, पूरे राज्य में कयासों का दौर जारी था। जनता से लेकर जनार्दन तक इसके पीछे छुपे रहस्य को 'डिकोड' करने में हलकान हुए जा रहे थे। मुख्यमंत्री जी, जिनके होंठों पर हमेशा एक हल्की स्मित व्याप्त रहती थी, इन कयासों का लुत्फ ले रहे थे और दिन पर दिन उनकी मुस्कान लगातार गाढ़ी होती जा रही थी। इस गाढ़ी होती मुस्कान से उनकी उक्त घोषणा का रहस्य गहराता जा रहा था और उससे उत्पन्न कयासों का सिलसिला 'लाल बुझक्कड़ी' होकर रह गया था। इसी बीच, राजधानी में आयोजित अपने 'नागरिक अभिनन्दन' समारोह में मुख्यमंत्री जी ने तमाम कयासों पर विराम लगाते हुए 'आपकी सरकार, आपके द्वार' का एक झटके से रहस्योद्घाटन कर दिया। उन्होंने गाढ़ी मुस्कान को होंठों के दाएँ-बाएँ धकेलते हुए अभिनन्दनकारियों के बीच एलान किया कि जनता की चुनी हुई सरकार का हर फैसला जनता के बीच लिया जाएगा। इस सरकार की 'कैबिनेट मीटिंग' अब सचिवालय में नहीं, किसी गाँव में होगी और हर फैसले में जनता की भागीदारी सुनिश्चित की जाएगी।" 'आपकी सरकार आपके द्वार' का उद्देश्य है, जनता की समस्याओं का ऑन द स्पॉट समाधान!"

मुख्यमंत्री जी का भाषण जितना लम्बा था, उतना ही चौड़ा भी। लेकिन विपक्ष ने इस भाषण की लम्बाई-चौड़ाई को कतर-ब्योंत कर मुख्यमंत्री जी के मन्तव्य की धज्जियाँ उड़ा दीं, "यह फैसला निहायत अदूरदर्शी है। पूरा कैबिनेट गाँव में जाकर

पिकनिक मनाएगा और इसकी आड़ में सरकारी खजाने की लूट की जाएगी। हमारी मुख्यमंत्री से माँग है कि वह चुनाव में जनता से किए वादे को पूरा करें और ऐसी नौटंकी से बाज आएँ।"

राज्य की जनता को विपक्ष का यह आरोप 'खिसियानी बिल्ली खम्भा नोचे' जैसा लगा और गाँव-गाँव, शहर-शहर मुख्यमंत्रीजी के फैसले का स्वागत हुआ। हर गाँव, हर शहर में कैबिनेट की मीटिंग कराने की होड़ लग गई। इस होड़ का आनन्द लेते हुए एक दिन मुख्यमंत्री जी ने मुख्य सचिव को तलब किया, "सीएस साहब, आपको पता ही होगा कि कैबिनेट की पहली बैठक हम किसी गाँव में करना चाहते हैं। आप प्रस्ताव दीजिए कि यह किस गाँव में आयोजित की जाय।"

अनुभवों के मामले में तपेतपाए मुख्यसचिव ने सुझाव दिया, "सर, इस बैठक के लिए कोई ऐसा क्षेत्र चुनना ठीक रहेगा, जो आपके राजनीतिक प्रतिद्वंद्वियों का गढ़ माना जाता हो।" मुख्यमंत्री जी के माथे पर बल पड़े। जहीन मुख्य सचिव ने इस महीन प्रतिक्रिया को तुरन्त लपक लिया, "सर, इससे तात्कालिक लाभ तो यह होगा कि प्रतिद्वंद्वियों के गढ़ में अब तक कोई विकास कार्य न होने से वे एक्सपोज होंगे। और दूरगामी फायदा यह होगा कि उन इलाकों में सरकार (कहना तो चाहते थे पार्टी लेकिन कोड ऑफ कंडक्ट से बँधे थे) की पैठ मजबूत होगी।"

मुख्यमंत्री जी ने मुख्य सचिव को ऊपर से नीचे तक निहारा। यह आदमी जो कल तक पूर्ववर्ती सरकार की 'हाँ में हाँ' मिलाता था, आज किस कदर उनका खैरख्वाह हो गया है। माने यह कि यह आदमी बिना रीढ़ का है और इसकी सवारी गाँठने में कोई हर्ज नहीं। इस नेक खयाल के साथ ही मुख्यमंत्री जी के माथे के बल ढीले पड़े। होंठों पर चिरपरिचित स्मित लौट आई। उन्होंने मुख्यसचिव को सीधे-साधे आदेश दे डाला, "ऐसे इलाके के चयन की जिम्मेदारी आपकी। कल तक प्रस्ताव पेश कीजिए।"

उड़ती चिड़िया तक पर निशाना साधने में माहिर मीडिया रातोरात यह खबर ले उड़ा कि कैबिनेट की बैठक राज्य के सीमान्त स्थित एक पिछड़े गाँव जफरा में होगी। कैबिनेट की बैठक से पहले मुख्यमंत्री गाँववालों के साथ 'जन संवाद' भी करेंगे, ताकि उस इलाके की जमीनी सच्चाइयों को समझा जा सके।"

मुख्य सचिव हैरान कि यह खबर लीक कैसे हुई? वह सुबह-सुबह हलकान-परेशान मुख्यमंत्री आवास पहुँचे और सफाई देने की मुद्रा में मुख्यमंत्री जी की प्रतीक्षा करने लगे।

दस मिनट बाद मुख्यमंत्री जी स्वयं प्रकट हुए और मुख्य सचिव के चेहरे पर उड़ती हवाइयाँ लक्ष्य कर बोले, "सीएस साहब, जफरा का चयन मैंने सोच-समझकर किया है। अब आप वहाँ मीटिंग की तैयारी शुरू कीजिए।"

मुख्य सचिव अकबकाए-से मुख्यमंत्री जी के होंठों की वह स्मित खोजने

लगे, जो अभी तक नुमायाँ नहीं थी। ऐसे में राहत की साँस लेना सम्भव नहीं था। ये मुख्यमंत्री नया-नया है। इसके पैंतरे से अभी वह पूरी तरह से वाकिफ नहीं हैं, इसलिए उन्होंने अटकी साँसों के बीच ही सहमति में सिर हिलाया। मुख्यमंत्री जी उन्हें चाय पीकर जाने की ताकीद करते हुए वहीं एक कुर्सी पर बैठ गए। मुख्य सचिव मुख्यमंत्री जी की सामनेवाली कुर्सी पर जैसे ही बैठे कि एक अप्रत्याशित सवाल टकराया, "आपका रिटायरमेंट कब है?"

"जी!" मुख्य सचिव ने थूक घोंटा, "जी अगले महीने।"

"काहे? एक्सटेंशन नहीं चाहते हैं, आप?" मुख्यमंत्री जी के होंठों पर अब स्मित खेल गई थी।

"सर!" कोई जवाब नहीं सूझा तो मुख्य सचिव संकोच से गड़ गए।

चाय आ चुकी थी। इधर-इधर की बातें होती रहीं और मुख्य सचिव गुदगुदी से भरे मुख्यमंत्री जी की 'हाँ में हाँ' मिलाते रहे। इस मुलाकात में न मीडिया में लीक हुई खबर का रहस्य सुलझा और न उनके एक्सटेंशन की बाबत कोई संकेत मिला। अपने इतने लम्बे कैरियर में वह पहली बार खुद को 'भई गति साँप छछूँदर केरी' की स्थिति में पा रहे थे।

कैबिनेट बैठक की तैयारी पूरी होते ही मुख्यमंत्री जी लाव-लश्कर के साथ जफरा के लिए निकल पड़े। हालाँकि उनसे पहले मीडिया ने वहाँ डेरा डाल दिया था और लाइव खबरें चलने लगी थीं। 'जफरा' के बारे में पहली बार राज्य के लोगों को मीडिया से ही पता चला कि सीमान्त के इस गाँव की आबादी पाँच हजार है। यहाँ के लोगों का मुख्य जीवन आधार खेती-बाड़ी है। इस गाँव में न स्कूल है, न स्वास्थ्य केन्द्र। आजादी के सत्तर साल बाद भी यहाँ न सड़क पहुँची थी, न बिजली। लेकिन मुख्यमंत्री जी के जफरा पहुँचने से पहले ही सड़क और बिजली दोनों पहुँच गई हैं और गाँव के लोग इस चमत्कार को देखकर हैरान हैं कि जो सत्तर सालों में नहीं हुआ, वो सात दिनों में कैसे हो गया? एक ग्रामीण ने एक टीवी चैनल को बताया, "मुख्यमंत्री जी, देवता हैं, देवता! देवता चाह ले तो कुछ भी असम्भव नहीं।"

मुख्यमंत्री जी की यही खासियत थी कि वह असम्भव को भी सम्भव बनाना जानते थे। यह बीज उनमें बचपन से ही पड़ गया था, जब उन्होंने नेपोलियन के बारे में पढ़ा था कि 'असम्भव शब्द' उसकी डिक्शनरी में नहीं था। यही वजह थी कि वह असम्भव को सम्भव बनाने की ठान लें तो किसी भी हद तक जा सकते हैं। जिस पूर्ववर्ती सरकार को हटाना असम्भव लग रहा था, उसे भी वह हटाकर माने। अपनी इस विजय से उनका आत्मविश्वास बढ़ा हुआ था। वह सूबे का भाग्य बदलने के लिए दृढ़संकल्प थे। कैबिनेट की बैठक शाम को होनी थी। पूर्व निर्धारित कार्यक्रम के मुताबिक 'लंच' के बाद मुख्यमंत्री जी को जफरा की जनता से उनकी समस्याओं पर बातचीत करनी थी। इस बातचीत को 'चौपाल' का नाम दिया गया

था। बड़े से शमियाने में मंच बना था। मंच पर मुख्यमंत्री जी और माननीय मंत्रियों के बैठने की व्यवस्था थी। मंच के नीचे दाहिनी ओर मुख्य सचिव के नेतृत्व में विभागीय अधिकारियों के लिए कुर्सियाँ लगाई गई थीं। मंच के बाएँ स्थानीय जनप्रतिनिधियों को बैठना था। मंच के सामने बिछी दरी पर ग्रामीणों के बैठने की व्यवस्था की गई थी। सब कुछ योजना के मुताबिक हुआ। 'चौपाल' शुरू हुई और अपने सामने बैठे ग्रामीणों को मुख्यमंत्री जी ने सम्बोधित किया, "मैं जफरा की इस धरती को प्रणाम करता हूँ और यहीं से सूबे को सन्देश देना चाहता हूँ कि जनता ही हमारी मालिक है। हम मुख्यमंत्री नहीं, मुख्य सेवक हैं। हम जनता की सेवा के लिए सत्ता में आए हैं। हम सरकार के निर्णयों में जनता को भागीदार बनाना चाहते हैं। इसकी शुरुआत हमने आज जफरा से की है। अब आप बताएँ कि आप अपनी सरकार से क्या चाहते हैं?"

इस संक्षिप्त सम्बोधन के साथ जैसे ही मुख्यमंत्री जी ने अल्प विराम लिया, किसी कोने से जयकार उठी—मुख्यमंत्री, जिन्दाबाद! जिन्दाबाद!!

मुख्यमंत्री जी के होंठों की स्मित गाढ़ी हो गई। उन्होंने जफरा के मुखिया की ओर इशारा करते हुए पूछा, "मुखिया जी, आप बताइए कि आपके इस गाँव के लिए क्या किया जाना चाहिए?"

मुखिया जी बेहद विनम्रता से उठकर खड़े हुए और दोनों हाथ जोड़कर मुख्यमंत्री जी से अनुरोध किया, "हुजूर गाँव में एक स्कूल, एक स्वास्थ्य केन्द्र और पीने के पानी के लिए चाँपाकल की व्यवस्था हो जाती तो बड़ी कृपा होती।"

मुख्यमंत्री जी अपनी स्मित को होंठों के दोनों किनारों की ओर धकेलते हुए बोले, "बताइए, कितनी सरकारें आईं और गईं। लेकिन आज तक इस गाँव में बुनियादी सुविधाएँ नहीं पहुँचीं। फिर भी आप चुप बैठे रहे? लेकिन अब चुप बैठने से काम नहीं चलेगा। आप खुलकर बोलिए। हम सुनेंगे। हम आपकी हर समस्या का समाधान करने को तत्पर हैं।" मुख्यमंत्री जी क्षण भर को रुके फिर शिक्षा सचिव और स्वास्थ्य सचिव की और मुखातिब होकर बोले, "गाँव में स्कूल और स्वास्थ्य केन्द्र खोलने की कार्रवाई शुरू करें। हम अगली बार इस गाँव में स्कूल और अस्पताल का उद्घाटन करने आएँगे।" शिक्षा सचिव और स्वास्थ्य सचिव ने खड़े होकर आदेश को नोट किया। उनके बैठते ही एक बार फिर 'मुख्यमंत्री जिन्दाबाद' के नारे से शामियाना गूँज गया। गूँज के थमते न थमते भीड़ के बीचोबीच से एक ग्रामीण उठा और हाथ जोड़कर चिल्लाया, "हुजूर, हम गाँव की एक गम्भीर समस्या की ओर आपका ध्यान दिलाना चाहते हैं।" यह अप्रत्याशित था। मुखिया जी जब तक कुछ समझते, कुछ सिपाहियों ने उसे बैठने का इशारा किया। लेकिन वह हाथ जोड़े जस का तस खड़ा रहा। मुख्यमंत्री जी ने उस ग्रामीण को आगे आकर अपनी बात कहने का न्योता दिया। मैली धोती और अधकट्टी कमीज वाला ग्रामीण लोगों के

बीच से होता हुआ जैसे ही मंच के करीब पहुँचा कि एक लम्बे-चौड़े सुरक्षाकर्मी ने उसे रोक लिया। अब इस ग्रामीण और मंच के बीच पचास-साठ गज की दूरी रह गई थी। उस ग्रामीण ने एक बार फिर हाथ जोड़ा और गले के नीचे थूक घोंटते हुए साहस बटोरने की कोशिश की। वह साहस जो लोगों के बीच बैठे हुए पैदा हुआ था, यहाँ इर्द-गिर्द खड़े सुरक्षाकर्मियों और सामने मुख्यमंत्री जी को इतना पास देख, पता नहीं कहाँ चुक गया था। उसे चुप देख मुख्यमंत्री जी ने टोका, "हाँ, अब आप अपनी समस्या बताइए!"

उस ग्रामीण ने रुआँसे चेहरे और अटकती आवाज में बताना शुरू किया, "हुजूर, गाँव का हर आदमी उस समस्या से परेशान है। लेकिन चुप है। काहे से कि लोग को लग रहा है कि इस समस्या को सुनकर लोग हँसेगा।"

"ऐसी कौन समस्या हैं, भाई जिसे सुनकर लोग हँसेगा? मुख्यमंत्री जी व्यंग्य-भाव से हँसे, "आप समस्या बताइए, हम वादा करते हैं कि उसका स्थायी समाधान निकालेंगे।" ग्रामीण अब तक सहज हो चुका था। उसका साहस लौट आया था। उसने गला तर कर, आवाज को कड़ा कर, बताना शुरू किया, "हुजूर, पूरा गाँव एक छुट्टा साँड़ से तबाह है। यह साँड़ खेत का खेत बर्बाद कर देता है। खड़ी फसल चर जाता है। कोई भगाने की कोशिश करता है तो उठाकर पटक देता है। एकाध लोग तो मरते-मरते बचा है। सबकी जान सांसत में रहती है। पता ना कब कौन अनहोनी हो जाय। हुजूर, इस साँड़ से छुटकारा दिला दें, तो हम सब पर बड़ी कृपा होगी।" मुख्यमंत्री जी ग्रामीण की व्यथा सुनते हुए इस कदर व्यथित हो उठे कि उनकी आँखों में एक मरखन्ना साँड़ सींग उठाए उनकी ही ओर झपट्टा मारता आता दिखा। वह काँख में बस्ता दबाए खेत की मेंड़ पर भागे जा रहे थे और साँड़ उनकी पीठ पीछे हुरपेटे हुए था। पीछे छूट गए उनके साथी 'हो-हो' करते साँड़ को ढेला मारकर, उनकी जान बचाने की कोशिश कर रहे थे। ढेले की चोट और 'हो-हो-हो' के शोर से बौखलाया साँड़ रुकने के बजाय कहीं ज्यादा फनफनाया हुआ उनके करीब आता जा रहा था। उस पवन वेग में भी उनकी रुलाई फूट पड़ी थी और सारा सीवान उनके आर्तनाद से कलप उठा था। आसपास खेतों में काम करते मजदूर इस हाहाकारी दृश्य को देखकर दहल गए थे। जो जहाँ था, वहीं से कुदाल, फावड़ा, हँसिया, लाठी लिये दौड़ पड़ा था। चारों ओर से घिरा साँड़ बिदका था और एकबारगी छलाँग लगाकर खेत में कूद गया था। खेत में पानी था, साँड़ पानी और कीचड़ में धँसा मुँह उठाकर फुफकारे जा रहा था। उस दिन जैसे-तैसे उनकी जान बच गई थी। लेकिन रुदन, हिचकियों के साथ तब तक जारी रहा, जब तक कि उन्हें विश्वास नहीं हो गया कि वह सुरक्षित अपने घर पहुँच गए हैं।

उस दिन के बाद उनके दोस्तों ने 'साँड़-कथा' में नमक-मिर्च लगाकर जो मजाक बनाना शुरू किया कि वह कब साँड़-संज्ञा से नवाज दिए गए, पता ही नहीं

चला। वह खुद को 'साँड़' कहे जाने से इस कदर अपमानित महसूस करते कि उनके अन्दर 'साँड़' से बदले की भावना प्रबल हो उठती। उनके जी में आता कि वह साँड़ को ऐसा सबक सिखाएँ कि इस धरती से साँड़ का भय सदा के लिए समाप्त हो जाय।

भीतर कहीं अताल-गताल में दबी वह प्रबल भावना आज, इस ग्रामीण की व्यथा सुनकर उफान मारने लगी थी। मुख्यमंत्री जी के चेहरे पर अपमान की वह पीड़ा उभर आई थी, जिसे उन्होंने करुणा में तब्दील करते हुए सामने बैठे ग्रामीणों को विगलित करने के अन्दाज में बोले, "यह हँसनेवाली समस्या नहीं है। आप उसके दुख को समझिए, जिस पर यह गुजरती है। खेतों की बर्बादी, फसलों का नुकसान बर्दाश्त किया जा सकता है। लेकिन किसी की जान से खिलवाड़ बर्दाश्त नहीं किया जा सकता। हम आपको विश्वास दिलाते हैं कि हम आपको साँड़ की इस समस्या से स्थायी मुक्ति दिलाएँगे।"

मुख्यमंत्री जी की इस घोषणा के साथ ही ग्रामीणों की तालियाँ बजीं। नारा गूँजा। मुख्यमंत्री जी ने शोर थमते ही, कृषि एवं पशुपालन मंत्री की ओर मुड़कर पूछा, "राम सुभग बाबू, यह गम्भीर मामला है। इसका समाधान कैसे होगा?"

रामसुभग बाबू अपनी कुर्सी से उठ खड़े हुए, "हुजूर, हमको तो लगता है, साँड़ को पकड़कर कांजी हाउस में बन्द कर देना चाहिए।"

मुख्यमंत्री जी सहमत नहीं दिखे। उन्होंने तपाक से आपत्ति की, "यह स्थायी समाधान तो नहीं है?" रामसुभग बाबू कट कर रह गए। उन्होंने हड़बड़ाकर भूल सुधार की, "स्थायी समाधान तो हुजूर, ऐसे मरखन्ना साँड़ को मार देने से ही निकलेगा। न रहेगा बाँस, न बजेगी बाँसुरी।"

मुख्यमंत्री जी का चेहरा तमतमा गया। भीतर उठती नाराजगी को दबाकर मंत्री जी को याद दिलाया, "रामसुभग बाबू, पशु संरक्षण अधिनियम के तहत सरकार ऐसा नहीं कर सकती। हम किसी कानून के उल्लंघन की इजाजत नहीं देंगे।"

रामसुभग बाबू का चेहरा उतर गया। उन्होंने विभागीय सचिव आर.एस. उपाध्याय की ओर उद्धार की उम्मीद में देखते हुए पूछा, "उपधिया जी, इस समस्या के स्थायी समाधान के लिए विभाग क्या कर सकता है? आपके पास कोई उपाय हो तो प्रस्ताव रखें।"

कृषि एवं पशुपालन सचिव एकबारगी अपना नाम पुकारे जाने से और अपने ऊपर मंत्री जी के अगाध विश्वास से 'गऊ भाव' से खड़ा हुए। मुख्यमंत्री जी की आँखें उत्सुकता से और रामसुभग बाबू की आँखें उम्मीद से उनके चेहरे पर जा टिकीं। सचिव महोदय प्रमोटी आईएएस थे, डायरेक्ट हुए आइएएस-समाज में उन्हें अपनी काबिलीयत साबित करने का यह बड़ा मौका मिला था, इसलिए उन्होंने बेहद संजीदगी से सुझाव दिया, "सर, यह बेहद गम्भीर मामला है। इस पर हमें

बेहद गम्भीरता से विचार करना होगा। मेरा मानना है कि साँड़ जितना जान-माल के लिए नुकसानदेह है, उतना ही वह अनुपायोगी पशु भी है। इसलिए देखना यह होगा कि हम साँड़ को कैसे उपयोगी पशु में तब्दील कर सकते हैं, ताकि वह राज्य की तरक्की और खुशहाली में भागीदार हो सके।"

सचिव महोदय की इस तकरीर से उम्मीद की किरण जागती दिखी। मुख्यमंत्री जी ने प्रशंसा भाव से उन्हें देखते हुए कहा, "हम इस समस्या के समाधान के लिए कुछ भी करने को तैयार हैं। आपके पास कोई ठोस योजना हो तो बताइए।"

सचिव महोदय ने गद्गद भाव से विभागीय सचिवों की जमात पर सरसरी निगाह डाली और मुख्य सचिव के चेहरे पर उड़ती हवाइयों को हवा में उड़ाते हुए, सीधे मुख्यमंत्री जी से मुखातिब हुए, "सर, साइंस ने बहुत तरक्की कर ली है। इसने लिंग परिवर्तन की दिशा में क्रन्तिकारी उपलब्धि हासिल की है। आज पुरुष को स्त्री और स्त्री को पुरुष बनाना आसान हो गया है। अगर हम इस तकनीक का इस्तेमाल करें तो 'साँड़' का लिंग परिवर्तन कर हम उसे 'गाय' बनाने का काम कर सकते हैं।"

विभागीय आईएएस जमात के चेहरे फक पड़ गए। मुख्य सचिव तो पसीना पोंछते नजर आए।

लेकिन 'साँप मरे और लाठी भी न टूटे' जैसे इस आइडिया पर मुख्यमंत्री जी कृषि एवं पशुपालन सचिव आर.एस. उपाध्याय की बुद्धि का लोहा मानते हुए मन-ही-मन लहालोट हो गए—स्साला, कुछ भी कहो। पंडित जनमजाते विद्वान होता है। जाहिरन, उन्होंने उपाध्याय जी के विचार पर गम्भीर स्वर व मुद्रा बनाकर अपनी राय रखी, "इससे जहाँ साँड़ों की समस्या से जनता को मुक्ति मिलेगी, वहीं राज्य में गायों की संख्या भी बढ़ेगी। हमारी नीति डेयरी उत्पादन को बढ़ावा देने की है। यह प्रयोग इस दिशा में एक क्रन्तिकारी कदम होगा। साँड़ों को मुख्य धारा में शामिल कर हम उन्हें राज्य के विकास में भागीदार बना सकते हैं।"

मुख्यमंत्री की प्रसन्नता और समस्या के समाधान की बँधती उम्मीद ने ऐसा समाँ बाँधा कि मंत्रिमंडल के सदस्यों ने तालियाँ बजाकर अपना समर्थन जताया, तो ग्रामीणों ने 'मुख्यमंत्री जिन्दाबाद, जिन्दाबाद' के घोष से आभार व्यक्त किया।

अचानक मुख्य सचिव उठ खड़े हुए और अपने लम्बे अनुभव का मुजाहिरा करते हुए कहा, "सर, डेरी उत्पादन के मामले में डेनमार्क ने बहुत काम किया है। उस देश की इकोनॉमी में डेयरी उद्योग का बड़ा योगदान है। हमें डेनमार्क से काफी मदद मिल सकती है। बेहतर होगा कि इस समस्या के समाधान के लिए विशेषज्ञों की एक टीम डेनमार्क भेजें, ताकि वह तमाम सम्भावनाओं का अध्ययन कर सरकार को रिपोर्ट दे। इस रिपोर्ट के आधार पर सरकार आगे की कार्रवाई करने में सक्षम होगी।"

कृषि एवं पशुपालन सचिव आर.एस. उपाध्याय कट कर रह गए। वह मुख्य

सचिव का मुँह ताकते हुए, मुख्यमंत्री जी की प्रतिक्रिया की प्रतीक्षा करने लगे। मुख्यमंत्री जी मुख्य सचिव के प्रस्ताव के कायल हो गए थे—"कुछो कहो, भई, अनुभव भी कोई चीज होती है। ऐसे अफसर के एक्सटेंशन पर विचार किया जा सकता है।" उन्होंने लगे हाथ आदेश दे दिया, "सीएस साहब, आप पूरी योजना बनाकर प्रस्ताव रखिए। इस पर आज ही शाम कैबिनेट की मंजूरी मिल जाएगी।"

एक बार फिर तालियाँ बजीं। 'साँड़ समस्या और समाधान योजना' से मुख्यमंत्री जी ने इस कदर राहत महसूस की, कि उन्हें लगा कि बचपन में हुए अपमान का बदला लेने में वह कामयाब ही नहीं हो रहे हैं, बल्कि साँड़ों की नस्ल खत्म करके आनेवाली पीढ़ियों को भी अपमानित होने से बचा रहे हैं। 'भूतो न भविष्यति' वाली इस योजना को अमली जामा पहनाने के दृढ़ संकल्प के साथ, उन्होंने उपस्थित ग्रामीणों के बीच एलान किया, "भाइयो और बहनो, हम राज्य को पिछड़ेपन से बाहर निकालकर विकास के पथ पर चलने को संकल्पित हैं। इसके लिए यह सरकार कई नई योजनाएँ शुरू करने जा रही है। इसी क्रम में हम आपको साँड़ों के आतंक से सदा के लिए मुक्ति दिलाने की योजना की शुरुआत कर रहे हैं। इस योजना की मॉनिटरिंग मैं स्वयं करूँगा, ताकि इसकी शत-प्रतिशत सफलता सुनिश्चित की जा सके। हमारी सरकार जमीनी समस्याओं के 'ऑन द स्पॉट' समाधान में विश्वास करती है और इसकी शुरुआत आज जफरा गाँव से की जा रही है।"

उसी शाम, कैबिनेट बैठक की ब्रीफिंग करते हुए कैबिनेट सचिव ने मीडिया को जानकारी दी, "राज्य सरकार ने साँड़ों के आतंक से मुक्ति दिलाने के लिए 'साँड़ समस्या व समाधान' योजना को मंजूरी दे दी है। इस योजना के तहत साँड़ों का लिंग परिवर्तन कर, उन्हें गाय बनाने का राज्यव्यापी अभियान चलाया जाएगा। साँड़ों की अनुपयोगी प्रजाति को 'उत्पादक प्रजाति' में तब्दील करने की शुरुआत करनेवाला यह देश का पहला राज्य होगा।"

इस खबर के आते ही विपक्ष ने हमलावर अन्दाज में सरकार को घेरा, "यह फैसला इस शेखचिल्ली सरकार की अदूरदर्शिता का एक और नमूना है। जनता जानना चाहती है कि साँड़ों की प्रजाति खत्म हो गई तो गायें गाभिन कैसे होंगी? गायें गाभिन नहीं होंगी तो दूध का उत्पादन कैसे होगा? दूध उत्पादन पर निर्भर ग्रामीण और गरीब जनता की जीविका समाप्त करनेवाली यह योजना 'गरीब विरोधी' है। यह साँड़ों की प्रजाति नष्ट करने और गायों को अनुत्पादक बनाने का षड्यंत्र है जिसे हम किसी कीमत पर बर्दाश्त नहीं करेंगे।"

राज्य की जनता को विपक्ष का यह रवैया कतई पसन्द नही आया। उसने विपक्ष को जमकर कोसा कि जब उसकी सरकार थी, तो उसने कुछ किया-धरा नहीं और जब नई सरकार कुछ नया करना चाह रही है, तो वह जानबूझकर अड़ंगे लगा रही है।

जनता की इस भावना को समझने में माहिर सत्तारूढ़ पार्टी के प्रवक्ता ने विपक्ष

के हमले का जोरदार खंडन किया, "इतने वर्ष के शासन में गरीबों को लूटनेवाली पार्टी का गरीबों के नाम पर रोना सिर्फ ड्रामेबाजी है। गायों के नाम पर लोगों की भावना भड़काने के षड्यंत्र को हम सफल नहीं होने देंगे। राज्य की जनता को मुख्यमंत्री जी पर भरोसा है और मुख्यमंत्री जी जनता की उम्मीदों पर खरे उतरेंगे।"

'साँड़ बनाम गाय' की बहस जारी है।

राज्य की जनता को पूरा विश्वास है कि मुख्यमंत्री जी यह चमत्कार करके दिखाएँगे।